Leben in voller Achtsamkeit

(LIFE WITH FULL ATTENTION)

von

Maitreyabandhu

VERLAG BEYERLEIN & STEINSCHULTE 2012

Impressum

Originaltitel: *Life with Full Attention. A practical course in mindfulness.*

Übersetzung: Wolfgang F. Ross
Lektorat: Lothar Scholl-Röse
Layout und Satz: Andreas Hubig (typocampus.de)

Herrnschrot
95236 Stammbach
Tel.: 09256/460
Fax: 8301
E-Mail: verlag.beyerlein@buddhareden.de
Internet: http://www.buddhareden.de

ISBN 978-3-931095-87-1

Inhalt

Einführung

Die Blütenpracht sehen

Ich erinnere mich an ein Interview mit dem Fernsehdramaturgen Dennis Potter. Es wurde geführt, als der Schriftsteller schwer an Krebs erkrankt war und wusste, dass er nur noch wenige Wochen zu leben hatte. Es war ein bemerkenswertes Interview. Potter saß da in seinem grauen Anzug, nippte am Champagner, rauchte eine Unmenge Zigaretten und schluckte ab und zu flüssiges Morphium, um seine Schmerzen zu lindern. Er sprach über seine Pflaumenblüten im Garten.

„Als ich letzte Woche während des Schreibens durch das Fenster schaute, sah ich die weißesten, duftigsten, blumigsten Blüten, wie es sie überhaupt nur geben kann." Er fuhr fort: „Der jetzige Moment ist absolut wunderbar ... wenn die Menschen es doch nur sehen könnten ... man kann niemandem davon erzählen. Du musst das erleben, die Herrlichkeit dieser Augenblicke ..."[1]

Das Interview ist ein Vermächtnis darüber, wie das Leben sein könnte, wenn wir uns nur des Todes bewusst wären, und wie kurz und flüchtig es ist. Wie Potter es ausdrückt: „Wenn du den gegenwärtigen Moment sehen kannst, dann tue es! Und du kannst ihn feiern!" Wenn wir uns auf den Weg der vollen Achtsamkeit begeben, versuchen wir, die „blühendste Blüte" zu sehen; wir versuchen, mit der Lebendigkeit des Augenblicks zu leben, die Dennis Potter in seinem letzten Fernsehinterview feiert. Aber es ist schwierig, solch einen Augenblick wirklich zu feiern, weil so viele Dinge um unsere Aufmerksamkeit konkurrieren. Das moderne Leben ist extrem kompliziert, vor allem, wenn Sie in der Stadt leben. Die meisten Menschen müssen tagsüber arbeiten, müssen Familie und soziales Leben organisieren – alles zur selben Zeit. Es gibt immer E-Mails zu beantworten,

---

[1] Potter, D., *Seeing the Blossom*; from Two Interviews, a Lecture and a Story; Faber, London 1994, S. 5.

Parkplätze zu finden, einzukaufen, Handyanrufe zu erledigen, Heizungskosten zu bezahlen, Staub zu saugen. Sie sollen Ihre kleine Tochter schaukeln, das Auto in die Werkstatt bringen, Wäsche aus dem Trockner holen. Diese Komplexität zwingt Sie, an der Oberfläche Ihrer selbst zu bleiben. Wir haben keine Zeit, tief zu erleben. Unser Geist ist auf Geschwindigkeit eingestellt, auf Multitasking.

Wenn wir tiefer erleben wollen, wenn wir die „blühendsten Blüten“ sehen wollen, dann müssen wir erkennen, wie wir leben. Wir möchten „Lebenszufriedenheit“, aber was wir bekommen, zumindest im Westen, sind Wahlmöglichkeiten. Wir glauben, dass mehr Auswahl zu mehr Glück führt. Wenn Sie zum Beispiel in der Business Class reisen, ist das Wichtigste, was die Fluggesellschaften anbieten – außer mehr Beinfreiheit –, Wahlmöglichkeiten. Wir wollen noch mehr Geld verdienen, um mehr Möglichkeiten zu haben und glücklicher zu sein. Aber dies kann negative Folgen haben. Zu viel Auswahl kann uns lähmen, und oft wählen wir schlecht. Wir wählen Dinge, die uns auf lange Sicht (oder auch auf kurze) nicht glücklich machen: Zigaretten, Softdrinks, schlechtes Fernsehen. Natürlich braucht es Zeit, die Schule auszusuchen, auf die wir unsere Kinder schicken, welche Füllung wir in unseren Bagels haben wollen, welche Fluggesellschaft den billigsten Flug anbietet. Je mehr Auswahl wir haben, desto mehr Zeit brauchen wir, um eine Wahl zu treffen. Wir bekommen diese Zeit nicht zurück. Und schlimmer noch: Der Umstand, dass es so viele Wahlmöglichkeiten gibt, untergräbt die Befriedigung, die wir mit der getroffenen Wahl haben. Ein Überangebot an Wahlmöglichkeiten drängt sich in unser Leben. Es wird immer schwieriger, einer einzigen dieser Möglichkeiten die volle Aufmerksamkeit zu schenken.

Einer der Hauptgründe, warum wir es schwierig finden, im gegenwärtigen Moment zu leben, liegt darin, dass wir glauben, dazu gar nicht in der Lage zu sein. Wir können nicht irgendetwas genießen, wenn wir aufgedreht sind, gestresst, erschöpft oder in schlechter Stimmung. Um etwas zu genießen, brauchen wir ein entsprechendes Objekt – eine Blüte, einen Spaziergang in der Umgebung –, und wir brauchen ein Subjekt, das in der Lage ist, Freude zu erleben. Mit anderen Worten, wir müssen in einem Geisteszustand sein, der rezeptiv, klar, und ruhig genug ist, um die Dinge zu genießen. Sich nur mit angenehmen Objekten zu umgeben, reicht nicht. Wir müssen in einem guten Geisteszustand sein.

Wenn wir darüber nachdenken, ist es befremdlich, dass bei allen Dingen, die wir lernen – von Algebra bis Tanzen –, wir so wenig darüber erfahren, wie der Geist funktioniert und wie wir Dinge erleben. Uns fehlt etwas, das mit absoluter Sicherheit darüber entscheidet, ob der Urlaub auf Mallorca als angenehm empfunden wird oder ob der neue IT-Job sich lohnt. Der Geisteszustand filtert alles. Wir können aus unserem Leben nicht das Beste machen, wenn wir mit Trivialitäten beschäftigt sind, Streitereien in unserem Kopf durchkauen oder wütend darüber werden, wie lange wir für eine Onlinebuchung brauchen. Wenn wir gut leben wollen, sollten wir auf unseren Geist achten. Natürlich müssen wir das nicht. Wir können uns ebenso gut mit Geselligkeiten die Zeit vertreiben, shoppen, nachmittags fernsehen oder im Internet surfen. Das hängt von uns ab. Niemand kann von uns verlangen, mit voller Achtsamkeit zu leben. Aber ich glaube, dass wir uns mit unserem Geist beschäftigen müssen, wenn wir wirklich glücklich werden wollen, wenn wir fühlen wollen, dass das Leben irgendwohin führt – weiter als immer nur im Kreis herum. Wenn Sie mir zustimmen, wird es sich für Sie bestimmt lohnen, dieses Buch weiterzulesen.

Ich stelle mir vor, dass die meisten Menschen, die dieses Buch in die Hand nehmen, lernen möchten, wie sie tiefer und reicher leben und den gegenwärtigen Moment intensiver erleben können. Einige werden das Buch vielleicht lesen, weil sie Antworten auf die Geheimnisse des Lebens suchen. Die Leser, die ich im Sinn habe, sind einigermaßen glücklich – mit ihrer Arbeit, ihrem Zuhause – und haben wahrscheinlich keine besonderen Kindheitstraumata, die sie aufarbeiten müssten. Sie haben nur dieses nagende Gefühl „Ist das alles?“, dieses Gefühl, dass das Leben noch durch etwas ergänzt werden könnte und mehr ist als nur Karriere, Familie und Altersversorgung. Und ich stelle mir vor, dass diese Personen, die dies lesen, nicht nur Hinweise suchen, wie sie noch glücklicher und entspannter sein können (wenngleich das Buch dies auch bietet), sondern auch etwas über die Realität herausfinden möchten und darüber, wie man Einsicht in diese Realität gewinnen kann. Deswegen möchte ich auch zu ihnen sprechen. Ich möchte darüber sprechen, wie der Buddhismus Einsicht in die Realität möglich macht.

Dieses Buch folgt dem Weg der Achtsamkeit, vom Erinnern daran, wohin Sie Ihre Schlüssel gelegt haben, bis zur transzendentalen Einsicht in die Natur der Realität. Es ist eine Reise, die ich gerade selbst unternehme, und ich möchte Sie ermuntern, mich zu begleiten. Vieles von dem, was ich schreibe, entstand aus meinen Praxisjahren, aus meinen Kämpfen und meinen Erfolgen. Den ausschlaggebenden Einfluss dabei hat aber mein Lehrer Sangharakshita, ohne dessen Weisheit ich nicht viel mitzuteilen hätte. Ich hoffe, dass dieses Buch Ihnen hilft, mit voller Aufmerksamkeit zu leben, und dass es Ihnen hilft, die „blühendsten Blumen“ zu sehen.

Einführung in den Kurs

Ich habe dieses Buch als 8-Wochen-Kurs konzipiert, um volle Achtsamkeit zu kultivieren. Achtsamkeit hat viele verschiedene Facetten. So werden wir relativ einfach mit „alltäglicher Achtsamkeit“ beginnen: daran denken, das Handy aufzuladen oder die Heizung auszuschalten. Danach werden wir Achtsamkeit auf den Körper erforschen, Achtsamkeit auf unsere Gefühle, auf innere Gespräche, spirituelle Lehren, die Umgebung und auf andere Menschen. Und zum Schluss werden wir die Aufmerksamkeit auf die Realität selbst lenken.

Es ist viel effektiver, systematisch zu lernen. So werden wir einen Schritt nach dem anderen tun, einen Achtsamkeitsaspekt lernen und dann während des Fortschreitens weitere Aspekte dazu. Gegen Ende des Buches werde ich Sie zu einem täglichen „Achtsamkeitsspaziergang" führen, werde Ihnen regelmäßige „achtsame Momente" vorschlagen –Inseln der Achtsamkeit in Ihrem geschäftigen Tag – und werde spezielle Ansätze für eine tägliche Meditation anbieten.

Sie brauchen kein Buddhist zu sein, um dies zu lesen. Wir werden uns nicht in Metaphysik stürzen. Sie werden einen Schritt nach dem anderen tun. Ich praktiziere Achtsamkeit und Meditation seit über 20 Jahren. Ich bin Mitglied von Triratna – einer internationalen buddhistischen Bewegung, die sich der Verbreitung der buddhistischen Praxis widmet, der entsprechenden Haltungen und Einsichten. Ich werde also die Erfahrungen all dieser Dinge mit Ihnen teilen. Aber, wie gesagt, Sie brauchen kein Buddhist zu sein, um von diesem Buch zu profitieren. Sie müssen nicht in irgendeiner Weise spirituell sein. Alles, was Sie brauchen, ist Neugier, das Bedürfnis zu lernen und den Willen, das, was Sie gelernt haben, in die Praxis umzusetzen.

Planen

Gegenwärtige Achtsamkeit entwickeln heißt, alles ganz zu tun, aus vollem Herzen. Es heißt aber nicht, dass Sie nicht über Ihre Zukunft nachdenken sollten.

Eine der Herausforderungen von Achtsamkeit ist es, sich zu vergewissern, dass wir sorgfältig planen und uns ausreichend vorbereiten – ob wir nun zum Eislaufen gehen oder auf ein Retreat, ob wir ein Treffen planen oder eine Reise. Die Dinge laufen besser, wenn sie gut organisiert sind. Der Unterschied zwischen einem schlecht vorbereiteten Treffen und einem sorgfältig durchdachten kann sehr bemerkenswert sein. Die erste Variante hat oft Reizbarkeit und Ungeduld zur Folge, während die zweite sehr befriedigend sein kann und zu guten Entscheidungen auf der Grundlage einer fruchtbaren Diskussion führt. Wenn wir möchten, dass die Dinge gut laufen und die Zeit effektiv genutzt wird, müssen wir planen und uns vorbereiten. Natürlich geht es bei unseren Planungen darum, Freude zu maximieren und Verdruss zu minimieren. Wenn wir das erfolgreich tun wollen, müssen wir verstehen, was wirklich Befriedigung und Glück bringt und was wirklich Leiden verursacht. Das Planen ist dann problematisch, wenn wir vergessen, die Zukunft zu bemerken, wenn sie angekommen ist, und wir so mit Planen beschäftigt sind, um unser Vergnügen vorzubereiten, dass wir dasjenige Vergnügen übersehen, das wir gerade jetzt erleben! Planen kann Ausdruck von Angst und Besorgnis sein – der Versuch, Dinge so zu organisieren, dass niemals etwas falsch läuft, was natürlich unmöglich ist. Das heißt aber nicht, dass Planen an sich falsch wäre. Wir müssen empfindsam planen und dann aufmerksam begleiten, was wir geplant haben. Deswegen wird unser 8-Wochenkurs über Achtsamkeit das Planen mit einschließen: Vorbereitung, Gedanken über die Zukunft, unsere Zeit organisieren, sogar Termine in unserem Tagebuch eintragen oder unseren Computer nutzen, um uns an unser nächstes Treffen zu erinnern. Auch das ist Teil von Achtsamkeit.

Was ist Achtsamkeit?

„Was ist"-Fragen haben begrenzten Wert. Sie sind gut für praktische Belange – was ist ein Biskuitkuchen, was ist ein Motorrad, was eine Heizölrechnung? Wir können nützliche Antworten auf diese Fragen bekommen, insbesondere wenn wir uns etwas Angenehmes vorstellen oder etwas schnell bekommen wollen oder meinen, dass wir knapp bei Kasse sind. Sobald wir aber „Was ist?"-Fragen stellen, wenn wir uns mit der Entwicklung von Begabungen befassen wollen, sind die Antworten schon viel weniger erhellend. Wenn Sie Ihren ersten Farbensatz kaufen, werden Sie nicht anfangen zu fragen, was Kunst ist. Sie lesen üblicherweise nichts über die Geschichte der Kunst oder was verschiedene Kritiker über ihren sozialen, historischen oder politischen Wert geschrieben haben. Sie experimentieren mit einigen Farben und sehen, was passiert. Sie finden etwas über Kunst heraus, indem Sie sie praktizieren. Ganz ähnlich ist es, wenn Sie Achtsamkeit zu praktizieren beginnen: Sie müssen sich nicht völlig klar über Achtsamkeit sein und genau wissen, wohin sie führt. Sie können einfach anfangen und etwas darüber herausfinden, während es geschieht. Wir wollen also damit beginnen, ganz ähnlich, wie wir es mit einem neuen Satz Farben täten. Während Sie jetzt sitzen und diese Sätze lesen, stellen Sie bitte einmal fest, ob Sie das Gewicht Ihres Körpers bemerken können. Verdrehen Sie gerade Ihre Zehen oder runzeln Sie die Stirn? Und können Sie die Wärme Ihrer Kleidung spüren, das Gewebe auf Ihrer Haut? Gibt es Geräusche, die Sie hören können – Ihren Partner, der etwas in der Küche kocht, das Heulen einer entfernten Sirene? Was sehen Sie um sich herum? Hören Sie einen Moment auf zu lesen und nehmen Sie die Dinge in sich auf: die Farben, die Formen, die Richtung des Lichts. Können Sie etwas schmecken? Was ist mit dem Geschmack in Ihrem Mund? Dann machen Sie einen Moment Pause und beobachten Sie Ihren Atem. ... Sie brauchen Ihre Augen nicht zu schließen. Fühlen Sie nur Ihren Atem in Ihrem Körper. Wo fühlen Sie ihn am deutlichsten? Fühlen Sie ihn in Ihrem Bauch oder in Ihrer Brust? Ist der Atem schnell, oder ist er schwer und langsam? ... Nun spüren Sie wieder das Gewicht Ihres Körpers.

Das ist Achtsamkeit oder zumindest einer ihrer Aspekte. Natürlich ist Achtsamkeit mehr, sehr viel mehr. Das ganze Buch versucht, eine Antwort auf die Frage zu geben, was Achtsamkeit ist. Wenn Sie die Übung ausprobiert haben, dann haben Sie schon begonnen, achtsam zu leben. So einfach ist das. Die wirkliche Antwort auf die Frage „Was ist Achtsamkeit?" haben Sie in diesem Experiment bereits gefunden.

Achtsamkeit ist etwas, das Sie tun wie Volleyball spielen oder kochen. Es ist keine abstrakte Theorie. Es ist nicht etwas, das Sie auf eine letztendliche Definition festlegen können – genauso wenig wie Sie „Kunst" oder „Schönheit" eindeutig definieren können. Eine Beschreibung von Achtsamkeit ist „aufmerksam sein in besonderer Weise: absichtsvoll, im jetzigen

Moment und nicht wertend."[2] Das ist gut, wenn es funktioniert. Es reicht, anzufangen. Aber es ist nur der Auftakt. Sie werden dieses Buch lesen und es in Praxis umsetzen müssen, um wirklich zu entdecken, was Achtsamkeit ist.

Wie Sie sich diesem Buch nähern können

Achtsamkeit ist etwas, das Sie im Flugzeug praktizieren können, während Sie auf der Post warten oder Essen im Imbiss holen. Achtsamkeit ist nicht religiös. Es geht einfach nur darum, aufmerksam zu sein. Und darum geht es in diesem Buch.

Ich möchte die verschiedenen Ebenen und Dimensionen von Achtsamkeit beleuchten sowie konkret Themen ansprechen, die Ihnen begegnen, wenn Sie versuchen, Achtsamkeit zu praktizieren. Und ich möchte einige der Missverständnisse aufklären, die mir immer wieder begegnen, wenn ich Meditation und Achtsamkeit am Londoner Buddhistischen Zentrum unterrichte.

Ich beginne jedes Kapitel mit einer Erkundung größerer Themen, die Ihre Aufmerksamkeit verbessern können. Zum Beispiel schlage ich im Kapitel über „Achtsamkeit auf den Körper" vor, dass Sie gesund essen und regelmäßige Übungen machen – vielleicht ganz offensichtliche Dinge, deswegen aber nicht weniger wichtig. Dann werde ich Sie weiter zu speziellen täglichen Übungen anregen, um den achtsamen Umgang mit Ihrem Körper z. B. auf Ihrem täglichen „achtsamen Spaziergang" zu entwickeln.

Ich empfehle Ihnen, die Inhalte des Buches während der nächsten acht Wochen in die Praxis umzusetzen. Es ist gut möglich, dass Sie länger brauchen als acht Wochen. Das wäre in Ordnung. Werfen Sie einen Blick in Ihren Kalender und schauen Sie, ob Sie eine Lücke über acht Wochen finden, die in etwa Ihrem Standardleben entspricht, also ziemlich typisch ist und eine möglichst gleichbleibende Routine enthält. Es sollte also nicht gerade eine Geschäftsreise oder ein Umzug geplant sein.

[2] Kabat-Zinn, J. *Gesund durch Meditation*. München: Knaur, 2011.

Versuchen Sie eine Zeit zu finden, in der Sie nicht übermäßig beschäftigt sind oder zumindest nicht viel mehr als sonst. Aber schieben Sie Ihre Praxis nicht auf, und wenn Sie meinen, im Moment sei es gut, dann fangen Sie einfach an. Warten Sie nicht auf die idealen, friedlichen, mühelosen acht Wochen – für die meisten von uns gibt es sie nicht. Und machen Sie sich keine Sorgen: Ich nehme nicht an, dass Sie viel freie Zeit haben. Ich gehe aber davon aus, dass Sie eine Arbeit haben, Menschen treffen, Dinge erledigen und Kinder zur Schule schicken müssen. Die Kunst der Achtsamkeit wird Sie lehren, mehr Aufmerksamkeit auf die Dinge zu richten, die Sie ohnehin schon tun. Ich habe nicht vor, Ihrer Arbeitsliste eine weitere Aufgabe hinzuzufügen. Zum Beispiel werde ich Ihnen einen täglichen „achtsamen Spaziergang" vorstellen. Aber dieser Spaziergang sollte einer sein, den Sie üblicherweise ohnehin bereits tun – zur Bushaltestelle, zum Sportverein oder zum Bahnhof. Ich erwarte nicht von Ihnen, dass Sie viel Extrazeit aufwenden. Allerdings werde ich Sie immer wieder fragen, ob Sie mehr und mehr Aspekte Ihrer Erfahrung bemerken können. Ich habe den 8-Wochen-Kurs so geplant, dass er sich schrittweise entwickelt, und mit jeder erfolgreichen Woche werde ich neue Übungen vorstellen. Der Kurs verläuft kumulativ – Sie lernen einen Aspekt von Achtsamkeit, und während Sie voranschreiten, fügen Sie den nächsten hinzu. Während Sie Fortschritte machen, werde ich Sie auch bitten, die Themen zu reflektieren, die in Ihnen aufsteigen, wenn Sie Achtsamkeit praktizieren, und Sie bitten, diese Reflexionen in einem Tagebuch aufzuschreiben. Und am Ende jeder Woche werde ich Sie bitten, den Verlauf Ihrer Praxiswoche rückschauend zu bewerten: Haben Sie daran gedacht, Ihre Achtsamkeit zu verbessern? Wie ist es gelaufen? Welche Fragen sind aufgetaucht? Wie hat sich das für Sie angefühlt?

Und denken Sie daran: Dieses Buch ist keine Wunderkur – etwas, das Ihr Leben verändern wird, ohne dass Sie etwas dafür tun müssten. Ich erwarte, dass Sie sich bemühen. Ich werde Sie bitten, Achtsamkeit und authentisches Glück zu kultivieren, und dies wird Energie brauchen, Hartnäckigkeit und Durchhaltevermögen. Ich werde Sie ermuntern, jeden Tag Achtsamkeit zu praktizieren, Ihre Stärken und Tugenden zu kultivieren und jeden Tag 20 Minuten bereitzustellen, um zu meditieren. Mit anderen Worten: Ich gehe davon aus, dass Sie mit voller Achtsamkeit leben möchten. Und deswegen müssen Sie sich darauf einstellen, einige Zeit für die Kultivierung der Achtsamkeit einzuplanen. Je engagierter Sie sich auf diesen Kurs einlassen, umso mehr werden Sie davon profitieren.

Gedankenblasen

Wenn Sie weiterlesen, werden Sie auf einige kürzere Texte stoßen, die eingerückt und mit einem kleinen Symbol, einem Lotosblatt zum Beispiel, markiert sind. Ich nenne diese kurzen Texte „Gedankenblasen." Dies sind Reflexionen, spezielle Methoden und weitere Erklärungen für den Weg. Sie können Sie lesen, Sie können sie aber auch überspringen, und wenn nötig jederzeit in sie eintauchen. Ich beschränke mich meist auf drei in jedem Kapitel, wobei ich versucht habe, sie wirklich prägnant zu halten. Die Gedankenblasen umfassen drei große Themen: (1) Reflexionen über das Thema der Woche – so wie „das Geist-Körper-Problem", (2) spezielle Methoden der Lehre – zum Beispiel, wie man mit physischem Schmerz umgeht, und (3) den Weg der vollen Achtsamkeit – herausfinden, wie eine Stufe des Weges mit einer anderen zusammenhängt oder aus einer anderen hervorgeht.

Den richtigen Geist kultivieren

Es ist wichtig, an all diese Dinge mit der richtigen Geisteseinstellung heranzugehen, d. h. mit der Haltung des Forschens. Wenn wir etwas erforschen, haben wir kein bestimmtes Ziel im Kopf. Wir forschen einfach. Von Zeit zu Zeit werden wir uns verlaufen oder uns in Sackgassen wiederfinden. Das ist alles Teil des Weges. Wir müssen unseren Sinn für Humor behalten, unsere Leichtigkeit und Unbeschwertheit. Einen zielorientierten Ansatz zu verfolgen wäre ebenso kontraproduktiv, als wollten wir uns zu energisch selbst vervollkommnen. Versuchen Sie, dem Kurs so zu folgen, wie ich ihn beschrieben habe. Wenn Sie aber müde werden, wenn ich Ihnen immer noch einen weiteren Weg vorschlage, um Ihre Achtsamkeit zu verbessern, ignorieren Sie einen Vorschlag einfach, oder versuchen Sie es später noch einmal. Sie brauchen nicht alles zu tun, was ich Ihnen vorschlage. Sie können aussuchen und wählen. Ich werde Sie immer wieder daran erinnern. Aber vergessen Sie nicht: *Sie* sind zuständig! Wenn alles ein bisschen zu viel für Sie wird, können Sie einfach einen Aspekt der Praxis überspringen: Sie können z. B. entscheiden, nichts in Ihr Protokoll zu schreiben, oder Sie können entscheiden, am Sonntag mit der Zeitung im Bett zu bleiben, anstatt für die Meditation aufzustehen. Ich schlage vor, dass Sie sich eine Notiz in Ihrem Heftchen machen, damit Sie später darauf zurückkommen können, wenn Sie etwas übersprungen haben – einen achtsamen Spaziergang oder eine bestimmte Übung. Natürlich werden Sie manche meiner Vorschläge interessant finden und manche nicht. Auch das ist in Ordnung. Nicht alles, was ich vorschlage, muss für Sie hilfreich sein.

Seien Sie aber vorsichtig, dass Sie nicht zu schnell aufgeben oder nach dem ersten Rückschlag alles hinwerfen. Die Hauptsache ist, dabei zu bleiben. Machen Sie sich keine Gedanken darüber, was Sie nicht tun oder nicht tun möchten. Seien Sie einfach weiter achtsam, und vertrauen Sie darauf, dass es Auswirkungen haben wird. Was wir zu kultivieren versuchen, ist eine Art Achtsamkeitsfaden – ein goldener Faden, der während der Praxis fester und stärker wird. Jedes Mal, wenn wir das Gewicht unseres Körpers auf einem Stuhl bemerken oder unsere geschwätzigen Gedanken, oder wenn wir etwas fühlen, dann knüpfen wir an diesem Achtsamkeitsfaden. Nach und nach werden wir dieser Faden selbst: Wir leben unser Leben mit voller Achtsamkeit. Aber anfangs reißt dieser Faden leicht.

Deswegen ist die beste Vorgehensweise: *ein bisschen und oft.* Seien Sie nachsichtig und geduldig, seien Sie nicht zu streng und ernst, aber üben Sie trotzdem Selbstdisziplin. Es ist, wie wenn Sie zum Sport gehen: Sie müssen einfach gehen – es hat keinen Sinn, darüber nachzudenken.

Und denken Sie an den Diät-Effekt. Es ist bekannt, dass der erste Tag einer Diät der beste ist. Es ist derjenige, an dem Sie am motiviertesten sind. Normalerweise lässt die Motivation bald nach und Sie werden sich nach einem Pfannkuchen sehnen. Sie müssen dies in Ihre Erwartungen mit einplanen. Sie mögen sich anfangs inspiriert fühlen – aber an einem bestimmten Punkt werden Sie wahrscheinlich alles vergessen wollen oder sich verweigern. Abschweifen ist ein Teil des Weges der Achtsamkeit. Es ist wichtig, sich davon nicht entmutigen zu lassen: Es ist einfach ein Teil dieses Prozesses. Die Frage ist nur, wie weit Sie von diesem Weg abweichen und wie schnell Sie wieder zurück können. Ich habe versucht, dem Diät-Effekt entgegenzuwirken, indem ich das Achtsamkeitsniveau schrittweise während dieses Kurses erhöhe. Es ist besser, mit realistischen Zielen zu beginnen statt mit Größenfantasien.

Finden Sie Ihren eigenen Weg

Wenn Sie die nächsten Kapitel durchblättern, denken Sie vielleicht: „Ich kann das unmöglich lesen und in den nächsten acht Wochen in die Praxis umsetzen. Es ist einfach zu viel." Dann finden Sie Ihre eigene Methode. Sie könnten zum Beispiel dieses Buch nur lesen, ohne irgendeine der empfohlenen Übungen zu machen. Das wäre schon gut – immerhin ist es das, was Sie normalerweise mit einem Buch tun! Neulich habe ich begonnen, etwas über Gedichtformen zu lesen, darüber, wie man einen jambischen Pentameter schreibt und wie man ein Sonett komponiert, aber ich habe wieder aufgehört, weil ich keine Zeit hatte, die Schreibübungen zu machen. Es wäre schade, wenn Ihnen das auch so ginge. Das Buch nur zu lesen wird in jedem Fall einen günstigen Effekt haben. Der Buddhismus betont:

„Der Geist wird zu dem, womit er sich beschäftigt." Deswegen wird schon das einfache Lesen über Bewusstheit, über volle Achtsamkeit Ihnen dabei helfen, achtsamer zu werden. Wie gesagt: Geben Sie nicht so schnell auf, versuchen Sie aber bei der Umsetzung in die Praxis auch nicht zu anspruchsvoll zu sein. Finden Sie Ihren eigenen Weg.

Was ist Meditation?

Für den Moment und ohne in der „Was ist"-Frage stecken zu bleiben, lassen Sie uns einfach festhalten, dass Meditation eine Zeitspanne intensiver Achtsamkeit ist. Wenn wir achtsam sind, bemerken wir, was um uns herum und in uns ist: der Schatten einer Pappel, das Zwitschern eines Sperlings, der Gedanke, den wir gerade wegen eines Problems mit unserer Arbeit haben. Wir bemerken diese Dinge bewusst. Wir versuchen, sie ganz zu erleben. Meditation ist eine Intensivierung dieses Gewahrseins. In der Meditation geht es jedoch um das Gewahrwerden Ihres Geistes, darum, Ihren Geist zu verstehen und ihn zu verändern. In der Meditation bemerken wir unseren Geist mit unserem Geist. Es ist möglich, zu meditieren, während wir gehen oder auf einem Stuhl sitzen oder in den Garten schauen, aber normalerweise sitzen wir still und schließen unsere Augen dabei – wir ziehen uns aus der Welt der Aktivität zurück, um die Beschaffenheit unserer inneren Welt zu erforschen. Oft benutzen wir ein „Objekt", über das wir meditieren: Wir beobachten unseren Atem, oder wir versuchen Ruhe zu kultivieren, Wohlbefinden und liebevolle Güte.

Ich möchte Achtsamkeit nach und nach und systematisch einführen, denn ich erwarte von Ihnen nicht, dass Sie in den ersten beiden Wochen meditieren. In der dritten Woche stelle ich verschiedene Entspannungsübungen und Atemarbeit vor. Erst in der vierten Woche werde ich vorschlagen, dass Sie eine tägliche Meditationspraxis aufbauen. Danach werde ich mehr und mehr detaillierte Anweisungen geben. Natürlich können Sie schon jetzt jeden Tag meditieren. In diesem Fall fassen Sie meine Vorschläge als Teil Ihrer bestehenden Praxis auf. Andernfalls folgen Sie einfach den täglichen Anweisungen. Ich habe sie als eigenständige Übungen beschrieben, sie können aber auch ein besonderer Akzent Ihrer täglichen Meditation sein. Ich schlage vor, dass Sie ungefähr 20 Minuten täglich meditieren, und ich bitte Sie, sich Zeit für Notizen über Ihre täglichen Meditationen zu nehmen. Sie werden Ihnen zu mehr Klarheit über den Fortschritt Ihrer Meditation verhelfen. Wenn Sie an einem bestimmten Tag nicht meditieren, vermerken Sie diesen ausgelassenen Tag in Ihrem Tagebuch. Dann werden Sie wissen, wie oft Sie tatsächlich meditiert haben. Das Markieren der versäumten Tage ist so etwas wie ein „Realitätscheck". Das bedeutet auch, dass Sie zu diesen besonderen Meditationen später nach Bedarf zurückkehren können.

Finden Sie einen achtsamen Gefährten

Tun Sie sich nach Möglichkeit mit einem „achtsamen Gefährten" zusammen. Ich habe nämlich immer wieder beobachtet, dass Menschen meinen, sie seien die Einzigen, die den achtsamen Spaziergang vergessen oder es nicht geschafft haben, zu meditieren. Wenn Sie Ihre Erfahrungen mit anderen teilen, werden Sie herausfinden, dass andere mit den gleichen Problemen zu kämpfen haben wie Sie. Darüber zu sprechen hilft. Es hilft Ihnen, die Dinge zu relativieren. Es hilft, Ihre Motivation zu unterstützen. Und es wird wahrscheinlich auch Ihre Freundschaften vertiefen.

Natürlich sollten Sie aber niemanden zur Teilnahme am Kurs drängen. Schauen Sie einfach, ob jemand da ist, der Lust hat, mitzumachen. Dann versuchen Sie, einmal pro Woche mit ihm oder ihr in Kontakt zu kommen. Sie können sich telefonisch verabreden – vielleicht am Sonntagabend, wenn Sie Ihre wöchentliche Rückschau aufgeschrieben haben. Sie könnten auch mit anderen Teilnehmern des Kurses einen Chatroom einrichten, sich per E-Mail austauschen oder sich sogar treffen und zusammen reden!

Ein Tagebuch

Ich schlage vor, dass Sie sich ein neues Tagebuch zulegen. Finden Sie eins, das Sie die ganze Zeit mit sich herumtragen können, das in Ihre Jackentasche oder in Ihre Handtasche passt. Vergewissern Sie sich, dass Sie es für die Dauer des Kurses immer zur Hand haben. Im Laufe der Wochen werde ich Sie bitten, einige Dinge aufzuschreiben. Deswegen ist es sinnvoll, die ganze Zeit das Tagebuch zur Hand zu haben. Falls es hilft, wählen Sie eins, das sich gut anfühlt und in das Sie gern schreiben.

Fangen Sie an

Nachdem Sie Ihr Tagebuch eingerichtet haben, beginnen Sie mit dem Kurs. Aber zuerst nehmen Sie sich ein wenig Zeit, darüber nachzudenken, was Sie in dem Kurs erreichen möchten. Überlegen Sie sich drei Ziele. Vergewissern Sie sich, dass die Ziele realistisch und erreichbar sind. „Ich möchte eine Quelle der Liebe in der Welt sein" ist nicht besonders nützlich. So wertvoll dieses Ziel auch sein mag, so wird es doch schwer sein, zu erkennen, ob Sie es erreicht haben. Außerdem können Sie daran leicht scheitern. Fassen Sie Ihre Ziele so bodenständig und praktisch wie möglich. Eines könnte sein: „Ich möchte den ganzen Kurs machen und nicht vorher aufgeben" oder „Ich möchte kreative Wege finden, um meine Achtsamkeit bei der Arbeit zu kultivieren". Nehmen Sie Ihr Tagebuch und füllen Sie die Tabelle auf der folgenden Seite aus.

Ihre Ziele für volle Achtsamkeit

1. Ziele

Nehmen Sie sich ein wenig Zeit, um sich Ihrer Ziele so klar wie möglich zu werden. Dann füllen Sie die linke Spalte der Tabelle aus. Lassen Sie die rechte Spalte frei, sodass Sie am Ende des Kurses Ihre Ziele evaluieren können.

Meine Ziele für volle Achtsamkeit	- Evaluation - Habe ich erreicht, was ich mir erhofft habe?		
	Ja	Ein bisschen	Nein
1			
2			
3			

2. Hindernisse

Dann denken Sie über Hindernisse nach, die Sie abhalten könnten, Ihre Ziele zu erreichen, wie z. B.: „Ich schlafe gern lange. Deswegen finde ich es schwer, früh zum Meditieren aufzustehen“, „Ich fürchte, mein Partner könnte denken, dies sei nur eine weitere meiner üblichen Launen, und er könnte mich davon abhalten, den Kurs zu machen“ oder „Ich kann mir nicht vorstellen, Fortschritte zu machen, und werde deswegen leicht aufgeben“. Versuchen Sie, wirklich echte Hindernisse zu finden, wie: „Meine Eltern besuchen mich für eine Woche.“ Schreiben Sie die Hindernisse in Ihr Tagebuch.

3. Unterstützung

Dann denken Sie über Hilfen und Strategien nach, die Ihnen bei der Überwindung der Hindernisse helfen könnten – sich der potenziellen Hindernisse bewusst zu sein, ist schon hilfreich, sich darauf vorzubereiten. Sie könnten sich z. B. entscheiden, während Ihrer Mittagspause zu meditieren (Sie kennen eine nahe gelegene Kirche, wo Sie sitzen können). Sie könnten Ihren Partner fragen, ob er den Kurs mit Ihnen zusammen macht, oder ihn um Hilfe und Unterstützung bitten.

Sie könnten einen achtsamen Freund, eine achtsame Freundin bitten, Sie immer wieder zu ermuntern, nicht aufzugeben. Wie immer Ihre Hilfen aussehen mögen, notieren Sie sie in Ihrem Tagebuch.

Achtsamkeit macht das Leben lebendig: Sie fühlen tiefer, denken klarer und handeln vollständiger. Sie schätzen die einfachen Dinge: den Anblick einer Ente auf dem Teich, das Geräusch eines Fußballs, den Geschmack einer Heidelbeere. Achtsamkeit ist so etwas wie Dinge genießen. Aber wenn wir zu spät zur Arbeit kommen, weil wir unseren Bus verpasst haben, werden wir in keinem guten Zustand sein, etwas zu genießen.

Deswegen werden wir mit Grundsätzlichem beginnen: an unsere PIN denken, einen Platz für unseren Führerschein finden oder das Küchenregal aufräumen. Das scheint weder besonders spannend noch spirituell zu sein, aber diese Kleinigkeiten werden viel verändern.

Erste Woche: Alltägliche Achtsamkeit

Achtsamkeit auf kleine Dinge

Sind Sie schon mal in die Küche gegangen, um etwas zu holen, nur um zu vergessen, wonach Sie gesucht haben? Haben Sie schon einmal an einer Fahrkartenkontrolle gestanden und in Ihren Taschen nach den Zugfahrkarten gesucht? Haben Sie eine Verabredung vergessen? Den Autoschlüssel verloren, Ihren Pass vergessen, ein wichtiges Dokument verlegt und Ihren Papierkorb durchsuchen müssen? Sie sind nicht allein. Etwa 130.000 Gegenstände werden in und um London in den U-Bahnen und Taxis jedes Jahr liegen gelassen. Dazu gehören etwa 10.000 Handys, 7.000 Schirme und 6.000 Brillen. Wenn wir diese Zahl hochrechnen für alle Städte in Großbritannien und in ganz Europa, addiert sich diese Zahl zu einer ungeheuren Menge an Vergesslichkeit! Jedes verlorene Ding verursacht Leid: ein Zusammenzucken beim Bemerken, ein Stich von Bedauern, ein anklagender Vorwurf …

Das vorherrschende Gefühl unseres gegenwärtigen Lebens ist geprägt von einer Menge Häppchenkost: ein bisschen zu Ende machen, ein bisschen anfangen, ein bisschen Ablage machen, ein bisschen lesen, beantragen, stornieren, organisieren, mailen, sauber machen, etwas verschicken, erinnern, prüfen, dokumentieren oder etwas wegwerfen. Das ist die Rezeptur für Stress. Aber der Stress wird nicht von allein aufhören. Deswegen müssen wir aufmerksam werden auf diese „Häppchenkostaspekte“ des Lebens und müssen die alltägliche Achtsamkeit untersuchen.

Wenn wir Achtsamkeit praktizieren, versuchen wir zu lernen, dass kleine Dinge große Wirkungen haben können. Das ist wichtig für unser emotionales Leben, für unsere Kommunikation mit anderen und für unsere alltägliche Achtsamkeit. Wie viel Zeit verschwenden wir beim Suchen der Fernbedienung, oder um unsere Haustürschlüssel zu finden? Es gibt Statistiken darüber, wie viel Zeit unseres Lebens wir im Badezimmer verbringen oder im Internet surfen, aber wissen wir, wie viel Zeit wir verwenden, um unser Adressbuch zu suchen, unsere Sonnenbrille oder unsere Flugtickets? Wir vergessen, dass wir in eine schlechte Stimmung geraten, wenn wir etwas verlieren, was wiederum eine Kettenreaktion in Gang setzt: Wir sind schlecht gelaunt wegen eines Arbeitskollegen; der wird dann gereizt gegenüber der Sekretärin; sie wiederum trägt Ihren Unmut weiter zum Reinigungspersonal. Wir geben unseren Ärger weiter wie ein Paket.

Wenn wir unglücklich sind, frustriert oder uns ärgern, schauen wir oft auf die großen Geschichten, auf Kindheitstraumata oder den Zustand der Welt. Wir wären besser dran, wenn wir auf die kleinen, praktischen Veränderungen schauten, die unser Leben lenken. Für die meisten von uns ist das Leben nicht voller folgenschwerer Ereignisse und überschäumender Emotionen, aber voller kleiner Dinge: das Auto, das in die Werkstatt muss, Spielzeuge wegräumen, eine Online-Buchung fertig machen. Das Leben geht besser, verläuft gleichmäßiger, ist glücklicher, wenn wir diese kleinen Dinge beachten.

Deswegen beginnt die Achtsamkeit hier: sich an die Papiertaschentücher erinnern, unsere Abflugzeit doppelt checken, unsere To-do-Liste sortieren. Das ist alltägliche Achtsamkeit.

Nehmen Sie die alltägliche Achtsamkeit ernst

Aus verschiedenen Gründen ist es schwierig, diesen Aspekt der Achtsamkeit wirklich ernst zu nehmen. Die Dinge, die wir vergessen, sind üblicherweise ziemlich trivial – ein verlegtes Dokument, eine vergessene Verabredung. Normalerweise können wir damit zurechtkommen. Nach der Panik, der Hetze, dem Suchen und der Blamage ist schnell wieder alles vergessen. Ein „Schussel“ zu sein kann Teil unseres persönlichen Charmes werden. Es kann sogar ein Weg sein, andere Menschen dazu zu bewegen, etwas für uns zu tun! Und dann ist da die Frage des Temperaments – einige Menschen scheinen von Natur aus organisierter zu sein als andere.

Einer der Gründe für die Schwierigkeit, die alltägliche Achtsamkeit ernst zu nehmen, liegt in unserem mangelnden Verständnis, dass Handlungen Folgen haben. Diese einfache Lebenstatsache steht im Mittelpunkt unseres Weges der vollen Achtsamkeit. Immer wieder, wenn wir eine neue Achtsamkeitsdimension erproben, werden wir lernen, dass Handlungen Folgen haben – für uns selbst, für andere und für den Planeten. Wie bei so vielen anderen sogenannten „kleinen Dingen" können wir einfach denken: „Nun, es macht nichts; es lohnt sich nicht, sich darüber aufzuregen." Wir vergessen, alle diese unachtsamen Handlungen aufzurechnen. Wir übersehen Ihren kumulativen Effekt. Wir weichen der Erkenntnis aus, dass wir viel glücklicher sein könnten, wenn unser Leben ein wenig gleichmäßiger verlaufen würde. Und wir können oft nicht sehen, dass unser Mangel an alltäglicher Achtsamkeit andere Menschen beeinflusst – dass wir ihr Leben schwerer machen, wenn wir vergessen, sie anzurufen, wenn wir Bücher verlegen, die sie uns geliehen haben, oder 20 Minuten zu spät zu einer Verabredung kommen.

Sich an Dinge erinnern, zu Ende bringen, was Sie begonnen haben, planen – all das gehört zum Wachsen. Als wir Kinder waren, passten unsere Eltern darauf auf, dass unser Frühstücksbrot eingepackt war, wir unsere Handschuhe und unsere Schulbücher dabei hatten. Sie erinnerten uns vor langen Reisen, vorher zur Toilette zu gehen. Sie sagten uns, wenn wir aufräumen sollten. Die Eltern sind der Kinder Achtsamkeit. Zu wachsen bedeutet, für all diese Dinge selbst Verantwortung zu übernehmen – nicht darauf zu warten, dass jemand in unserer Umgebung hinter uns herräumt oder uns daran erinnert, unsere Steuererklärung zu machen. Achtsamkeit, spirituelles Leben selbst, handelt vom Wachsen.

„Versage besser"

Alltägliche Achtsamkeit ist überraschend schwer zu praktizieren. Es gibt so viele Dinge, die mit unserer Aufmerksamkeit konkurrieren. Wir schreiben To-do-Listen, kritzeln kurze Notizen, aber zwangsläufig gehen Dinge verloren, werden verlegt oder übersehen. Deswegen müssen wir vom ersten Tag an daran denken, was der irische Dramatiker Samuel Beckett schrieb: „Versuch es wieder. Versage wieder. Versage besser."[3] Wenn wir Angst davor haben, zu versagen, werden wir beim Lernen versagen. Das gilt genauso für Tischtennis wie für die alltägliche Achtsamkeit. Wir brauchen den Mut, zu versagen, und mit Fehlern weiterzumachen. Das bedeutet nicht, alles hinzuwerfen, uns selbst zu geißeln, Perfektion zu erwarten und uns selbst zu verurteilen. Es bedeutet, Fehler zu erlauben und mit ihnen klarzukommen. Fehler sind Teil des Lebens. Daran ist nichts falsch. Unsere Fehler sind nur negativ, wenn wir versuchen, uns aus der Verantwortung zu stehlen. Alles, was wir tun müssen, ist: „Versuch es wieder. Versage wieder. Versage besser."

Es ist bereits geschehen

Die alltägliche Achtsamkeit sollte mit Geduld und mit einem Sinn für Humor praktiziert werden. Wenn wir etwas verloren haben und in eine schlechte Stimmung geraten, macht das die Sache nur noch schlimmer. Wir sollten uns daran erinnern, dass das, was falsch gelaufen ist – wenn etwas verlegt oder zerbrochen wurde –, bereits geschehen ist. Achtsamkeit ist das, was als Nächstes dran ist. Wenn wir rückwärts mit dem Auto gegen einen Pfeiler fahren, weil wir nicht konzentriert waren, ist das unser Fehler. Aber die Sache wird nicht besser, wenn wir immer wieder darüber grübeln und uns selbst beschimpfen. Wir müssen die Verantwortung akzeptieren, uns entschuldigen und dann das Nächste tun: die Werkstatt

---

[3] Beckett, S., *Worstword Ho*, Grove Press, New York, 1980: "Try again. Fail again. Fail better!"

anrufen. Wir müssen die Situation, in der wir uns befinden, akzeptieren. Es ist bereits geschehen. Wir können es nicht ungeschehen machen. Wir übernehmen die volle Verantwortung für das, was wir getan haben oder nicht getan haben, und erkennen es an. Wir sind sogar bereit zu sagen: Das war mein Fehler, ich bin schuld. Wir müssen notfalls Wiedergutmachung leisten – für die reparierte Stoßstange bezahlen –, aber es hilft nichts, wenn wir uns selbst verurteilen. Wir sollten die Situation mit Freundlichkeit und Geduld anerkennen und uns sagen: Es ist bereits geschehen.

Erste Praxiswoche

Alltägliche Achtsamkeit bedeutet, die kleinen Dinge zu beachten, sodass wir uns auf die großen konzentrieren können. Wir müssen Strategien entwickeln, die uns helfen, den wichtigen Dingen im Leben zu folgen, statt weiter nur an die unwichtigen zu denken. Nehmen wir zum Beispiel die Küchenschere. Sie haben wahrscheinlich eine in Ihrer Besteckschublade. Küchenscheren sind nützlich, um vakuumverpackten Kaffee oder Nudelpackungen zu öffnen. Wenn Sie versuchen, diese Verpackungen mit einem Küchenmesser oder Ihren bloßen Händen zu öffnen, werden sie sie zerreißen und der Kaffee wird auf dem Boden verschüttet, oder die Nudeln werden über Ihren Küchentisch verstreut. Deswegen ist es praktisch, eine Schere zur Hand zu haben. Aber sie geht oft auf Wanderschaft: Ihre Tochter zieht mit Ihr davon, um Bilder aus einem Hochglanzmagazin auszuschneiden, Ihr Mitbewohner schleppt sie in sein eigenes Zimmer. Am Ende suchen Sie in der Küchenschublade und suchen den Abfalleimer durch. Sie werden wütend. Sie werden jemanden beschuldigen. Sie reißen die Kaffeeverpackung auf und verschütten den Inhalt. Sie müssen den Staubsauger holen. Ich weiß, das ist eine kleine Sache. Aber wenn die Schere in der Schublade gewesen wäre, da wo sie hingehört, dann wäre das alles nicht passiert: Sie hätten die Schere benutzt, Sie hätten gefrühstückt und wären zur Arbeit gegangen, Sie hätten sich glücklicher und ruhiger gefühlt.

Wenn man über Achtsamkeit spricht, spricht man häufig darüber, etwas sehr langsam und absichtsvoll zu tun – jede Bewegung des Körpers zu bemerken, jedes Auftauchen von Gefühlen. Das mag besonders auf einem Retreat hilfreich sein, aber im Alltag brauchen wir doch eher eine Art Achtsamkeit, die uns erlaubt, nicht darüber nachdenken zu müssen, wo die Küchenschere liegt oder wo wir unseren Pass aufbewahren.

Deswegen geht es in der ersten Woche darum, die kleinen Dinge in Ordnung zu bringen, um uns um die wichtigen kümmern zu können. Es ist eine Woche, in der wir die Bedingungen für Achtsamkeit entstehen lassen wollen, eine Woche, in der wir sehen wollen, wie wir unser Leben strukturieren – wie wir es gestalten, organisieren und ordnen.

Positive Gewohnheiten einrichten

Wir beginnen mit dem Einüben positiver Gewohnheiten. Routinen geben unserem Leben eine Gestalt. Sie helfen uns durchzuhalten, wenn wir einmal zu wenig Motivation haben. Sie sind eine Möglichkeit, Zeit für Aktivitäten zu sichern – Spanischunterricht oder Trompete üben –, die unser hektischer Stundenplan leicht überdecken kann. Regelmäßige Abläufe sind hilfreich und unterstützend und geben moralischen Auftrieb. Menschen, die sie nicht haben, haben oft wenig Energie, verbringen ihre Zeit uneffektiv und neigen zu Zerstreutheit. Natürlich bergen Gewohnheiten auch Gefahren – es ist verlockend, zu viele Dinge dort hineinzupacken, und Routineabläufe können rigide und unflexibel werden. Aber ohne sie entwickeln wir nicht die Art spiritueller Kraft, die wir brauchen, um Fortschritte zu machen. Es liegt ein gewisser Wert darin, Dinge aus einer „Macht der Gewohnheit" heraus zu tun. Wenn unser Training jeden Sonntag stattfindet, schützt uns diese Gewohnheit davor, nach Lust und Laune hinzugehen. Ebenso muss Meditation eine positive Gewohnheit werden (wie wir sehen werden). Dies ist oft ein unüberwindbares Hindernis für Menschen, die ins

Londoner Buddhistische Zentrum kommen: Sie schätzen Meditation, sie sehen die Wohltaten, die daraus entstehen, aber sie müssen darum kämpfen. Sich regelmäßig auf das Meditationskissen zu setzen ist die größte Herausforderung. Gewohnheit ist dabei der beste Freund. Wenn erst eine positive Gewohnheit etabliert ist, hilft sie uns, zum Meditieren oder zum Training zu gehen, ohne uns wirklich anstrengen zu müssen.

Prüfen Sie Ihr Tagebuch

Denken Sie in dieser Woche über den Stellenwert nach, den unterstützende Gewohnheiten in Ihrem Leben haben. Gibt es Dinge, die Sie tun möchten, für die Sie aber keine Zeit finden – einen Yoga-Kurs besuchen, schwimmen lernen, zu Hause kochen? Warum haben Sie das bisher nicht geschafft? Oder besser: Warum kommen Sie nicht dazu? Denken Sie über die Gestaltung Ihrer Woche nach. Treiben Sie Raubbau mit Ihrer Gesundheit? Könnte es gut für Sie sein, einmal pro Woche abends früher zur Ruhe zu kommen, damit Sie noch lesen können, sich entspannen oder nichts tun? Hat Ihre Woche eine Form, die Sie stärken kann, oder geschieht alles ad hoc? Ist sie zu voll mit Weiterbildungsaktivitäten? Gehen Sie jeden Abend aus?

Versuchen Sie, für die nächste Woche einige aufbauende Routinen einzurichten – oder zwei oder acht! Sie können entscheiden, jeden Tag eine halbe Stunde früher aufzustehen, zweimal die Woche zum Sport zu gehen oder am Freitag den längeren Weg durch den Park zu nehmen. Denken Sie nach über Ihre Tagesabläufe – sind sie produktiv? Haben Sie solche Abläufe?

Entwickeln Sie zwei Vorsätze

Versuchen Sie, sich zwei Vorsätze zu überlegen. Sie könnten (1) in einen Kurs für kreatives Schreiben gehen und (2) zweimal die Woche zum Schwimmen gehen. Denken Sie dann darüber nach, was Sie tatsächlich tun können – etwas, das Sie auf eine Verpflichtung festlegt, etwas, das Ihren Entschluss bekräftigt, dass Sie es wirklich ehrlich meinen. Sie könnten sich also zum Beispiel für diesen Schreibkurs anmelden, oder Sie könnten sich eine Schutzbrille zum Schwimmen kaufen. Ein achtsamer Freund könnte behilflich sein. Sie könnten vereinbaren, sich in der Badeanstalt zu treffen, oder Sie könnten mit ihm über Ihre Gewohnheit sprechen, 10 Minuten zu spät zur Arbeit loszugehen. Sie könnten versprechen, zumindest in der nächsten Woche das Haus pünktlich zu verlassen. Dann verabreden Sie sich zum Ende der Woche, um mit ihm darüber zu sprechen, wie es funktioniert hat. Schreiben Sie Ihre zwei Vorsätze und die begleitenden Aktivitäten in Ihrer „wöchentlichen Rückschau" auf. Aber bedenken Sie: Positive Gewohnheiten können lange brauchen, um sich zu festigen. Sie müssen deswegen geduldig bleiben. Am meisten werden Ihnen Aktivitäten helfen, die Ihre Absicht bekräftigen und stärken.

Motivation

Es ist ein allgemeines Missverständnis, dass wir etwas wollen müssen, bevor wir es tatsächlich in Handlung umsetzen. Wenn uns nicht nach etwas zumute ist, nehmen wir das als Hinweis, dass wir es nicht wirklich tun wollen. Das ist gut für Schokolade oder Ferien an der See, aber diese Ansicht ist nicht nützlich, wenn es auf die vielen Dinge ankommt, die uns aufbauen und uns Befriedigung verschaffen. Sehr oft erleben wir die Motivation, etwas zu tun, nur dann, wenn wir es tatsächlich auch machen. Nehmen Sie zum Beispiel das Schwimmen. Die Idee, schwimmen zu gehen, vor allem, wenn es gerade regnet, ist nicht sehr attraktiv: Die Umkleidekabinen sind zugig, die Fliesen kalt und rutschig. Und wie gehen wir ins Wasser? Wie ein Macho gleich ins tiefe Wasser springen oder eher nach und nach mühsam vom Flachen ins Tiefe? Aber wenn Sie erst einmal Ihren Kopf unter Wasser haben und sich bewegen, beginnen Sie, es zu genießen. Sie beginnen zu fühlen, dass Sie schwimmen wollen. Wenn Sie wieder aus dem Wasser kommen – Ihre Haut prickelt und der Körper glüht –, werden Sie vom

Wert des Schwimmens überzeugt sein. Sie wissen, dass Sie beim nächsten Mal dieser Vorstellung von einem zu kalten Umkleideraum an einem Novembermorgen widerstehen müssen. Wenn Sie immer auf eine Motivation warten, bevor Sie etwas tun, ist das demotivierend. Tun Sie es einfach! Sie werden dann auch bald wirklich motiviert sein.

Kultivieren Sie ein Gespür für Ihre Selbstwirksamkeit

Wir brauchen ein Gefühl der „Selbstwirksamkeit“. Selbstwirksamkeit ist dieses angenehme Gefühl, etwas erreicht zu haben, wenn eine Aufgabe vollständig erledigt ist – wenn der chaotische Haufen Papier abgelegt ist, wenn Sie den Anruf gemacht haben, den Sie tagelang hinausgeschoben haben, wenn das lästige bisschen Heimwerkerei vollendet ist. Selbstwirksamkeit ist ein Gefühl für das verantwortlich zu sein, was Sie tun – anstatt allem, was Ihnen geschieht, folgen zu müssen. Es ist die Freude an der eigenen Fähigkeit.

Anfangen und Beenden

Gewohnheiten für Anfang und Ende von Handlungen können helfen, die Selbstwirksamkeit zu pflegen. Sie helfen Ihnen, sich besser unter Kontrolle zu haben (im positiven Sinne), besser organisiert zu sein und weniger gehetzt. Wenn Sie zum Beispiel zur Arbeit kommen, stürzen Sie sofort an Ihr E-Mail-Programm? E-Mails sind einfache Arbeit. Sie brauchen dann nicht darüber nachzudenken, was Sie an diesem Tag tun wollen oder welche Dinge Sie vorrangig erledigen möchten. Deswegen wäre es besser, damit zu beginnen, eine Liste der Dinge aufzuschreiben, die Sie heute erreichen möchten, bevor Sie sich einloggen. Es wird oft empfohlen, den Arbeitstag nicht mit der Beantwortung von E-Mails zu beginnen. Beginnen Sie stattdessen mit etwas, das Sie abschließen können, das einen sichtbaren Erfolg hat. Sonst bekommen Sie am Ende leicht das Gefühl, dass Sie nicht wirklich etwas geschafft haben, auch wenn Sie viel gearbeitet haben.

Es ist dieses Gefühl, etwas erreicht zu haben, das wir mögen. Ebenso wie ein gutes Beginnen ist auch ein gutes Beenden wichtig. Ich schreibe an zwei oder drei Vormittagen in der Woche. Üblicherweise esse ich mit jemandem zu Mittag. Wenn ich nicht aufpasse, schreibe ich so lange, bis die verabredete Zeit schon erreicht ist. Ich vergesse dann, dass es immer noch einige Dinge zu tun gibt, bevor ich das Haus tatsächlich verlassen kann – meinen Text sichern, meine Schlüssel finden, den Computer ausschalten. All das braucht Zeit. Ich fühle mich viel besser, wenn ich mir die Zeit gebe, um die Dinge ordentlich zu Ende zu bringen. Wenn ich das tue, erlebe ich Selbstwirksamkeit: Ich habe getan, was zu tun ist, habe gesichert, was gesichert werden muss. Ich habe die Wohnung nicht verlassen und die Papiere überall herumliegen lassen; ich habe meine Schlüssel nicht vergessen. Wenn ich mich selbstbeherrscht und ruhig fühle, kann ich jemandem meine ganze Aufmerksamkeit widmen.

Tun Sie jetzt drei Dinge

Ein Gespür für die Selbstwirksamkeit ist wichtig, um sich gut zu fühlen. Wenn Sie sich deprimiert oder überfordert erleben, fühlen Sie sich vielleicht besser, wenn Sie rasch eine Aufgabenliste erstellen und dann drei der unkompliziertesten Aufgaben erledigen – Aufgaben, die sie sofort fertig machen können. Zum Beispiel 1) die Wäsche in die Waschmaschine tun, 2) Flaschen zum Recycling bringen, 3) Ihre Geldkarte aufladen. Beliebige drei Dinge werden reichen. Es wird Ihnen helfen, sich selbstwirksam zu fühlen, und dies wiederum wird Ihnen die Energie geben, nach komplizierteren Arbeiten zu suchen. Sie könnten sich aber auch zwei Dinge ausdenken, die Sie diese Woche zur Bildung einer achtsamen Atmosphäre tun wollen. Sie könnten sich entscheiden, 1) Ihren E-Mail-Papierkorb zu leeren und Ablage zu machen oder 2) Ihr Schlafzimmer aufzuräumen und Ihr Durcheinander zu beseitigen. Der positive Effekt, wenn Sie einfache Dinge wie diese tun, kann sehr überraschend sein – sie helfen, sich um Ihre Selbstwirksamkeit zu kümmern.

Bringen Sie Ihre Dinge zu Ende

Unsere Aufmerksamkeit tendiert dazu, nur so lange anzudauern, wie etwas für uns nützlich ist. Wir vergessen Dinge – und oft genug vergessen wir auch Menschen –, sobald sie für uns keinem Zweck mehr dienen. So wie ein Teenager das Schokoladenpapier achtlos auf den Bürgersteig wirft, wenn er die Schokolade ausgepackt hat. Wir neigen dazu, Dinge zu vergessen, sobald wir sie nicht mehr brauchen. Wie ich bereits sagte, hat Achtsamkeitstraining etwas mit Erwachsenwerden zu tun. Heute hinterlassen wir das Schlafzimmer vielleicht nicht mehr in einem völligen Chaos wie als Teenager – aber trotzdem gibt es noch eine Menge zu tun, um erwachsen zu werden.

Deswegen bedeutet Achtsamkeit für uns, Dinge zu Ende zu bringen – abwaschen, nachdem wir gefrühstückt haben, die Milch zurück in den Kühlschrank stellen, den Tisch abwischen. Achtsamkeit bedeutet, den ganzen Handlungsablauf zu Ende zu bringen, nicht nur den Teil, der uns unmittelbar betrifft. Achtsamkeit bedeutet auch, daran zu denken, dass noch andere Menschen existieren, dass unsere Handlungen oder Nichthandlungen für sie Folgen haben. Es geht darum, daran zu denken, die Schere in die Küchenschublade zurückzulegen.

Und wenn wir meinen, dass wir das bereits tun, könnte es sinnvoll sein, über Abfall nachzudenken. Üblicherweise ist das der Punkt, an dem wir alles vergessen. Abfall ist nicht mehr Teil unseres Lebens; er hat keinen Wert für uns. Es ist Abfall. Aber er hat immer noch Folgen: ganze Landstriche voll mit stinkendem Abfall, Plastiktüten aus dem Supermarkt, Einwegkartons und verrottendes Gemüse. Ein Teil der Achtsamkeit bezieht sich auch darauf, unsere Vorstellungen über das hinaus auszudehnen, was uns jetzt direkt nützlich ist – über den Papierkorb hinaus – und was dann passiert. Versuchen Sie deswegen, weniger Abfall zu produzieren und ihn zu recyceln.

Beenden Sie, was Sie begonnen haben

Vielleicht lassen Sie Ihren Abwasch gewöhnlich bis zum nächsten Morgen stehen oder hoffen, dass Ihr Partner abwaschen wird. Vielleicht lassen Sie auf Ihrem Schreibtisch Papier herumliegen. Vielleicht sind Sie nicht gut darin, hinter sich selbst herzuräumen. Vielleicht ist auch dies etwas, worüber Sie mit Ihrem achtsamen Freund oder mit Ihren Freunden reden können. Wir sind oft überempfindlich gegenüber den Dingen, die andere Menschen nicht tun – die Dusche nicht sauber machen, das Brot nicht zurück in den Brotkasten legen, das Papier im Fotokopierer liegen lassen –, aber wir finden es viel schwieriger, zu sehen, was wir selbst nicht tun. Deswegen bitten Sie Ihren Partner, Ihren Mitbewohner oder Ihren achtsamen Freund, Sie nett darauf aufmerksam zu machen, wenn Sie Dinge nur halb fertig hinterlassen. Um wirklich Achtsamkeit zu entwickeln, werden wir wieder und wieder über die nächsten acht Wochen die Hilfe eines anderen beanspruchen müssen, um zu sehen, was wir objektiv tun.

Denken Sie an die Folgen

Versuchen Sie, ob Sie Ihr Bewusstsein über das hinaus ausdehnen können, was Sie jetzt gerade nützlich finden. Sie könnten damit beginnen, zu kompostieren oder zu recyceln. Sie könnten sich eine altmodische Einkaufstasche aus Stoff besorgen, damit Sie keine Plastiktüten benutzen müssen. Sie könnten sich entscheiden, immer daran zu denken, das Licht auszuschalten, oder Sie könnten sich vergewissern, dass Sie Ihren Computer nicht im Stand-by-Modus lassen.

Verringern Sie Ihren Input

Der Buddha lebte in einer vorindustriellen Gesellschaft, die sich von unserer heutigen sehr unterschied. Seine Anhänger lebten ein einfaches Leben, das der Achtsamkeit, der Meditation und der Einsicht förderlich war. Unser Leben ist anders. Wir werden bombardiert mit Anzeigen, wir drängeln uns in öffentlichen Verkehrsmitteln oder bleiben im Verkehr stecken. Wir scheinen immer am Telefon oder am Computer zu hängen oder irgendwo herum zu hetzen oder irgendwo zu spät zu kommen. Wir merken oft gar nicht, wie stressig das alles geworden ist.

Unsere Aufmerksamkeit wird von vielen Reizen in Anspruch genommen. Wir erleben uns oft gespalten zwischen dem, was wir tun, und dem, was wir denken. Während wir mit Freunden sprechen, schauen wir schon auf die Uhr und denken darüber nach, was wir noch im Supermarkt kaufen müssen. Wir lesen ein Buch, während wir auf eine E-Mail warten. Wir arbeiten an einer komplizierten Tabelle, während wir unsere E-Mails abrufen und uns neue Homepages ansehen. Das Radio läuft immer im Hintergrund. Unsere Aufmerksamkeit wird andauernd und gleichzeitig in verschiedene Richtungen gezogen – besonders Werbung fordert unsere Aufmerksamkeit. Mit unserem MP3-Player zappen wir von einem Lied zum anderen; wir leben mit Multitasking. Wir leben in einer Zeit der Informationsflut.[4] Diese gespaltene Weise ist zu unserem grundlegenden Geisteszustand geworden – so sehr, dass wir nicht wirklich merken, wie fragmentiert und instabil unser Geist geworden ist.

Viele von uns leiden unter einer chronischen Unfähigkeit zur Anteilnahme. Tiefe Erfahrungen, befriedigende Erlebnisse sind charakterisiert durch Ergriffenheit – einen Roman lesen, Musik hören, eine Unterhaltung genießen. Wir müssen uns Bedingungen schaffen, die uns erlauben, in die Dinge einzutauchen. Oft müssen wir uns nur in etwas Positives vertiefen, um in einen besseren geistigen Zustand zu gelangen: ein Blumenbeet jäten, Backgammon spielen, Bachmusik hören. Wir müssen uns von Überstimulation und übermäßigem Konsum befreien, wenn wir mit Achtsamkeit Fortschritte machen wollen. Wir müssen uns wehren gegen die Macht des „Konsumismus“ – auch wenn es

---

[4] Loy, D., *Consciousness Comodified*; The Attention-Deficit-Society. In Money, Sex, War, Karma. Wisdom Publ., 2008.

nur bedeutet, unsere Stunden vor dem Fernseher einzuschränken oder die Zeit, die wir im Internet verbringen. Deswegen denken Sie über einige spezielle Dinge nach, die helfen könnten, konzentrierter und weniger zerrissen zu sein. Sie könnten einige Vorsätze aufschreiben oder mit Ihrem Partner gemeinsam entwickeln. Sie könnten zum Beispiel entscheiden, einen Tag in der Woche Ruhe im Haus zu haben – kein Radio, keine Musik, kein Fernsehen –, sodass Sie wieder mal ein Buch lesen können.

Hier sind einige Vorschläge. Sie könnten

- entscheiden, beim Fernsehen nicht zu essen,
- dem Zappen durchs Programm widerstehen,
- die Zeit im Internet oder für Videospiele begrenzen,
- sich eine Zeit in Ihrer Arbeitswoche reservieren, um sich auf eine Aufgabe zu konzentrieren – ohne gleichzeitig Ihre E-Mails zu kontrollieren oder Telefonanrufe anzunehmen,
- einmal ein Essen ohne Musikbegleitung zubereiten oder einen Spaziergang ohne Ihren MP3-Player machen,
- sich entscheiden, nach 22 Uhr Ihr Telefon und den Computer abzuschalten,
- sich entscheiden, im nächsten Monat keine Kleidung zu kaufen,
- Ihren Fernseher 14 Tage im Keller einschließen,
- sich einen technikfreien Nachmittag in der Woche gönnen, ohne PC, E-Mails oder TV.

Verpflichten Sie sich selbst, Ihren Input für eine bestimmte Zeit zu reduzieren. Aber denken Sie daran, realistisch zu sein. Wenn Sie sich entscheiden, während Ihrer Arbeit keine Musik zu hören oder keine Realityshow zu sehen, entscheiden Sie, wie lange Sie das tun wollen – eine Woche, zwei Wochen oder während des ganzen 8-Wochenkurses? Seien Sie konkret und realistisch. Holen Sie sich möglichst Hilfe von Freunden, sie können Ihnen helfen, objektiver bei der Einschätzung Ihrer Leistungsfähigkeit zu sein. Ein Freund könnte sagen: „Wenn ich du wäre, würde ich es für eine Woche ausprobieren und sehen, wie gut ich damit zurechtkomme." Experimentieren Sie ein wenig, machen Sie eine radikale Entziehungskur beim Einkaufen, bei Ihren Spaziergängen oder bei Ihrem nächtlichen DVD-Konsum. Seien Sie aber realistisch dabei – andernfalls werden Sie sich wahrscheinlich innerlich dagegen wehren. Und denken Sie daran, dass das Reduzieren von Input viel mit wachsender Lebensqualität zu tun hat – so können Sie anderen Dingen Ihre volle Aufmerksamkeit widmen und sich glücklich in sie vertiefen. Versuchen Sie es, und denken Sie sich drei Möglichkeiten aus, um in dieser Woche Ihren Input zu reduzieren. Schreiben Sie sie in Ihren wöchentlichen Rückblick.

Erinnerungsstützen

Eine der ersten Lektionen, die es über Achtsamkeit zu lernen gibt, ist, dass es einfach ist, achtsam zu sein, aber schwierig, achtsam zu bleiben. Überlegen Sie, ob es Dinge gibt, die Sie daran erinnern, achtsam zu bleiben, und die Ihre Absichten für die alltägliche Achtsamkeit stärken. Sie könnten eine Notiz an Ihren Badezimmerspiegel klemmen, damit Sie rechtzeitig zur Arbeit aufbrechen. Sie könnten auf Ihrem Computer einen Wecker einstellen, der Sie alle halbe Stunde daran erinnert, eine Pause zu machen. Sie könnten in Ihrem Tagebuch einen Abend markieren, um daran zu denken, frühzeitig zu Bett zu gehen. Finden Sie kreative Wege, um sich an Ihre Achtsamkeit zu erinnern.

Beachten Sie die Folgen mangelnder Achtsamkeit

Schauen Sie, ob Sie einige der Dinge, die ich vorgeschlagen habe, tun können, und versuchen Sie, die Auswirkungen zu bemerken. Es könnte sein, dass Sie nur Ihre Dateien auf Ihrem Computer in Ordnung bringen oder das erste der drei Dinge auf Ihrer To-do-Liste abarbeiten. Falls Sie nichts anderes tun, nutzen Sie diese Woche, die alltägliche Achtsamkeit ernst zu nehmen. Sie könnten leicht den Wunsch verspüren, sich mehr den esoterischen Aspekten des spirituellen Lebens zuzuwenden

– Einsicht, Mystik und Meditation. Aber zuerst müssen wir uns um die kleinen Dinge des Alltags kümmern und sie viel ernster nehmen. Wir tun das, indem wir die Konsequenzen mangelnder Achtsamkeit betrachten. Schreiben Sie jedes Mal auf, wenn Sie sich gestresst, gehetzt oder schlecht gelaunt fühlen; versuchen Sie herauszufinden, ob die alltägliche Achtsamkeit oder ihr Mangel eine Rolle gespielt hat. Vielleicht stellen Sie fest, dass Sie normalerweise nicht genug Zeit einplanen, wenn Sie mit dem Fahrrad zur Arbeit fahren. Sie überfahren die roten Ampeln und kommen zu spät, außer Atem und gestresst. Schreiben Sie das auf; versuchen Sie, viel klarer zu erkennen, welche Kettenreaktion zehn Minuten Verspätung auslösen können: Versuchen Sie, sich der Folgen klar zu werden – emotional und praktisch –, einschließlich der Auswirkungen auf andere Menschen.

Notieren Sie, welche Aspekte von Unachtsamkeit welche Effekte haben (denken Sie daran, dass Sie das tun, um sich selbst zu verstehen und zu verändern, nicht um sich zu tadeln). Sie können dies zu verschiedenen Zeitpunkten während des Tages tun, oder Sie nehmen sich Zeit zum Nachdenken, bevor Sie zu Bett gehen. Sie bemerken vielleicht, dass Ihre Unachtsamkeit sich an Gewohnheitslinien entlang entwickelt – wie zum Beispiel immer zehn Minuten zu spät zur Arbeit aufzubrechen. Fragen Sie sich: "Was nützt es mir?" Wo nehmen Sie den Faden auf, zu spät zur Arbeit zu gehen? Beginnt es schon am Morgen, weil es Ihnen schwerfällt, aufzustehen? Versuchen Sie ein Gespür für den Grund und die Konsequenzen zu entwickeln. Zum Beispiel ist eine Folge des Zuspätkommens, dass Sie Ärger mit Ihrem Chef bekommen – aber das alles beginnt mit Ihrer Neigung, zu spät aufzustehen, E-Mails zu lesen und sich auf YouTube einzuloggen.

Erste Woche
Praktische Rückschau

1. Vorsätze dieser Woche

In die linke Spalte der folgenden Tabelle notieren Sie Ihre zwei Aufgaben für diese Woche. Zum Beispiel: (1) Sie haben beschlossen, dreimal pro Woche zu joggen, und (2) Sie haben beschlossen, nicht zu spät zur Arbeit zu gehen. Schreiben Sie alle Aktivitäten auf, die Sie unternommen haben, um Ihren Vorsatz zu untermauern: Sie haben Ihren Wecker so gestellt, dass Sie rechtzeitig zur Arbeit gehen können; Sie haben eine Verabredung mit Ihrem achtsamen Freund getroffen ... Am Ende der Woche notieren Sie in der rechten Spalte rückschauend, wie die Woche gelaufen ist. Waren Sie in der Lage, zu Ihrer Entscheidung zu stehen? Wie haben Sie sich dabei gefühlt? Falls Sie nicht bei Ihren Vorsätzen geblieben sind, warum nicht? Was waren die Hindernisse? Hatten Sie vielleicht zu unrealistische Vorsätze gefasst?

Ihre zwei Aufgaben	Rückschau, wie es gegangen ist
1	
2	

2. Input reduzieren

In der linken Spalte unten notieren Sie Ihre drei Vorsätze, um Ihren Input in dieser Woche zu reduzieren. Notieren Sie in der rechten Spalte, wie das funktioniert hat – fühlen Sie sich besser oder schlechter? War es eine gute Sache, das zu machen? Haben Sie es geschafft, die ganze Woche über zu Ihrer Entscheidung zu stehen? Gibt es andere Wege, Ihren Input zu reduzieren?

Ich werde diese Woche Input reduzieren durch ...	Wie ist es gegangen? Welchen Effekt hatte es?
1	
2	
3	

3. Selbstwirksamkeit und Handlungen beenden

Haben Sie es geschafft, diese Woche ein Gespür für Ihre Selbstwirksamkeit zu entwickeln – bei der Arbeit, zu Hause? Konnten Sie sich darüber klar werden, wie oft Sie Ihre Handlungen zu Ende geführt haben? Welche Aspekte der alltäglichen Achtsamkeit erschienen Ihnen wichtig und als etwas, das Sie lernen müssen?

Schreiben Sie hier Ihre Gedanken auf:

Wir haben versucht, den Wert der kleinen Dinge zu erkennen – unser Leben zu organisieren, sodass wir nicht immer nach unseren Autoschlüsseln, Lesebrillen oder Schirmen suchen müssen. Wir haben versucht, zu erkennen, wie die äußeren Bedingungen uns anstecken. Teil eines buddhistischen Lebens ist es, auf Retreats zu gehen. Wenn wir dort sind, geben wir alle möglichen Dinge auf: Sex, Einkaufen, Kino, Zeitungen und Internet. Wir geben diese Dinge auf, damit wir uns auf andere Dinge konzentrieren können, auf Achtsamkeit und Meditation. Die meisten Menschen finden, wenn sie das tun – und sei es auch nur für ein Wochenende –, dass sie sich glücklicher, lebendiger und entspannter fühlen. Das Reduzieren von Input bedeutet, dass wir unser Leben ein bisschen mehr so leben, als wären wir auf einem Retreat. Es bedeutet, dass wir uns auf das konzentrieren, was uns wirklich hilft, glücklich zu leben. Wenn wir einen ruhigen Nachmittag haben, wenn wir den Fernseher und das Radio auslassen und den Computer ausschalten, dann beginnen wir, Dinge zu erkennen. Wir bemerken unseren Körper, und wie er sich anfühlt; wir erkennen, wie lärmend unser Geist ist, wie rastlos wir geworden sind. Mit anderen Worten, wir beginnen die vier Grundlagen der Achtsamkeit zu entdecken, die der Buddha vor 2500 Jahren gelehrt hat.

Zweite Woche: Körper

Körperbewusstsein

Ich frage mich manchmal, wie der Buddha uns sehen würde. Ich stelle mir vor, dass er unsere heutige Informationsflut erleben würde, wie unsere Aufmerksamkeit aus uns herausgesogen und durch die Massenmedien beansprucht und manipuliert wird. Er würde sehen, wie kompliziert und technisch das moderne Leben und wie intellektuell hoch entwickelt wir geworden sind. Er würde uns als Wesen mit einem Drachenkopf und einem Schlangenkörper sehen.

Wir haben einen Drachenkopf. Er ist voller Gedanken und Ideen, Argumenten und Meinungen, Wissen und Einkaufslisten. In mancher Hinsicht ist er ein wunderbarer Kopf, aber er ist überentwickelt.

Und wir haben einen Schlangenkörper. Er ist lang und dünn und ohne Gliedmaßen: Er ist unterentwickelt. Der Buddha würde uns erleben als Wesen, die einseitig intellektuell geprägt sind – mit einer ausgeprägten Tendenz zum Rationalisieren, Grübeln, Abstrahieren und Komplizieren. Und er würde feststellen, dass wir mehr als jemals zuvor die erste seiner vier Grundlagen der Achtsamkeit kultivieren müssen: Achtsamkeit auf den Körper und seine Bewegungen.

Entfremdung

Viele von uns sind Ihrer direkten körperlichen Erfahrung entfremdet. Dafür gibt es viele Gründe. Wir haben keine Arbeit mehr, die unseren Körper benötigt – außer unserer Finger und unseren Augen. Unsere Arbeit braucht geistige Kraft und Verwaltungsgeschick, aber keine körperlichen Anstrengungen mehr. Wenn wir unseren Körper nicht benutzen, fühlen wir ihn auch nicht.

Dazu kommt die Entfremdung von unserer natürlichen Umwelt. Wir sind Natur. Wir alle haben die physischen Bedürfnisse und Antriebe von Tieren. Trotzdem leben viele von uns in Eigentumswohnungen in großen Städten, die beherrscht sind von Betonpflaster, Stahl- und Glasbüros, Neonlicht, elektronischen Klingeltönen und donnerndem Verkehr. Entfremdung von der natürlichen Umwelt bedeutet Entfremdung von unserer Natur, vor allem von unserer körperlichen Natur.

Und nicht zuletzt das wachsende Vertrauen in die Computertechnik. Wir starren nur noch auf unseren Bildschirm und tauchen nach einigen Stunden mit Doppelklicks aus dem Cyberspace auf, dehydriert, steif, von unseren Gefühlen entfremdet und von unseren direkten Sinneswahrnehmungen abgekoppelt.

Ein anderer Grund für unsere Entfremdung von unserem Körper könnte mit unserer Bildung zu tun haben. Wie die Ethnologin Ellen Dissanayake beschreibt, ist Bildung (mehr noch als der technische Fortschritt) der große Besitz, der den modernen Menschen vom rückständigen unterscheidet.[5] Ohne die enormen Wohltaten zu leugnen, die das Schreiben und Lesen mit sich bringt, und ohne die Bedeutung der Vernunft und des kritischen Denkens zu ignorieren, sollten wir darüber nachdenken, dass Bildung auch ihren Preis hat. Der belesene Mensch neigt zu Abstraktionen, Klassifikationen in Kategorien, Analysen und zu Generalisierung. Durch all diese Dinge laufen wir Gefahr, uns von unseren direkten Erfahrungen zu distanzieren – wir möchten aus der Entfernung blicken und objektiv untersuchen. Bildung favorisiert den Gedanken und das Wort gegenüber dem Körper und dem Erleben. Schauen Sie doch einmal auf ein Kleinkind: Es ist andauernd fasziniert von Anblicken, Geräuschen, Berührungen und Wahrnehmungen!

Negative Ansichten über den Körper, einschließlich der religiösen Beschränkungen der Sexualität, gekoppelt mit der durch das städtische Leben verursachten Entfremdung vom körperlichen Erleben, die neuen Anforderungen an den Arbeitsplatz

---

[5] Dissanayake, E, *What is Art for?* University Washington Press, USA, 2002, S. 172.

und die Computertechnik zeigen, dass Aufmerksamkeit auf den Körper besonders wichtig ist, wenn wir unser Leben gesund und produktiv erleben möchten.

Die vier Grundlagen der Achtsamkeit finden sich in einem alten buddhistischen Text, dem *Satipaṭṭhāna-Sutta*. Dieses Sutta ist ein systematischer Leitfaden zur Entwicklung der vollen Achtsamkeit. Es lehrt uns, wie wir Achtsamkeit kultivieren können, auf was wir achtsam sein sollten und wie Achtsamkeit zur Einsicht in die Natur der Realität führen kann. Die erste der vier Grundlagen der Achtsamkeit bezieht sich auf den Körper und seine Bewegungen.

Körperliche Bewusstheit hat viele Vorteile. Sie macht uns ruhiger und effektiver. Unsere körperlichen Bewegungen werden würdevoller und anmutiger. Sie ist ein effektives Gegenmittel gegen Stress und Angst. Mit einem bewussten Körper fühlen wir uns lebendiger. Wir werden auch sehen, dass Körperbewusstsein ein lebendiges Element bei der Kultivierung von Einsicht ist.

Achtsamkeit auf den Körper bedeutet, dem Drachenkopf und dem Schlangenkörper zu entkommen. Das heißt, die körperlichen Empfindungen wahrzunehmen, bei ihnen zu verweilen und mit ihnen zu leben. Es beginnt damit, dass Sie einfach den ausgestreckten Arm bemerken, wenn Sie sich im Bus festhalten, und es vertieft sich im Laufe der Übung in ein reiches Gewahrsein körperlicher Lebendigkeit und Vitalität. Schließlich erforschen wir die Natur des Lebens selbst. Aber bevor wir untersuchen, wie wir diesen ersten Bereich der Achtsamkeit praktizieren wollen, müssen wir einen Blick werfen auf unsere Haltung unserem Körper gegenüber – denn wie wir über unseren Körper denken, entscheidet darüber, wie wir ihn erleben.

Das Leben ganzheitlich sehen

Wir tendieren dazu, uns unseren Körper vom Geist und vom „Selbst" getrennt vorzustellen. Wir achten oft nur auf ihn, wenn uns etwas weh tut oder wenn wir irgendwo gegen stoßen. Unsere

Grundeinstellung behandelt den Körper wie ein Ding, ein attraktives gepflegtes Ding vielleicht, aber nichtsdestotrotz wie ein Ding. Ich erinnere mich, dass ich als Junge einen Comic gelesen habe, in dem das Gehirn als Schaltzentrale gezeichnet war, in der kleine Männchen damit beschäftigt waren, Nachrichten in die Zehen zu schicken, dem Bauch Anweisungen zu geben und Bilder, die von den Augen kamen, auf einem Bildschirm zu zeigen. Ich vermutete, dass die Beziehung zwischen Geist und Körper so ähnlich war – ein „Geist in der Maschine". Und auch wenn wir vielleicht nicht so genau darüber nachdenken, haben die meisten von uns eine ähnliche Vorstellung: Als ob dort ein kleines Männchen in unserem Kopf säße und sagte: „O. K., heb den Arm und greif nach dem Kuchen" ... Aber so kann es ja nicht sein.

Aus einer gewissen Sicht ist der Körper wie eine komplexe Maschine, und wie jede Maschine braucht er Treibstoff, Reinigung und Wartung. Wie jede Maschine kann er versagen oder sich erschöpfen; einige Dinge müssen repariert werden. Er ist ein Gegenstand im Raum wie jeder andere Gegenstand auch. Wir können ihm eine Jacke überhängen oder eine Brille aufsetzen, wir können ihn zusammen mit den Golfschlägern und dem Hund in ein Auto setzen; er braucht sehr viel Platz, wiegt sehr viel und riecht ein bisschen. So gesehen ist der Körper ein materielles Objekt wie jedes andere auch – wie Stühle, Garderoben, Häuser oder Planeten. Aber wir erleben den Körper ganz anders: Wir erleben ihn von innen her. Wir nehmen das als selbstverständlich hin; wir kennen uns so, und doch ist es wert, darüber nachzudenken, wie bemerkenswert dieses innere Wissen ist. Von allen Dingen im Universum – einschließlich der Körper anderer Menschen – gibt es nur eines, das wir von innen her kennen. Alles andere kennen wir nur indirekt, von außen. Wenn wir die Natur des Erlebens verstehen wollen, wenn wir entdecken wollen, was Leben bedeutet, dann müssen wir auf den Teil im Universum aufmerksam werden, den wir von innen kennen.

Unser direktes inneres Körpererleben ist geheimnisvoll. Wir erleben das Leben ganzheitlich. Wenn wir im Park spazieren gehen, erleben wir gleichzeitig Formen und Farben, Geräusche, Gedanken, Gefühle, sinnliche Wahrnehmungen, Erinnerungen, Assoziationen usw. Um über etwas nachzudenken, müssen wir es in etwas verwandeln, über das wir nachdenken können: einen Körper, einen Geist. Wir müssen das Ganze in Teile gliedern. Aber es ist nie wirklich so. Wir teilen das Erleben lediglich, um darüber nachdenken zu können. Dann vergessen wir, dass dieses Etwas von uns gemacht worden ist, und wir fangen an, uns darüber Gedanken zu machen, wie das alles zusammenpasst. Wir fragen z. B.: „Wie ist die Beziehung zwischen Körper und Geist?"

Natürlich ist es wertvoll, verschiedene Aspekte des Erlebens zu untersuchen. Wir werden es das ganze Buch hindurch tun. Wir müssen uns immer nur vergegenwärtigen, was wir tun: Unterscheidungen treffen, um etwas zu untersuchen. Sie sind nicht wörtlich zu nehmen. Am Grunde des Lebens gibt es ein Mysterium. Ein Teil dieses Mysteriums ist unser ganzheitliches Erleben, das nicht in einen Körper und in einen Geist zergliedert werden kann.

Bewusstsein und Körper tauchen immer gemeinsam auf. Sie sind miteinander verbunden. Sogar im Schlaf träumen wir einen Traumkörper. Und jeder, der schon einmal meditiert hat, weiß, dass der Körper Tiefe hat: Unser Bewusstsein beginnt mit Muskeln und Knochen, Gewicht und Wärme und geht dann tiefer in eine Subtilität, die schwer in Worte zu fassen ist. Während wir tiefer in die Meditation gehen, scheinen Körper und Geist mehr und mehr miteinander zu verschmelzen. Wir erleben einen emotionalen Körper; einen subtilen, vom Geist gemachten Körper; einen Körper, der scheinbar Erinnerungen, Symbole und sogar die Lehre zu enthalten und zu offenbaren scheint. Es ist dieser Körper, den wir untersuchen wollen.

Das Körper-Geist-Problem

Die Frage nach der Beziehung zwischen Geist und Körper hat die Philosophen schon immer interessiert. Sie ist eine der ungelösten Fragen – „das Kernproblem", wie es genannt wird. Welche Wechselwirkungen gibt es zwischen einem nicht materiellen Geist und einem materiellen Körper? Oder um es andersherum zu sagen: Es wird weitgehend angenommen, dass die Welt ausschließlich aus bloßer Materie besteht, aber wie kann reine Materie bewusst sein? Oder wie können insbesondere ein paar Pfund grauen Gewebes Erfahrungen machen?[6]

Arthur Schopenhauer argumentierte, dass der Körper die physische Manifestation des Geistes sei – selbst gemachtes Fleisch. Er meinte, dass Körper und Geist zwei Seiten einer Medaille seien. Er erläuterte seine Vorstellung am Beispiel des Errötens. Wenn wir erröten, tun wir das genau in dem Moment, wenn wir uns verlegen fühlen. Wir sind nicht erst verlegen und erröten dann – beides passiert gleichzeitig: Körper und Geist sind Zwillingsaspekte einer einzigen Realität. Was diese Realität sein könnte, ist in der Tat sehr mysteriös.

Als Erstes müssen wir lernen, uns unserer inneren körperlichen Wahrnehmungen bewusst zu werden. Als ich Student war, wurde ich von Nackenschmerzen geplagt. Sie dauerten so lange an und waren so unangenehm, dass ich zu einem Spezialisten geschickt wurde. Er fragte mich, ob ich eine Neigung zur Ängstlichkeit hätte. „Überhaupt nicht", sagte ich. Ich hielt mich selbst für einen lebenslustigen und künstlerischen Typ. Wenn ich zurückblicke, müssen meine Schultern fast bis zu meinen Ohren gereicht haben! Ich habe meine Ängstlichkeit einfach nicht bemerkt. Erst als ich später meditieren lernte, wurde ich mir meines Körpers viel stärker bewusst.

Eine meiner ersten Entdeckungen war, dass ich meine Spannungen automatisch aufrechterhielt, und das machte es für mich

[6] Fodor, J. (2007). *Headaches have Themselves*, LRB, Vol. 29, no. 10

schwerer, sie zu bemerken. In unserem Alltagsleben versäumen wir es oft, unsere gewohnheitsmäßigen Spannungen zu bemerken. Merken wir zum Beispiel, dass wir automatisch unsere Zähne zusammenbeißen oder unsere Zehen einrollen? Wie viele von uns, die wir zur Arbeit hetzen, merken, dass wir die Stirn runzeln und uns nach vorne lehnen? Sind wir uns bewusst, wie wir am Computer mit verdrehten Beinen sitzen?

Unser Gespür für das, was mit unserem Körper passiert, ist oft sehr vage. Wenn ich Meditationen leite, erinnere ich die Teilnehmer oft daran, subtile Justierungen Ihrer Haltung vorzunehmen. Sie ruckeln dann ein wenig in eine gerade, aufrechte Position, von der sie denken, dass ich sie sehen möchte, aber diese „korrekte Haltung" hält nur kurze Zeit, dann sackt der Körper wieder in die alte Haltung zurück. Wir brauchen zuerst ein Gespür für die Geschehnisse im Körper, um dann feine Korrekturen vorzunehmen. Sich auf diese Weise des Körpers bewusst zu sein ist schwerer, als es sich anhört, weil die meisten Dinge im Körper unbewusst und automatisch ablaufen. Viele von uns verspannen zum Beispiel Ihre Schultern und Ihren Nacken, sobald die Fingerspitzen die Tastatur des Computers berühren. Es passiert unabsichtlich und ohne dass wir es merken. Selbst wenn wir es bemerken und uns zu entspannen versuchen, verspannen sich unsere Schultern wieder, sobald wir nicht mehr an sie denken. Unser Wunsch, den Körper im Griff behalten zu können, automatisiert sich, sodass er in die alte Position zurückfällt, sobald wir aufhören, seiner bewusst zu sein.

Aber das war nicht immer so. Als Kinder fielen unsere Schulterblätter ganz natürlich hinunter, der Kopf balancierte oben auf unserer Wirbelsäule, unser Bauch war weich und rund. Jetzt sind wir wahrscheinlich nicht mehr so. Der Nacken tendiert zu automatischer Anspannung, die Schultern werden oft nach innen und in Richtung der Augen gezogen; wir ziehen wahrscheinlich automatisch den Bauch ein. Wenn wir größer werden, verlernen wir die natürliche, gesunde Haltung des Kleinkindes und gewöhnen uns daran, den Körper in dysfunktionaler und ungesunder Weise zu halten. Diese „habituelle Haltung" behindert unseren Atem, verlangsamt den Blutfluss, vermehrt die Gifte in den Zellen und behindert unsere Verdauung.

Deswegen müssen wir zuerst eine größere Empfindsamkeit für die aktuellen Abläufe des Körpers entwickeln. Mit Achtsamkeit beginnen wir zu erkennen, dass wir die Schultern hochziehen oder unseren Hals zusammenziehen. Wenn wir unser Gewahrsein dorthin lenken, lassen wir die Spannung los. Wir erlernen hier wieder unsere natürliche Haltung und helfen unserem Körper, sein natürliches Gleichgewicht wiederzufinden. Mit der Zeit wird diese neue, gesunde Haltung automatisiert werden. Dies ist einer der Gründe, warum der Nackenschmerz, den ich als Student erlebt habe, sich nach und nach auflöste.

Empfindsamkeit für den Körper kultivieren

Der Schlüssel, um Körperbewusstsein zu kultivieren, ist Empfindsamkeit. Es ist so, als wäre der Körper mit lauter verknoteten Schnüren fest verpackt. Unsere Aufgabe ist es, die Schnüre wieder aufzuknoten. Zunächst mögen wir uns so fühlen, als seien wir dafür nicht geschickt genug: Wir sind zu schwerfällig und zu tollpatschig. Aber wenn wir tiefer in die Achtsamkeit hineingehen, werden wir nach und nach und ohne zu sehr festzuhalten oder ungeduldig zu werden, die Fähigkeit entwickeln, dem Körper das Loslassen und die Ausdehnung zu erlauben. Wir merken, dass wir uns Schicht um Schicht durch gewohnheitsmäßige Spannungen hindurcharbeiten und in immer tieferen Ebenen entspannen. Aber das ist nicht nur einfach eine Sache der „Entspannung", ein einfaches Lösen verspannter Muskeln. Der Körper ist kein System von Seilen und Flaschenzügen, Drähten und Armaturen, die justiert und gelöst werden müssen. Das ist alles sehr viel mehr. Achtsamkeit auf den Körper bedeutet ein Erforschen des Mysteriums der Verkörperung. Das Loslassen von Spannungen hat mit der Arbeit am Geist genauso viel zu tun wie mit der Lösung des Körpers.

Erste Hilfe gegen Stress

Achten Sie darauf, wenn Ihnen etwas Stress verursacht. Wenn Sie *bemerken*, dass Ihnen etwas Stress verursacht, ist dies schon der Anfang der Veränderung. Suchen Sie nach Symptomen wie zum Beispiel Anspannung im Bauchraum, in den Schultern, Frustration, Reizbarkeit und Grübeln.

Erkennen Sie Stress früh. Stressreaktionen können sich schnell entwickeln und beschleunigen. Je länger sie andauern, umso schwieriger wird es, mit ihnen zu arbeiten.

Tun Sie etwas. Das heißt, Sie müssen aufhören, etwas anderes zu tun – hören Sie auf, laut zu sein, an Ihrem Computer zu arbeiten oder sich abzuhetzen. Gehen Sie achtsam in Ihren Körper und beachten Sie vor allem den unteren Teil: Füße, Beine, Bauchraum und das Gewicht Ihres Körpers auf dem Boden. Das ist ein sofortiges Gegenmittel gegen Angst und Spannung. Spüren Sie das Gewicht Ihres Körpers, entspannen Sie den Bauchraum und die Schultern, spüren Sie Ihre Füße.

Dehnen Sie Ihre Ausatmung aus. Wenn wir Stress erleben, atmen wir flach und schnell im oberen Teil unseres Körpers und verstärken dadurch den Stress. Ein gutes Gegenmittel ist die Verlängerung Ihrer Ausatmung: Atmen Sie langsam durch den Mund aus, so als würden Sie durch einen Strohhalm pusten. Atmen Sie solange aus, wie Sie können – ein langer, gleichmäßiger Strom des Ausatmens. Tun Sie das, ohne vorher auf besondere Weise eingeatmet zu haben. Wenn Sie dann nicht weiter ausatmen können, entspannen Sie sich und lassen Sie das Einatmen ganz natürlich geschehen. Versuchen Sie, solange auszuatmen, wie Sie können (ohne dabei den Atem in den Brustraum zu quetschen). Tun Sie dies einige Male, aber nicht mehr als fünf oder sechs volle Atemzüge lang.

Wenn Sie das Ausatmen so weit ausdehnen, wie Sie können, werden die Lungen vollständig geleert. Genauso verfahren Sie mit der Einatmung. Wenn Sie tiefer einatmen möchten, müssen Sie Ihr Ausatmen ausdehnen.

Was immer wir fühlen, sagen oder tun, beeinflusst unseren Körper. Gefühle verursachen gleichzeitig Herzempfindungen, Geschichten im Kopf, chemische und muskuläre Veränderungen im Körper. Umgekehrt beeinflussen Veränderungen im Körper unsere Regungen im Herzen und unsere Gedanken. Nach einer schlaflosen Nacht stehen wir nervöser auf, ein kalter Kopf kann sich schlechter konzentrieren, die monatlichen Hormonschwankungen verursachen Stimmungsschwankungen. Wir können an unserem Geist arbeiten, indem wir unsere Aufmerksamkeit auf unseren Körper richten. Geist und Körper sind untrennbar miteinander verbunden.

Wichtig für uns ist die Vorstellung, dass Geist und Erfahrung Tiefe haben. Der Körper hat ebenfalls Tiefe. Körper und Geist sind nicht zwei getrennte „Dinge“, wie viele im Westen denken. Körperliche Achtsamkeit ist eine Reise in die Tiefe. Wie der Geist sich vertieft, so vertieft sich auch die Erfahrung unseres Körpers: Beide werden kontinuierlich subtiler, reicher und integrierter. Jede Erfahrung von Tiefe hat den Geschmack der Integration. Das unmittelbare Merkmal für Integration ist das Gefühl, dass Körper und Geist eins werden. Dieses Gefühl der Einheit setzt Energie frei. Es ist üblicherweise so, als wären wir nicht ein Selbst, sondern eine Sammlung von Selbsten, die in entgegengesetzte Richtungen drängen, verschiedene Dinge wollen und um die Vormachtstellung kämpfen. Dieser innere Konflikt spielt sich in unserem Körper, in seinen Spannungen und Haltungen ab und beraubt uns unserer Energie.

Wir versuchen, diese miteinander in Konflikt liegenden Selbstanteile zu einem Ganzen zusammenzufügen. Die ständige Achtsamkeit auf den Körper ist ein effektiver Weg, diese Verbindung herzustellen. Körperbewusstsein erdet uns und macht uns stabiler. Wir müssen nur bemerken, wie der Geist in eine von seinen kleinen Fantasien oder Kritiken abdriftet, um dann zurückzukommen in das Gefühl für den Körper: Füße auf dem Boden, Rücken im Wagensitz. Wenn wir Körperbewusstheit entwickeln, beginnen wir, eine subtilere und reichere Beziehung mit unserem Körper zu entwickeln. Sie könnten zum Beispiel bemerken, wie der Körper eine Landkarte und Geschichte unseres Geistes ist. Wir scheinen Erinnerungen in unterschiedlichen Teilen des Körpers zu speichern. Ich hatte viele solcher Erfahrungen – oder vielmehr solche aufzulösen –, insbesondere während der Meditation. In einer Sitzung bemerkte ich Schmerzen in den Schultern. Ich versuchte sie zu fühlen, ohne sie beiseitezuschieben, ohne mir zu sagen, wie schmerzvoll das war, und dann tauchte eine Erinnerung daraus auf – eine Erinnerung, in der ich mich unter einer niedrigen Brücke versteckt sah und Angst hatte. Die ganze Angst flutete zurück, und in dem Moment entspannten sich meine Schultern komplett. Die Erfahrung, dass Erinnerungen „aus dem Körper herauskommen", fasziniert mich. Sie erinnert mich an die geheimnisvolle Natur des Erlebens: Diese Substanz, der Stoff, aus dem der Körper gemacht ist, ist mehr als nur Materie.

Der Körper besitzt seine eigene Weisheit

Wenn wir uns mit ganzem Herzen der Achtsamkeit widmen, wird unser Körper zu uns in einer intimen, symbolischen Sprache sprechen. Die willkürliche und illusorische Unterscheidung zwischen Körper und Geist bzw. zwischen Körper und Seele löst sich langsam auf, und wir beginnen, den Körper auf neue Weise zu erleben. Gedanken und Gefühle haben eine direkte und sofortige Auswirkung auf unseren Körper, und es ist so, als würden wir stärker verbunden: Gedanke mit Gefühl mit Körper. Deswegen beginnt der Körper, uns Hinweise darauf zu geben, was unser Bewusstsein blockiert, was wir brauchen, welches unsere Bedürfnisse sind, wie wir fühlen, welches unsere tieferen Motivationen sein könnten. Wir beginnen, unser Leben durch direkten körperlichen Spürsinn zu verstehen. Körper und Geist werden als zwei Seiten derselben mysteriösen Medaille erlebt.

Wenn sich die Integration während der Meditation vertieft, können wir fremde Körpersymptome erleben. Ich kann mich daran erinnern, dass meine Hände sich plötzlich wie massive Baseballhandschuhe anfühlten. Einer meiner Freunde hatte das Gefühl, dass er mit dem Kopf nach unten meditierte, und öffnete vorsichtshalber seine Augen! Diese Erfahrungsmöglichkeiten werden *samāpattis* genannt, was mit „Erreichung/volle Wirksamkeit" übersetzt werden könnte. Diese Erfahrungen sind ein Zeichen dafür, dass der Geist sich lockert, dass wir in die richtige Richtung gehen. Auch wenn sie sich ungewohnt anfühlen können und sogar am Anfang ein wenig beängstigend sein mögen, können sich diese Erlebnisse oft sehr erfreulich entwickeln, wenn wir uns auf sie einlassen. Wenn wir über diese Dinge lesen, besteht natürlich die Gefahr, dass wir uns unzulänglich fühlen. Fragen wie „Mache ich Fortschritte?" oder „Habe ich eine tiefe Erfahrung gemacht?" können wirklich wenig hilfreich sein. Ich habe Menschen kennengelernt, die seelische Erlebnisse hatten – Visionen usw. –, ohne dass sie freundlicher oder weiser geworden wären. Jeder gute Meditationslehrer weiß, dass „starke" Erlebnisse nicht immer hilfreich sein müssen, dass Menschen von ihnen davongetragen werden können oder sich deswegen als etwas Besonderes zu fühlen beginnen. Freundlicher, weiser und bewusster zu werden ist aber das Ziel des Lebens in voller Achtsamkeit. Das allein zählt – nicht, ob wir Visionen haben, traumatische Erinnerungen entdecken oder ob sich unser Körper plötzlich sehr groß anfühlt. Menschen scheinen diese Art von traumatischen Erlebnissen oft zu Beginn Ihrer meditativen Praxis zu haben. Nach und nach, wenn sie integrierter werden, beruhigt sich alles wieder.

Der vertraute Körper ist der vertraute Geist

Entwicklung des Körperbewusstseins ist eine Reise von der Entfremdung zur Integration und verkörpertem Bewusstsein. Dies ist ein Weg, der möglicherweise zur Einsicht führt. Lassen Sie uns zum Schluss deswegen unsere Aufmerksamkeit auf diesen Punkt richten, bevor wir mit der Frage fortfahren, wie wir die Praxis der ersten Grundlage der Achtsamkeit in unserem Alltagsleben ausüben wollen.

Ich neige dazu, eine Reihe gewohnter Spannungen in meinem Bauch festzuhalten. Entspannung und Körperbewusstsein helfen mir, die körperliche Spannung in meinem Bauch zu spüren und sie loszulassen. Ich kann das tun, während ich mit einem Freund spreche, eine Vorlesung besuche, im Zentrum unterrichte oder diese Sätze schreibe. Insbesondere in der Meditation kann ich die Spannung auf einer sehr tiefen Ebene loslassen. Aber wie ich die Spannungen in meinem Bauch zu halten pflege, ist unbewusst geworden. Dies geht direkt an den Kern meines Daseins, weit jenseits des Bewusstseins. Die Körperhaltung wurde zu dem, was ich als mein „Ich" sehe.

Die Art und Weise, wie wir unseren Körper halten, verfestigt sich mit der Zeit. Sie können das daran sehen, wie sich Menschen bewegen. Einige Männer bewegen sich wie Cowboys, andere wie nervöse Angestellte; einige Frauen bewegen sich wie ängstliche Bibliothekarinnen, andere wackeln wie Filmstars. Jede Art, sich zu bewegen, drückt die Person aus: Sie ist einzigartig und verschieden von allen anderen. Wir halten und bewegen unseren Körper in einer speziellen Gestalt, einer besonderen Art und Weise, und dies wird, wie wir sind. Wir identifizieren uns mit dieser Gestalt. Auch wenn die Körperhaltung unbequem sein sollte, fühlt es sich an wie „Ich". Wir halten unseren Körper in einer aktuellen Gestalt, die unser aktuelles Selbst ausdrückt. Das Selbst ist eine Gewohnheit, eine Eigenart, auf bestimmte Weise zu sein, eine Neigung, entsprechend bestimmten gewohnheitsmäßigen Mustern zu reagieren. Wer wir jetzt sind, ist eine Folge unserer bisherigen Automatismen: ob wir regelmäßig ärgerlich geworden sind, deprimiert, gelangweilt, giftig, streitlustig oder überschäumend. Dies alles ist in unserem Körper festgeschrieben. Meine Art, auf Beklemmung oder Sorgen zu reagieren, ist beispielsweise, die Luft anzuhalten und den Bauch zu verkrampfen. Wir werden, die wir sind, durch das, was wir fortwährend und gewohnheitsmäßig in der Vergangenheit getan haben. Wie wir zukünftig sein werden, wird die Folge dessen sein, was wir jetzt tun. Diese „Ich-Herstellung" wird somatisiert im Körper festgehalten.

Untersuchen, wie wir unseren Körper halten – und Wege finden, diese Haltung loszulassen –, bedeutet, unser Anhaften an unserem Selbst zu lockern. Im Grunde ist Entspannung spirituelle Praxis. Wenn wir wirklich entspannen möchten und entspannt bleiben möchten, müssen wir das Selbst loslassen. Bedenken Sie nur, wie Ihr Körper sich anfühlt, wenn Sie sich etwas sehr wünschen – ein hübsches Gesicht, ein sexy Poster, einen schönen Schokoladeneisbecher –, und beachten Sie, was in Ihrem Bauch und in Ihren Schultern passiert. Und spüren Sie, was passiert, wenn Sie etwas nicht möchten – wenn Sie wünschen, dass dieser So-und-So den Mund halten möge! Beachten Sie, wie der Körper sich anspannt. Jedes Mal, wenn Selbstgefälligkeit auftaucht, taucht auch körperliche Spannung auf. Je mehr Selbst, desto mehr Spannung. Egoismus ist leidvoll. Aber verlassen Sie sich nicht auf mich: Kultivieren Sie Ihr eigenes Körperbewusstsein und sehen Sie selbst.

Aus buddhistischer Sicht ist unser fundamentalster Glaube über uns selbst falsch. Wir glauben intuitiv, dass wir als feste, unterscheidbare Einheit existieren. Wir können nicht anders, als zu denken, dass es hinter unserem veränderlichen Körper – Zellen nutzen sich ab und werden ersetzt, das Haar wird nach und nach lichter, unsere Gefühle, Gedanken und Haltungen verändern sich – ein überdauerndes „Selbst" gibt, ein „Ich", dem all diese Veränderungen zustoßen. Aber der Buddha sagte, dass ein solches Selbst nicht existiert. Es ist eine Illusion, etwas, das wir durch gewohnheitsmäßige Geschichten, vorhersagbare Reaktionen und sich wiederholende Gedankenmuster in unser Dasein hineingetragen haben. Das Selbst ist eine Gewohnheit, unser Dasein auf bestimmte Weise zu erleben. Auch unsere Körperhaltungen auf eine bestimmte Weise zu erleben, ist eine Gewohnheit. Eines loszulassen bedeutet, auch das andere loszulassen. Als er seine Erfahrungen über das Erwachen aufzeichnete, schrieb der große Zen-Patriarch Dōgen: „Selbst und Körper fallen ab." Wir haben nichts zu verlieren.

Zweite Praxiswoche

Bevor ich Ihnen alltägliche, praktische Möglichkeiten vorschlage, um vertieftes Körperbewusstsein zu entwickeln, möchte ich mich vergewissern, dass Sie nicht die Grundlagen vergessen: wandern und laufen, einmal früh zu Bett gehen, Salat essen, Junkfood vermeiden. Diese Dinge mögen nicht sehr spirituell sein, aber sie sind wichtig für unser Wohlbefinden. Auch auf die Gefahr hin, das Offensichtliche hervorzuheben, lassen Sie uns kurz auf einige der umfassenderen Gesundheitsthemen bezüglich der Achtsamkeit auf den Körper zurückblicken.

Der Gesundheitscheck

Achtsamkeit auf den Körper muss auch Achtsamkeit auf das einschließen, was wir mit unserem Körper aufnehmen: was wir essen und trinken. Das bedeutet zum Beispiel, nicht zu viel zu essen. Wir müssen uns vergewissern, dass das Meiste, was wir essen, einen Ernährungswert hat. Theorien über Diäten unterscheiden sich oft bis zur völligen Widersprüchlichkeit, aber sie alle stimmen darin überein, dass Früchte und Gemüse einen großen Teil unserer Diät ausmachen sollten. Wenn wir bedenken, dass nur 14 % der Männer und 27 % der Frauen die empfohlenen fünf Rationen Früchte und Gemüse jeden Tag essen (außer Kartoffeln), wird klar, wie wichtig dieser einfache Aspekt unserer Körperachtsamkeit ist. Zudem trinken viele Menschen täglich viel weniger als die von Ärzten empfohlene Menge. Vor allem Alkohol ist ein Diuretikum, das die Wahrscheinlichkeit chronischer Dehydrierung vergrößert.

Für den Buddhismus ist Gewaltlosigkeit eine zentrale Überzeugung. Ein relativ einfacher Weg zu weniger Gewalttätigkeit im Alltagsleben ist es, Vegetarier zu werden. Das erste ethische Prinzip im Buddhismus heißt „nicht töten" – und weil Fleisch zu essen Töten bedeutet, entscheiden sich viele Buddhisten, Vegetarier zu werden. Unabhängig davon, ob wir uns nun von den moralischen Erwägungen bewegen lassen oder nicht, ist recht gut belegt, dass Vegetarier länger leben als Fleischesser, Veganer länger leben als Vegetarier. Auch aus ökologischer Sicht sind Vegetarier und Veganer „wünschenswerter" und ihr Verhalten nachhaltiger. Wenn Sie Vegetarier oder Veganer werden, verringern Sie den Schaden für sich selbst, die Erde und alle auf ihr lebenden Wesen.

Wir müssen regelmäßig trainieren. Das bedeutet z. B. mindestens 30 Minuten moderates Aerobic fünfmal die Woche. „Moderates Training" bedeutet, bis zu dem Punkt zu gehen, an dem Sie warm geworden, mäßig außer Atem und leicht verschwitzt sind. Einige Studien zeigen, dass es umso besser ist, je energischer Sie trainieren, insbesondere um Herzkrankheiten vorzubeugen. In gewisser Weise ist es egal, welche Übungen Sie machen – aber z. B. Yoga oder Tai Chi haben den zusätzlichen Vorteil, Ihr Körperbewusstsein zu verbessern und zu tiefer Entspannung beizutragen. Zu guter Letzt sollten wir uns regelmäßig fleißig im Garten betätigen oder einen flotten Marsch machen. Noch einmal: Umwelt und Gesundheit gehören zusammen: Was für den Einzelnen ungesund ist, ist auch ungesund für den Planeten. Je mehr wir laufen, statt mit dem Auto zu fahren, umso besser ist es sowohl für die Erde als auch für unseren Körper!

Die Menge Schlaf, die wir brauchen, variiert mit dem Alter, mit den Lebensumständen und der Gesundheit, aber viele von uns bekommen zu wenig davon. Unsere Tendenz, Raubbau mit unserer Gesundheit zu treiben, hat „so viel Schlafentzug hervorgerufen, dass das eigentlich Unnormale nun die Norm ist."[7] Experten berichten uns, dass wir nicht genügend Schlaf bekommen haben, wenn wir uns am Tage schläfrig fühlen – sogar wenn wir gelangweilt sind. Wenn wir uns nachmittags hinlegen

[7] www.medicine.wisc.edu/mainweb

und regelmäßig nach fünf Minuten einschlafen, haben wir wahrscheinlich ein schweres Schlafdefizit.

Ich kann nur die Oberfläche der Gesundheitsthemen streifen, mit denen wir konfrontiert sind, wenn wir die Körperachtsamkeit ernst nehmen wollen. Es wurde jetzt zum Beispiel gezeigt, dass viele Zusatzstoffe (wie die E-Nummern) mit Hyperaktivität und Verhaltensauffälligkeiten bei Kindern korrelieren.[8] Insgesamt 67 % der Männer und 58 % der Frauen haben Übergewicht, und es gibt eine wachsende Zahl von Teenagern mit Adipositas, die durch eine Kombination aus Junkfood, Faulenzen und Computerspielen verursacht wird. Es wird geschätzt, dass 20 % der Menschen zu viel Alkohol trinken. Wenn wir den Konsum von Nahrungsmittelzusatzstoffen wie Glutamat, verbunden mit Fast Food und Abhängigkeiten von Stimulanzien wie Koffein, hinzunehmen, ist es offensichtlich, dass die Körperachtsamkeit nützlich für unsere leibliche Gesundheit ist und nicht übersehen werden sollte.

Dies könnte eine gute Gelegenheit sein, einen Gesundheitscheck für sich selbst zu machen, und falls Sie möchten, auch für Ihre Familie. Verwenden Sie Ihr Tagebuch. Richten Sie Ihr eigenes Punktesystem von 1 bis 10 ein (1 = kein Erfolg bis 10 = großer Erfolg). Stellen Sie Kategorien auf wie: fünf Portionen Früchte und Gemüse pro Tag, regelmäßige Körperübungen, 1,5 Liter Flüssigkeit pro Tag, 8 Stunden Schlaf ... Sehen Sie dann, wie viele Punkte Sie bekommen haben. Sie könnten auch prüfen, wie viel Alkohol Sie trinken und wie viele Zigaretten Sie rauchen, falls überhaupt. Nehmen Sie Freizeitdrogen?

Wir erleben oft, dass unsere guten Absichten nicht durch aktuelle Erfahrungen bestätigt werden. Es ist erstaunlich einfach, diese Dinge nicht zu bemerken. Es ist, als ob wir Absichten fälschlicherweise schon als Handlungen sehen. Wir wollen zum Sport gehen oder weniger Fast Food essen, und reden uns sogar ein, dass wir das, was wir sagen, auch gerade tun. Es könnte

---

8 www.guardian.co.uk/uk/2007/sep/06/lifeandhealth.health

sein, dass wir nicht bemerken, dass wir dann Gründe dafür finden, dies oder jenes nicht zu tun.

Achtsam unterwegs

Der Körper ist der Anker Ihres Bewusstseins. Jedes Mal, wenn wir zu unserem Körper zurückkehren, lassen wir uns in unseren unmittelbaren Sinneswahrnehmungen nieder, statt „irgendwo anders" zu sein. Sich auf die Körperlichkeit einzustellen ist ein einfacher Weg, den Geistesgiften zu entkommen – die Berührung unserer Kleidung, ein kühler Wind auf unserem Gesicht, unsere Füße, die das Pflaster auf unserem Weg berühren ... Geistesgifte drehen den Geist auf, stressen ihn und verursachen Grübeleien. Im vergifteten Geist brüten Gedanken noch mehr Gedanken aus; sie verbreitern sich in eine laute Kakofonie recycelter Popsongs, negativer Selbstgespräche und sich wiederholender Ansichten. Die Rückbesinnung auf den Körper ist das erste Gegenmittel.

Aber es wäre unrealistisch von mir, Sie zu bitten, die ganze Zeit achtsam auf Ihren Körper zu sein. Stattdessen ist es besser, Inseln der Achtsamkeit zu kultivieren. Diese „Inseln der Achtsamkeit" werden nach und nach Ihre ganze Erfahrung beeinflussen. Deswegen werde ich Ihnen von jetzt ab vorschlagen, spezielle Achtsamkeitsübungen aufzunehmen – Übungen, durch die ich Sie die ganzen Wochen führen werde. Wir beginnen mit der Kultivierung der Körperbewusstheit während eines achtsamen Spaziergangs. Ich werde Sie bitten, dies jeden Tag in dieser Woche zu tun und dann diese Spaziergänge bis zum Ende des Achtwochenkurses fortzusetzen. Natürlich können Sie vergessen, diesen achtsamen Spaziergang zu machen, oder entscheiden, ihn gar nicht zu machen. Dazu kommen wir später.

Im Laufe der Wochen werde ich für den Spaziergang neue Ansätze vorschlagen, die das spezielle Wochenthema aufgreifen und untersuchen. Sie werden sich leichter daran erinnern, diese achtsamen Spaziergänge zu praktizieren, wenn Sie sich gut darauf vorbereiten – wenn Sie an die Dinge denken, die Ihnen wahrscheinlich begegnen werden. Wie gesagt, Sie werden erfolgreicher sein, wenn Sie sorgfältig planen – und mit „Erfolg" meine ich vor allem, es zu tun! Und so können Sie sich vorbereiten:

Denken Sie an einen Weg, den Sie jeden Tag gehen. Es ist wichtig, einen Weg zu wählen, den Sie ohnehin schon machen. Wenn Sie Ihren alltäglichen Abläufen einen Weg hinzufügen, kann es passieren, dass Sie ihn nicht durchhalten können. Der Weg sollte nicht länger als zwanzig Minuten sein und nicht kürzer als fünf. Mehr als zwanzig Minuten könnten zu fordernd sein, weniger als fünf kann man kaum als einen Weg bezeichnen! Sie könnten Ihre ersten zehn Minuten für den Weg zur Straßenbahnhaltestelle nehmen oder Ihren Weg zum Bus oder zum Kindergarten.

Beschreiben Sie Ihre Route. Benutzen Sie Ihr Tagebuch und beschreiben Sie den Weg, den Sie gewählt haben, so detailliert wie möglich. Stellen Sie sich den Weg in Ihrem Geist vor: „Ich gehe an der Post vorbei, der Wäscherei und dem Supermarkt, ich biege rechts ab in die So-und-so-Straße mit dem Park zur Linken ..." Wenn Sie den Weg beschreiben und visualisieren, werden Sie sich daran erinnern, ihn auch wirklich zu gehen. Ihre Notizen werden Ihnen als Stichwortgeber dienen. Ich kann nicht genug betonen, dass das Erinnern, achtsam zu sein, der Schlüssel für diesen ganzen Kurs ist. Deswegen schreiben Sie alles auf. Wenn Sie wollen, zeichnen Sie Ihren Weg – es ist egal, was Sie dazu benutzen –, alles wird Ihnen helfen, sich zu erinnern. Je detaillierter, desto besser.

Schreiben Sie alle Themen auf, auf die Sie stoßen. Versuchen Sie, an alle Hindernisse zu denken, die Ihnen während der Achtsamkeit auf Ihren Körper auf Ihrem Weg begegnen könnten. Sie werden wahrscheinlich Menschen treffen, die Sie aus Ihrer Straße kennen, oder Sie könnten sich noch keine richtige Routine überlegt haben. Vielleicht ist Ihr Weg am Wochenende ganz anders? Vielleicht sind Sie Radfahrer?

Denken Sie über kreative Wege nach, diese Schwierigkeiten zu überwinden. Mit welchen Lösungen können Sie aufwarten? Sie können sich vornehmen, an einem Wochentag zur Straßenbahnhaltestelle zu laufen und an einem Wochenende zum nahe gelegenen Park. Sie könnten die ersten zehn Minuten Ihrer Fahrradfahrt der Achtsamkeit widmen: Ihr Gesäß auf dem Sattel registrieren und Ihre Füße auf den Pedalen. Sie könnten Ihr Auto ein bisschen weiter weg von Ihrer Arbeitsstelle parken oder eine Busstation vorher aussteigen, als Sie es sonst tun. Schreiben Sie auf, was Sie vorhaben. Seien Sie so genau wie möglich: einen Weg pro Tag, so und so lange, diese oder jene kreative Lösung für dieses oder jenes mögliche Hindernis.

Blicken Sie zurück, wie es gelaufen ist. Unser achtsamer Weg wird unsere tägliche Praxis in voller Aufmerksamkeit sein. Irgendwann am Tag (vielleicht zuletzt, bevor Sie zu Bett gehen oder kurz bevor Sie zur Arbeit gehen) schreiben Sie auf, ob Sie daran gedacht haben, diesen Weg zu machen und, falls Sie ihn geschafft haben, was Sie dabei entdeckt haben und wie es gelaufen ist. Ich habe einen Tagesrückblick am Ende dieses Kapitels für Sie bereitgestellt.

Achtsam zu gehen bedeutet nicht, gewollt oder künstlich zu gehen. Sie müssen nicht einmal langsam gehen. Bei einigen Formen der Gehmeditation gehen Sie in der Tat sehr langsam, und das hat seinen Wert (insbesondere um die Wirkung der Meditation fortzusetzen), aber es würde ziemlich albern aussehen, wenn Sie auf diese Weise zur Arbeit gingen! Bis jetzt sind wir bestens auf ganz natürliche Weise gegangen; der einzige Unterschied zu unserem achtsamen Gehen liegt darin, dass wir uns entscheiden, dieses Gehen mit Aufmerksamkeit zu begleiten. Hier sind einige konkrete Vorschläge, wie Sie das tun können:

Richten Sie Ihre Aufmerksamkeit auf Ihren Körper und seine Bewegungen. Jedes Mal, wenn Sie abgelenkt sind, bringen Sie Ihren Geist auf entspannte und natürliche Weise zurück zu Ihrem Körper.

Spüren Sie in die Sohlen Ihrer Füße hinein. Dies ist insbesondere dann hilfreich, wenn Sie gehetzt oder ängstlich sind. Spüren Sie das Gewicht Ihres Körpers, wie es durch die Sohlen Ihrer Füße hindurchgeht, und achten Sie auf den Halt des Untergrundes. Bringen Sie Ihren Geist wieder dorthin zurück.

Benutzen Sie eine Zähltechnik. Sie können diese Technik bei der Achtsamkeit auf die Sohlen Ihrer Füße benutzen. Sie wird Ihnen dabei helfen, bei Ihren direkten Körperwahrnehmungen zu bleiben. Das Zählen ist bei der Gehmeditation wirklich hilfreich, vor allem, wenn Sie sehr abgelenkt oder erschöpft sind. Es ist auch eine gute Methode, um Konzentration aufzubauen, wenn Sie zum ersten Mal Ihren achtsamen Weg beginnen. Ich schlage vor, dass Sie nach jedem Schritt zählen und mit „1" beginnen. Gehen Sie einen Schritt und sagen Sie leise zu sich „1". Gehen Sie einen weiteren Schritt und sagen Sie „2" usw. bis „8". Wenn Sie bei „8" angekommen sind, zählen Sie bei jedem Schritt rückwärts. Gehen Sie einen Schritt und sagen Sie „8". Machen Sie einen weiteren Schritt und sagen Sie „7", dann „6", dann „5" usw. Sie können mit dem Zählen nach ca. fünf Minuten aufhören, oder Sie können den ganzen Weg über zählen.

Verwenden Sie Wörter oder Phrasen. Seien Sie sich während des Weges Ihres ganzen Körpers bewusst und begleiten Sie das Gehen mit Phrasen, um ganz beim Erleben zu bleiben. Sie könnten die Wörter „achtsam gehen" oder „friedlich gehen" wiederholen. Finden Sie Ihre eigenen Worte, die Sie emotional mit Ihrer Praxis verbinden.

Gehen und Loslassen. Seien Sie wachsam auf Ihren ganzen Körper, und achten Sie vor allem auf jedes Gefühl von Sorge oder Ängstlichkeit, sowohl körperlich als auch geistig. Versuchen Sie, ob Sie diese Sorgen loslassen können und Ihren Körper während des Gehens entspannen können.

Bringen Sie Ihren Erlebnissen eine wohlwollende Aufmerksamkeit entgegen. Das heißt, stellen Sie sich auf jedes angenehme Gefühl ein, das Sie sinnlich wahrnehmen können. Genießen Sie die Bewegungen Ihres Körpers, den Windhauch auf Ihrer Haut, Wärme- oder Kälteempfindungen. Schenken Sie angenehmen Anblicken und Geräuschen Beachtung: der Farbe von Dahlien oder dem Gesang einer Amsel.

Nutzen Sie Ihre Vorstellungskraft. Sie könnten sich vorstellen, wie sich während des Laufens eine Lotosblüte unter Ihrem Fuß öffnet oder die Tiefe der Erde unter Ihren Füßen. Dies ist eine gute Möglichkeit, Interesse für Ihre Praxis wachzuhalten.

Prüfung der Widersprüche

Jeder von uns hat so etwas, das man einen „Diskrepanz-Monitor" nennen könnte – etwas, das die Diskrepanz zwischen der Art, wie wir sind oder glauben zu sein und einem Modell unseres Ideals überprüft. Der Diskrepanz-Monitor zeigt das Missverhältnis zwischen unserem Geisteszustand, in dem wir uns aktuell befinden, und dem Geisteszustand an, den wir uns wünschen, erwarten oder meinen, haben zu müssen. Diese Diskrepanz ist unvermeidlich und oft hilfreich und gesund. Sie alarmiert uns, wenn wir uns ändern sollten, und regt uns an, die Lücke zwischen dem, was wir jetzt sind, und dem, was wir sein möchten, zu schließen.

Das Problem dabei ist, dass viele der Dinge, die diese Dissonanzen verursachen, mit Aspekten unseres Lebens in Wechselbeziehung stehen, an denen keine sofortige oder offensichtliche Handlung möglich ist: der Wunsch, glücklich zu sein zum Beispiel oder selbstsicherer. Der Geist kann nur verschiedene Wege ausprobieren, um diese Diskrepanz zu verkleinern. Daraus kann ein ewiges Grübeln werden: Wir glauben, dieses Missverhältnis aufzulösen, machen es in Wirklichkeit aber immer schlimmer. In diesem Geisteszustand prüfen wir andauernd und mühsam, welchen Fortschritt wir schon gemacht haben – oder ob wir keinen Fortschritt gemacht haben –, um die Lücke zu schließen. Dies kann ein andauerndes und unterminierendes Gefühl verursachen, dass Sie diese Ziellinie immer verpassen und Ihrem Ideal, so zu werden, wie Sie sein sollten, nie näher kommen.

Eine der Herausforderungen des spirituellen Lebens wie jedes anderen Lebens auch, in dem Sie sich Ihren Idealen nähern möchten – glücklicher und ruhiger zu werden, einen weitläufigeren Geist zu entwickeln –, ist es, Änderungswege zu suchen, ohne über diese Diskrepanz zu stark besorgt zu sein. Wir werden sehen, dass ein Gegenmittel gegen das Grübeln das Erden unserer Erlebnisse in den aktuellen Sinneswahrnehmungen der Gegenwart ist. Der Schlüssel dazu ist, den Geist in unseren Körper hineinspüren zu lassen.[9]

Der tägliche Body-Scan

Möglicherweise finden Sie es ausreichend für diese Woche, Ihren achtsamen Spaziergang zu machen. Manchmal ist es günstig, sich für nur eine Sache zu entscheiden und diese dann richtig zu machen. Nichtsdestotrotz wäre dies eine gute Woche, eine tägliche Praxis für das Körperbewusstsein zu beginnen. Sie wird Ihre Körperwahrnehmung verbessern und aufgestaute Spannungen lockern. Sie wird Ihre Energie in den Körper hinein erden, anstatt ihr zu erlauben, in Ihrem Geist wie ein Kreisel herumzuwirbeln. Den Body Scan zu praktizieren wird Ihnen helfen, sich auf die nächste Woche vorzubereiten, wenn ich Ihnen die Meditation vorstelle.

Versuchen Sie, jeden Tag 15-30 Minuten zu finden, um den Body Scan zu praktizieren. Lesen Sie sorgfältig die Anleitungen, bevor Sie es versuchen. Versuchen Sie, jeden Tag Zeit dafür zu finden – Sie könnten es gleich probieren, nachdem Sie von der

[9] Segal, Williams & Teasdale. *Mindfulness-Based Cognitive Therapy for Depression*. The Guilford Press, New York, 2002, S. 68-72.

Arbeit nach Hause gekommen sind, oder, falls Sie zu Hause arbeiten, könnten Sie es in Ihrer Frühstückspause tun. Beim Body Scan geht es darum, Bewusstheit in Ihren Körper fließen zu lassen, ihn mit Bewusstheit zu erfüllen. Sie versuchen zu registrieren, was in diesem Moment passiert, werten aber nicht, was Sie jetzt gerade bewusst fühlen: angenehm oder unangenehm, entspannt oder angespannt. Sie versuchen nicht, Ihr Körpererleben zu verändern oder gar zu entspannen, Sie erfassen nur, was jetzt da ist.

Sich hinlegen

Legen Sie sich auf den Boden, stellen Sie Ihre Knie auf und Ihre Füße flach auf den Boden, etwa hüftweit auseinander. Ihr Kopf sollte auf einem festen Kissen ruhen, auf einem Yogablock oder auf einigen übereinandergelegten Büchern. Nur der knöcherne Teil auf der Rückseite Ihres Schädels sollte auf der Unterlage ruhen – so können Sie Ihren Nacken von hinten erreichen. Sie können ein Gefühl dafür entwickeln, wie weit Ihre Füße von Ihrem Rücken entfernt sein müssen, indem Sie die Knie an Ihre Brust ziehen, sie fassen und dann auf Ihre flachen Füße gleiten lassen. Genau genommen versuchen Sie einen Platz zu finden, an dem Sie Ihre Beine leicht und natürlich balancieren können, ohne nach ihnen greifen zu müssen. Legen Sie Ihre Ellbogen zur Seite, sodass Ihre Hände auf Ihrem Bauch ruhen können.

Dies ist eine ausgezeichnete Haltung für Ihre Wirbelsäule. Wenn Sie Ihre Knie auf diese Weise aufgestellt haben, liegt Ihr ganzer Rücken auf dem Boden (wenn Sie Ihre Beine ein bisschen zu weit herausstellen, dann wird der kürzere Teil Ihres Rückens sich ein wenig vom Boden abheben). Wenn Sie Ihren Kopf unterstützt haben und Ihr Nacken frei ist, kann der Hals sich in Fortführung Ihrer Wirbelsäule ausrichten. Vergewissern Sie sich, dass Sie warm genug sind. Falls Sie eine Brille tragen, nehmen Sie sie ab. Wenn Sie bereit sind, schließen Sie Ihre Augen.

Scannen Sie Ihren Körper mit nicht wertendem Bewusstsein

Richten Sie Ihre Aufmerksamkeit auf Ihren Körper. Fühlen Sie die Wärme und das Gewicht Ihres Körpers auf dem Boden. Dann erschließen Sie sich nacheinander bewusstes Gewahrsein von jedem Körperteil. Beginnen Sie mit Ihren Füßen und hören Sie oben am Kopf auf: Zehen, Füße, Rückseite Ihrer Füße, Knöchel, Schienbein, Wadenmuskel usw. Versuchen Sie es so ausführlich, wie Sie können (das hängt auch davon ab, wie viel Zeit Sie zur Verfügung haben). Denken Sie daran: Sie bemühen sich zu erkennen, was Sie jetzt in diesem Moment gerade fühlen, nicht, was Sie zu fühlen glauben. Sie werden wahrscheinlich merken, dass Sie einige Teile Ihres Körpers deutlicher spüren können und andere fast gar nicht. Das ist normal. Bemerken Sie es nur, Sie brauchen sich darüber keine Gedanken zu machen. Wir versuchen, unser Bewusstsein zu erziehen, um Feinheiten zu bemerken, Nuancen, Details unseres Körpers, und dies wird einige Zeit und Geduld brauchen. Deswegen tun Sie, was Sie können: Arbeiten Sie sich von den Füßen bis zum Kopf hoch und richten Sie Ihre Aufmerksamkeit auf jeden Bereich.

Aufstehen

Sie sollten nicht plötzlich und schnell aufstehen. Halten Sie die Ausrichtung von Hals und Wirbelsäule aufrecht. Öffnen Sie erst die Augen, wenn Sie bereit sind. Schauen Sie, ob Sie das, was Sie sehen, auf sich einwirken lassen können, ohne etwas Spezielles anzusehen. Versuchen Sie, Ihr Bewusstsein im Körper gegründet zu lassen. Wenn wir über das Bewegen nachdenken, springt unser Geist oft schon zum Ende der eigentlichen Bewegung – dies bringt Spannung zurück in den Körper. Versuchen Sie deshalb, dieser Tendenz entgegenzuwirken. Sie brauchen nicht einmal daran zu denken, aufzustehen. Ihr Körper wird das für Sie tun; ruhen Sie einfach in Ihrem Körper, fühlen Sie sich in Ihrem Körper zu Hause. Lassen Sie Ihre Augen zu einer Seite schweifen und erlauben Sie Ihrem Kopf, ihnen zu folgen; dann lassen Sie Ihren ganzen Körper auf die Seite rollen. Versuchen Sie dies, ohne den Kopf zu heben. Wenn Sie sich auf Ihre Seite gedreht haben, achten Sie auf Ihren Bauch: Haben Sie Ihren Bauch angespannt? Wenn Sie sich dann bereit fühlen, rollen Sie auf alle viere und stehen Sie aus dieser Position heraus auf.

Zweite Woche
Praktische Rückschau

1. Der achtsame Spaziergang

Benutzen Sie die Tabelle unten, um zu prüfen, ob Sie daran gedacht haben, Ihre Gehpraxis zu machen. Falls Sie Zeit haben, schreiben Sie auf, wie es funktioniert hat. Konnten Sie mit den Themen Ihrer Gehpraxis kreativ arbeiten (wie Sie es geplant hatten)? Welche Gefühle hat das Gehen bei Ihnen hinterlassen – bessere oder schlechtere? Haben Sie etwas Besonderes in Ihrem Körper während des Gehens bemerkt?

	Haben Sie daran gedacht?	Wie ging es? Was haben Sie vielleicht vergessen und woran lag es?
1. Tag	Ja / Nein	
2. Tag	Ja / Nein	
3. Tag	Ja / Nein	
4. Tag	Ja / Nein	
5. Tag	Ja / Nein	
6. Tag	Ja / Nein	
7. Tag	Ja / Nein	

2. Der Body-Scan

Konnten Sie den Body Scan durchführen? Falls es geklappt hat, was haben Sie bemerkt? Welche Teile Ihres Körpers konnten Sie deutlich spüren, welche Teile weniger deutlich? Wie ging es Ihnen nach dem Body Scan?

Schreiben Sie hier Ihre Gedanken auf:

Achtsamkeit auf den Körper und seine Bewegungen ist die erste der vier Grundlagen der Achtsamkeit, wie der Buddha sie gelehrt hat. Sie ist das Fundament der vollen Aufmerksamkeit. Der Körper ist unser Zuhause. Wir können uns vorstellen, dass wir an diesem oder jenem Platz in dieser oder jener Stadt leben, aber wenn wir überhaupt irgendwo wirklich leben, dann in unserem Körper. Die erste Grundlage der Achtsamkeit zielt darauf, sich mehr und mehr im Körper zu Hause zu fühlen. Alles, was wir tun müssen, um uns ein bisschen glücklicher zu fühlen, ist, spazieren zu gehen, ein wenig Yoga zu machen oder mit dem Hund Gassi zu gehen. Der Körper ist unsere erste Anlaufstelle. Falls wir unsere Spannung verringern oder vermeiden möchten, depressiv zu werden, sollte unsere erste Frage sein:

Bewege ich mich genug? Bekomme ich genug Schlaf? Esse ich gesund? Zum Körper können Sie immer wieder zurückkehren: wenn Sie diese Zeilen lesen, wenn Sie an einer schwierigen Konferenz teilnehmen oder zur Arbeit fahren. Wenn wir nicht genau wissen, wie wir Achtsamkeit kultivieren können, können wir einfach wieder zu unserem Körper und seinen Bewegungen zurückkommen – das ist alles, was wir tun müssen. Und wenn wir unseren Körper wahrnehmen, können wir natürlich auch aufmerksam darauf werden, wie sich der Körper anfühlt – angenehm oder unangenehm, schwer oder leicht, taub oder kribbelnd. Deswegen werden wir im nächsten Kapitel die innere Welt der Körperwahrnehmungen sowie das Gefühl des Erlebens genauer untersuchen.

Dritte Woche: Gefühle

Was wir ändern können und was nicht

Wir glauben oft, Glück habe etwas mit der Vermeidung unangenehmer und der Anhäufung angenehmer Augenblicke zu tun. Aber wie geschickt sind wir darin? Lassen Sie uns auf die fundamentalen Gefühle des Lebens schauen: angenehme Empfindungen, unangenehme Empfindungen und neutrale Empfindungen. Mit anderen Worten: Wir wenden uns der zweiten Grundlage der Achtsamkeit, die der Buddha gelehrt hat, zu: Achtsamkeit auf die Gefühle.

Vedanā ist ein Pāli-Wort. Pāli ist eine altindische Sprache, die nur noch in buddhistischen Texten vorkommt. Einst war sie die Alltagssprache in Teilen Nordindiens – im Gegensatz zum akademischeren Sanskrit. Traditionelle buddhistische Texte begegnen uns entweder in Pāli oder in Sanskrit. Das Wort *vedanā* ist abgeleitet von *vedeti*, was sowohl „fühlen" als auch „wissen" bedeutet. Vedanā wird üblicherweise mit „Gefühl" übersetzt, wobei aber zu beachten ist, dass *vedanā* nicht die Emotionen einschließt. *Vedanā* bezieht sich lediglich auf körperliche und geistige Gefühle.

Gefühle sind das Gewebe des Lebens; es geht darum, wie sich das Leben anfühlt. Jeder Anblick, jedes Geräusch, jeder Geruch, jeder Geschmack und jede Berührung hat *vedanā,* d. h., jede Erfahrung hat eine „hedonistische Tönung". Wir sind uns der Dinge bewusst – eines Baumes, eines Freundes, eines Sommermorgens –, und diese Bewusstheit hat Geschmack, hat eine Beschaffenheit: Sie fühlt sich angenehm an, schmerzlich oder neutral.

Wir erleben eine fast endlose Bandbreite von Empfindungen. Nehmen Sie zum Beispiel die unterschiedlichen Schokoladensorten, die Sie im Laden kaufen können. Einige von ihnen (üblicherweise die etwas teureren) werden besser schmecken als andere. Wir sind in der Lage, den Unterschied zwischen einer handgemachten belgischen Trüffel und einem Massenprodukt wie einem Marsriegel zu schmecken. Möglicherweise können wir diese Differenz nicht verbalisieren, aber wir können sie schmecken. Und dies gilt für alles Erleben, inneres und äußeres: Es hat einen besonderen Geschmack, auch wenn es schwer sein sollte, diesen „besonderen Geschmack“ in Worte zu fassen. Ebenso ist es mit unangenehmen und mit neutralen Gefühlen; wir erleben das Leben in scheinbar unendlichen Abstufungen, Schattierungen, Nuancen und Strukturen. Leben hat Geschmack. Es mag wunderbar schmecken oder milde angenehm, leicht unangenehm oder schrecklich. Es mag vielleicht auch nach fast gar nichts schmecken.

Dies gilt für die Sinneswahrnehmungen ebenso wie für den Geist. Jede Erinnerung, die wir haben, jeder Gedanke, den wir hegen, jede Idee, die in uns entsteht, hat Gefühl. Traditionell lehrt der Buddhismus nicht fünf Sinne, sondern sechs: Der sechste ist der Geist. Aus buddhistischer Sicht sind Gedanken und Emotionen Analogien für Geschmäcke; sie können so angenehm sein wie Parfüm oder so eklig riechen wie Katzenurin. Alle Dinge, die wir erleben – innere wie äußere, Geist oder Körper, Gedanke oder Emotion –, haben diese Gefühlstönung. Achtsamkeit auf die Gefühle bedeutet, sein Gewahrsein darauf zu richten, zu bemerken, wie sich Leben anfühlt, lebendiger zu werden für die Beschaffenheit des Erlebens.

Der Charakter des Lebens

Lassen Sie uns zunächst sorgfältiger auf unangenehme Gefühle schauen. Wir mögen sie nicht. Wir versuchen, sie instinktiv zu vermeiden, sie wegzustoßen und loszuwerden. Wir reagieren darauf, sobald wir so ein Gefühl erleben. Wir reagieren darauf, indem wir in irgendeiner Weise in schlechte Stimmung geraten; wir werden ärgerlich, wir beschuldigen andere Leute oder uns selbst. Es entwickelt sich sehr leicht eine negative Spirale: Wir erleben ein unangenehmes Gefühl und reagieren darauf mit Aversion. Aversion ist in sich selbst schmerzhaft. Dann fühlen wir uns noch schlechter, und wir reagieren auf das Gefühl mit noch mehr Widerwillen. Oft gibt es diesen „Es reicht"-Moment, der Moment, in dem wir unsere Fassung verlieren, wenn wir einen Schraubenzieher durch die Werkstatt werfen, unsere Kinder anschreien oder beschließen, dass das Leben unerträglich ist! All dies entsteht aus unangenehmen Wahrnehmungen. Wenn wir glücklicher werden möchten, müssen wir hier beginnen.

Wir können ein unerfreuliches Gefühl nicht verändern. Es ist eine Tatsache im Leben. Wenn uns jemand im Verkehr schneidet oder heißen Tee auf unsere Hose schüttet, wenn wir von Verkäufern ignoriert werden oder in überfüllten Zügen stehen müssen, wenn wir Kopfschmerzen bekommen oder einen Steuerbescheid vom Finanzamt, einen Strafzettel oder eine Verwarnung, dann erleben wir unangenehme Gefühle. Das stechende Gefühl der Angst können wir nicht verändern, wenn wir eine Präsentation vorführen müssen, eine Rede halten oder eine Gruppe ausgelassener junger Studenten unterrichten sollen. Es gibt immer Gefühle. Wir können sie nicht nicht haben. Wir können natürlich behaupten, in einer bestimmten Situation kein Gefühl zu haben, wir können den leichten Händedruck ignorieren ..., aber das ist eine andere Sache.

Was wir ändern können, ist unsere Antwort auf schmerzliche Gefühle. Wir können registrieren, dass wir unangenehme Wahrnehmungen erleben, und dann unser Bewusstsein darauf lenken. Wir können sie bewusst untersuchen, sie durcharbeiten und schmecken. Wenn wir das tun, bekommen wir ein Bewusstsein von Gefühl als Gefühl. Und wenn wir „fühlen" und „erkennen", was wir erleben, beginnen wir eine Lücke zwischen dem zu schaffen, was uns geschieht, und den resultierenden Gefühlen auf das, was uns geschehen ist.

Der Buddha benutzte die Analogie von den zwei Pfeilen (SN 36:6). Er sagte, der erste Pfeil, von dem wir getroffen werden, ist der Pfeil des Schmerzes. Der ist unausweichlich. Schmerz ist unvermeidlich – ob es die Qual der Schlaflosigkeit ist, der Rückenschmerz oder die Enttäuschung, durch die Führerscheinprüfung gefallen zu sein. Wenn wir Bewusstheit von Gefühlen praktizieren, können wir uns darin üben, nur zu fühlen, achtsam zu sein und es zu ertragen. Üblicherweise, so sagte der Buddha, werden wir jedoch von einem zweiten Pfeil getroffen – dies sind unsere Reaktionen auf den ersten Pfeil. Sobald wir mit Klagen und Jammern reagieren, schaffen wir uns zusätzliches Leiden.

Emotionaler Schmerz bedroht unser Wohlbefinden genauso, wie es physischer Schmerz tut. Wenn wir uns bedroht fühlen, reagieren wir automatisch mit dem Flucht-oder-Kampf-Verhalten. Eine harsch geschriebene E-Mail ist ein gutes Beispiel. Wir öffnen Sie, und plötzlich fühlen wir uns emotional angegriffen. Der Körper geht in den Kampf oder reagiert mit Flucht: trockener Mund, flaues Gefühl im Magen, angespannte Muskeln oder stärkerer Herzschlag. Diese Reaktion ist in unserem Gehirn fest verdrahtet. Sie wird sofort aktiviert, sobald wir uns bedroht fühlen. Wir können sie nicht vermeiden – auch wenn das Ausmaß der Bedrohung von unserem Temperament und unserer aktuellen Verfassung abhängt. Kampf oder Flucht sind wertvoll; sie konzentrieren den Geist und bereiten den Körper für eine Aktion vor. Das Blut bewegt sich von den Eingeweiden zu den Skelettmuskeln, die Pupillen erweitern sich, damit wir besser sehen können, und Adrenalin wird ins System geschwemmt. All dies ist überlebenswichtig, wenn wir ernsthaft bedroht sind. Diese instinktive Reaktion hat sich über viele Millionen Jahre in unserer Vorgeschichte entwickelt und hat unser Überleben gesichert. Aber bei vielen Dingen im heutigen Leben kann sie nicht helfen: unfreundliche E-Mails, laute Nachbarn oder bei teuren Telefonnummern aufgehalten werden. Volle Aufmerksamkeit auf unangenehme Gefühle schließt deswegen ein Bewusstsein unserer Kampf- und Fluchtreflexe ein und erfordert eine Vorgehensweise, die die Situation nicht noch verschlimmert. Unglücklicherweise können Kampf- und Fluchtreflexe – wie so viele andere automatisierte Körperreflexe – ein dauerhafter Zustand werden, sodass wir uns ständig nervös, unruhig und reizbar fühlen.

Das Problem des Schmerzes

Ob der Schmerz nun körperlich oder emotional begründet ist, wir versuchen instinktiv, ihn loszuwerden. Wir möchten, dass er aufhört! Das ist sehr gut bei vielen der Erfahrungen, die wir machen. Es ist ein Instinkt zur Selbsterhaltung, der uns daran hindert, uns selbst zu schaden. Wir lernen dies, manchmal auf recht traumatische Weise, von früh an im Leben. Aber ab einem bestimmten Punkt macht die Abneigung gegen schmerzhafte Gefühle alles nur schlimmer. Erstens tendiert sie dazu, unseren Geist auf das Objekt zu konzentrieren, von dem wir glauben, dass es den Stress verursacht: der Mann, der laut mit einem Handy telefoniert, die dumpfen Bässe von irgendjemandes MP3-Player. Zweitens verspannt die Abneigung unseren Körper. Üblicherweise verspannen wir uns um unsere schmerzhaften Körperwahrnehmungen herum im Versuch, uns selbst zu schützen. Während dies gut ist bei echten Verletzungen, tragen diese Anspannungen bei den üblichen Verletzungen und Schmerzen des Alltags lediglich zu unserem Missbehagen bei. Ein weiterer Aspekt dieser sich selbst erhaltenden Körperanspannung ist, dass wir dies sowohl tun, wenn wir uns emotional, als auch, wenn wir uns körperlich verletzt fühlen. Äste und Steine können meine Knochen brechen, aber Wörter können genauso verletzen.

Es ist schwer, auf schmerzhafte Gefühle nicht zu reagieren, aber es ist möglich. Wir können uns darin üben, sie zu bemerken und uns ganz gegen die Gewohnheit in sie hinein zu entspannen. Die Alternative wäre, auf sie mit Spannung zu reagieren, mit Frustration, Verwirrung und Scham – was den Schmerz natürlich verstärkt. Einer der Hauptgründe dafür, dass wir unangenehme Gefühle beiseiteschieben wollen, ist, dass wir Platz schaffen wollen für angenehme Gefühle. Wir wenden uns nun diesem Aspekt zu.

Das Lustprinzip

Wenn wir Freunde zum Essen einladen, versuchen wir automatisch, sie mit so viel angenehmen Gefühlen zu versorgen wie möglich. Wir bereiten gutes Essen vor, decken den Tisch mit Servietten und Weingläsern. Wir verstehen intuitiv die Beziehung zwischen Gefühlen und Stimmungen. Wir wissen, dass unsere Gäste wahrscheinlich eher zu einer geselligen Gesellschaft werden, wenn sie viele lustvolle Gefühls-Momente haben. Gute Stimmung und eine erfolgreiche Essenseinladung entstehen nicht automatisch aus angenehmen Wahrnehmungen – wir wissen das, aber die Wahrscheinlichkeit dafür ist doch größer.

Und wie viel Freude erleben wir dann tatsächlich? Wie geschmackvoll das Essen auch sein mag, wir haben die Tendenz, nur den ersten und den letzten Bissen tatsächlich zu bemerken. Die Vorzüglichkeit des Essens bleibt im Hintergrund unseres Bewusstseins. Und dies ist häufig so in unserem Leben. Wir möchten Freude – geben Geld dafür aus, stürzen durch unsere To-do-Listen, um Zeit für unsere Freude zu haben –, aber gerade in dem Moment, in dem wir Freude haben, vergessen wir oft, uns das bewusst zu machen. Wir bemerken, dass etwas erfreulich ist, nur um schon zu etwas anderem überzugehen – wir sind im Gespräch verwickelt, wir trinken ein wenig zu viel, beginnen daran zu denken, wie wir nach Hause kommen. Wir beklagen uns über einen Mangel an Genuss, während wir gleichzeitig versäumen, ihn hier und jetzt zu bemerken.

Deswegen ist unser erstes Ziel der Achtsamkeit, angenehme Gefühle auch wirklich zu genießen, unsere volle Aufmerksamkeit auf sie zu richten. Diese direkte Bewusstheit von Angenehmem ist die Kunst des Genießens. Das bekräftigt den spirituellen Wert reinen Vergnügens – der Geschmack von Rasmalai[10], das Prickeln auf der Haut, wenn wir ein frisch gebügeltes Hemd

[10] Indische Quarkbällchen. Anm. d. Ü.

anziehen. Es wäre so viel Vergnügen in unserem Leben zu haben, wenn wir nur daran denken wollten, unseren Geist darauf zu richten. Ich erinnere mich daran, dass ich einmal mit meiner kleinen Nichte im Park auf einer Bank saß. Ich habe sie dabei beobachtet, wie sie zwei Teenager beim Skateboardfahren beobachtete. Immer, wenn sie sprangen, kicherte sie und streckte vor Vergnügen Ihre Beine aus. Es war eine Lektion in Genuss. Sie hatte noch nicht den vorausschauenden Geist entwickelt, den wir Erwachsenen haben, den Geist, der sagt: „Oh, ja, ich weiß schon, was als Nächstes passiert." Für sie war jeder Sprung ein überraschender Spaß. Wir können unsere Gewohnheit, etwas vorhersagen zu wollen, kaum loswerden, aber wir können unseren Weg unschuldigen Vergnügens wiederfinden. Ich kann das am einfachsten auf einem Retreat machen. Dort habe ich die Zeit, alles langsamer zu tun und aufnahmebereit zu werden. Ich genieße ganz gewöhnliche Freuden: Ein Hase, der sich ins Unterholz flüchtet, das Licht, das durch die Himbeermarmelade schimmert, ein Buch lesen. Das sind ganz gewöhnliche Dinge. Nichts Besonderes. Ihnen wird durch einen Geist Bedeutung zugewiesen, der ruhig ist, aufmerksam, neugierig und unaufgeregt – die Art von Bewusstheit, die Meditation und Achtsamkeit kultivieren. Üblicherweise ist unser Geist zu sehr zerrissen, voreingenommen oder erregt, um selbst ein kleines Vergnügen um uns herum erleben zu können. So fremd das auch klingen mag, wir müssen die Disziplin des Genusses kultivieren: die Fähigkeit, die einfachen Dinge des Lebens zu sehen und sie zu genießen. Das ist schwerer, als wir denken, weil unsere üblichen Einstellungen gegenüber Freude oft kontraproduktiv sind.

Disziplin zur Freude

Wir sind abgelenkt vom Erleben der Freude, weil wir mehr von ihr haben möchten. Ebenso wie wir unangenehme Gefühle beenden möchten, möchten wir angenehme Gefühle wiederholen. Wir wollen mehr. Dieses angeborene „mehr wollen" führt unseren Geist von dem Vergnügen fort, das wir jetzt gerade erleben. Unser Geist konzentriert sich auf die Idee einer Freude in der Zukunft, was bedeutet, dass wir sie jetzt nicht genug beachten. Es ist das „Gesetz vom abnehmenden Wert“, vom Werteverlust.

Dieses Gesetz vom Werteverlust wird besonders klar, wenn wir über unser Szenario des Partydinners nachdenken. Stellen wir uns vor, wir wären einer der Gäste. Das Essen ist wunderbar. Als wir uns dem Ende des ersten Ganges nähern, möchten wir einen Nachschlag haben. Sobald wir das möchten, hören wir auf, aufmerksam auf das Essen auf unserem Teller zu sein. Wir erleben eine nagende Angst. Wir sind beunruhigt, dass andere Gäste vor uns etwas bekommen könnten; dass für uns nichts mehr übrig bleibt. Deswegen beginnen wir, uns zu beeilen. Je mehr wir uns beeilen, umso weniger Freude erleben wir. Je weniger Freude wir erleben, umso mehr möchten wir einen Nachschlag. Je mehr wir einen Nachschlag möchten, umso ängstlicher fühlen wir uns, dass wir keinen mehr bekommen können. Wenn unser Gastgeber schließlich unseren Teller auffüllt, ist der Geschmack nicht mehr so gut, wie wir dachten, als wir zum ersten Mal nach einem Nachschlag gefragt haben! Es ist diese Sehnsucht, ein Vergnügen zu wiederholen, die das Problem verursacht. Vergnügen macht süchtig. Die Kunst des Genusses, die Disziplin zur Freude, bedeutet, dass wir unsere ganze Aufmerksamkeit auf angenehme Wahrnehmungen richten, während wir uns nicht danach sehnen, sie zu wiederholen. Das ist eine große Herausforderung. Wir haben uns als Spezies unter gänzlich anderen Bedingungen entwickelt, als wir sie heutzutage vorfinden. Zum Beispiel sind wir darauf eingestellt, den Geschmack von Zucker zu genießen. Diese Prädisposition hat sich über Millionen von Jahren unserer Vorgeschichte aufgebaut. Die meiste Zeit war Nahrung, besonders Zucker sehr knapp. Zucker zu genießen bedeutete, dass unsere Überlebenswahrscheinlichkeit stieg. Erst vor kurzer Zeit wurde Zucker billig, immer verfügbar und unerschöpflich. Unsere instinktive Freude am Zucker wird nun zur Bedrohung für unsere Gesund heit. Wenn wir auf unsere Tendenz sehen, mehr davon zu wollen, sehen wir auf einige der am tiefsten verwurzelten Tendenzen unseres Geistes. Der Schlüssel zum Erfolg ist unsere Fähigkeit zu Bewusstsein und Reflexion. Die Sehnsucht, Vergnügen zu wiederholen, ist schon in sich selbst unangenehm. Wir merken das normalerweise nicht. Wenn wir etwas möchten, ist unser Geist in das vertieft, was wir in der Zukunft erleben möchten, nicht in das, was wir aktuell in diesem Moment erleben. Deswegen assoziieren wir das Wollen mit Vergnügen. Aber wenn wir uns bewusst werden, wie es sich anfühlt, etwas zu wollen, werden wir merken, dass es eigentlich unangenehm ist: Es ist ein schmerzliches Gefühl – mit all den Spannungen, die damit zusammenhängen. Und wenn wir Vergnügen zu lange und zu heftig verfolgen, wird es unausweichlich schmerzhaft. Köstliches Essen sättigt erst und macht dann dick. Selbst kultiviertes Vergnügen – klassische Musik zum Beispiel – wird nach einiger Zeit quälend. Vergnügen hat natürliche Grenzen. Kein Vergnügen kann bis ins Unendliche ausgedehnt werden.

Wir müssen Vergnügen deswegen viel sorgfältiger behandeln, als wir dachten. Ein ernsthaftes Vergnügen muss ein Element von Beherrschung beinhalten. Je mehr wir versuchen, die Freude aus unseren Erfahrungen herauszuquetschen, umso wahrscheinlicher ist es, dass dabei Leid herauskommt. Vergnügen auf Vergnügen zu häufen reduziert üblicherweise das Vergnügen, das wir gerade erleben. Ein ausgelassenes Wochenende mit Einkaufsbummel, Café besuchen und Ausgehen wird in uns Dumpfheit und Reizbarkeit zurücklassen. Auch wenn wir meinen, Spaß zu haben, werden wir oft entdecken, dass wir uns ziemlich unbehaglich fühlen, sobald wir mehr auf die Qualität unseres Erlebens achten. Erregung fühlt sich merkwürdigerweise ganz ähnlich wie Angst an. Sie zeigt die gleiche körperliche Enge, Rastlosigkeit und Agitation.

Erregung und Angst machen es uns schwer, in etwas einzutauchen. Wir können nicht ernsthaft etwas genießen, wenn wir nicht darin ausharren und wortlos darin aufgehen können. In diesem Sinne sind unsere reichsten Freuden die stilleren – jene Momente von echter und konzentrierter Kreativität, Momente der Wertschätzung der Natur. Tieferes Vergnügen hat eine ausgeprägte innere Strahlung und Weichheit. Es fühlt sich ganz anders an als oberflächlicher Nervenkitzel. Tieferes Vergnügen fühlt sich tiefer an – es hat weniger „Selbst". Aber dies könnte auch unsere Alarmglocken läuten lassen. Spirituelle Praxis könnte leicht als Spaß verderbend und allzu ernst gesehen werden. Wenn spirituelles Leben falsch verstanden wird, kann das in der Tat passieren. Aber voller Achtsamkeit zu üben heißt, Freude zu trainieren, das, was ich „Disziplin zur Freude" genannt habe. Ein wichtiger Aspekt des Lebens in voller Achtsamkeit ist das Erlernen der sanften Kunst, die Freude zu maximieren, ohne Leid zu verursachen. Je mehr wir wünschen, umso weniger bekommen wir – das ist eines der furchtbaren Gesetze des Universums. Es ist völlig natürlich, soviel Vergnügen zu wollen wie möglich. Ich möchte das auch. Die Frage ist wie, und das „wie" führt uns mitten hinein ins Herz des spirituellen Lebens.

Oliven und Zigaretten

Wenn uns jemand etwas Verletzendes sagt, erleben wir ein unerfreuliches Gefühl. Wir können das nicht ändern. Was wir aber ändern können, ist unsere Reaktion auf unerfreuliches Gefühl. Das ist der Schlüssel zum spirituellen Leben, der Schlüssel zur Freiheit.

Es gibt eine dynamische Beziehung zwischen der Art, wie wir ein Gefühl erleben und wie wir darauf antworten. Nehmen Sie zum Beispiel Oliven. Ich kann mich erinnern, dass ich sie nicht mochte – ihr saures Aroma und ihre fremde, fleischige Konsistenz. Aber eines Tages versuchte ich, mehr Aufmerksamkeit auf das aktuelle Gefühl zu richten, als ich eine Olive aß. Ich entdeckte, dass sie gar nicht so schlecht war. Bald konnte ich Oliven sogar genießen. Ganz ähnlich ist es mit dem Rauchen. Wenn Sie zum ersten Mal Zigaretten rauchen, schmecken sie furchtbar! Ihnen wird sogar meist übel. Aber bald beginnen Sie, sie zu genießen. In beiden Fällen scheint das Gefühl sich zu verändern. Der Kontext, in dem wir ein Gefühl erleben, bestimmt, *wie* wir das Gefühl erleben. Meine Kindheit in der unteren Mittelschicht konditionierte meine Reaktion auf Oliven – ich komme aus einer Familie, die sich nicht mit ausgefallenem, fremdem Essen befasste! Es war so, als ob diese Voraussetzung den unangenehmen Geschmack bedingte. Unsere Erwartungen, auch unsere Vorurteile, beenden unsere Erforschung der direkten Erfahrung. Wir verwechseln unsere Reaktion auf Dinge mit den Dingen selbst. Während wir rauchen, ändern die suchterzeugenden biologischen Faktoren unsere Gefühle über Zigaretten. Wir assoziieren mit dem Rauchen bald eine Arbeitspause, ein bisschen Selbstfürsorge, aber nicht Übelkeit und Husten.

Gefühle werden innerhalb eines Lebenskontextes der Assoziationen, der Erwartungen und des Gedächtnisses erlebt – und dies beeinflusst unsere Erfahrungen. Das bedeutet: In dem Maße, wie wir unsere Reaktionen auf Erfahrungen verändern – unsere Voraussetzungen und Assoziationen untersuchen –, werden sich unsere Gefühle dem Leben gegenüber verändern. Wir werden nach und nach lernen, unsere Reaktionen auf Erfahrungen nicht mehr mit den Erfahrungen selbst zu verwechseln.

Das Neutrale im Neutralen

Aber vielleicht ist vieles in unserem Leben irgendwo dazwischen – weder besonders leidvoll noch besonders lustvoll. Wenn wir gefragt werden, auf welcher Ebene des Erlebens von Gefühl wir uns gerade befinden, werden viele von uns sagen „irgendwo“ oder „es ist okay“. Unser tägliches Erleben ist erfahrungsgemäß oft neutral. So können Dinge einfach sein: an der Kasse des Supermarkts warten, den Geschirrspüler ausräumen, „teilnahmslos irgendwo herumlaufen“ … Das sind keine besonders leidvollen oder lustvollen Erfahrungen, wie Auden[11] feststellte.

[11] Auden, W.H., *Musée des Beaux-Arts* in *Selected Poems*, Faber, USA, 1979, S. 79.

Eine übliche Reaktion auf neutrales Gefühl ist, stattdessen Vergnügen haben zu wollen – es ist der Moment, wenn wir von unserem Schreibtisch aufstehen, um uns ein Eis zu holen! Wenn wir eine Menge neutrales Gefühl haben, nennen wir das Langeweile. Langeweile ist üblicher und gefährlicher, als wir denken. Wir verlassen oft unsere Wege, um das zu vermeiden. In vieler Hinsicht versuchen wir im Leben, an einem Ende dem Leiden auszuweichen und am anderen die Langeweile zu vermeiden. Die klassische Formel, die Menschen bei Laune zu halten, ist „Brot und Spiele" – Brot, um den Hunger und die Verzweiflung zu mildern, und Spiele, um die Langeweile zu vertreiben. Wenn Menschen sich langweilen, sind sie meistens genauso gefährlich, als wenn sie hungrig wären!

Ein Teil der Gründe für neutrales Gefühl – warum so vieles sich in unserem Leben nichtssagend anfühlt – hat mit einem Mangel an entwickelter Bewusstheit zu tun. Unser Leben verstreicht, ohne dass wir es bemerken. Wir haben unseren Geist nicht trainiert, aufmerksam zu sein. Natürlich gibt es vieles im modernen Leben, das gegen Lebendigkeit spricht. Wir werden mit Informationen bombardiert. Das Leben ist komplex. Die Aufmerksamkeitsspanne der Menschen ist kürzer denn je. All dies trägt zu einer hektischen und instabilen Energie bei, die inkompatibel ist mit der Wahrnehmung von Nuancen, Schattierungen und Subtilität. Es ist schwierig, Dinge zu genießen.

Die Praxis, hier wie auch anderswo, soll unsere Aufmerksamkeit auf Gefühle richten – bei ihnen verweilen, nicht auf sie reagieren. Wie banal oder routiniert unser Leben sich manchmal auch anfühlen mag, können wir doch „wissen" oder „fühlen", dass es genau das jetzt eben ist. Das ist die Praxis der Achtsamkeit auf neutrale Gefühle. Wir bemerken sie, richten unser Gewahrsein darauf, untersuchen die Nuancen und Feinheiten. Wenn wir das tun, werden wir entdecken, dass neutral sich nicht länger neutral anfühlt.

Wir können das mit dem „Rosinentest" ausprobieren. Nehmen Sie sich eine Rosine. Schauen Sie sie genau an. Bewegen Sie

sie zwischen Ihren Fingern. Schmecken Sie sie. Richten Sie Ihre ganze Aufmerksamkeit auf die Rosine – die weiche und zerfurchte Oberfläche, die Gestalt, den schwachen Duft. Dann nehmen Sie sie in den Mund – tun Sie das ganz bewusst. Sie werden entdecken, dass der Geschmack, den wir normalerweise kaum registrieren, lebendig wird. Unsere Achtsamkeitspraxis – Körper, Gefühle und die anderen Aspekte des Bewusstseins, denen wir uns nähern – ist ein Weg zu „mehr Leben". Wie oft drückt sich unser Wunsch nach mehr Leben in einer Sehnsucht nach mehr Dingen aus. Das ist verständlich, aber es funktioniert nicht wirklich. Wenn wir unseren Geist vertiefen können, besonders in der Meditation, werden wir erkennen, dass „weniger mehr ist".

Der Weg der Achtsamkeit bedeutet direktes Leben – das Funkeln der Straßenlichter auf nassem Asphalt genießen, die ruckartigen Momente in den Bewegungen eines Eichhörnchens, den Geschmack von Austernpilzen auf der Party eines Freundes. Ob ein Gefühl angenehm ist, unangenehm oder irgendetwas dazwischen: Je deutlicher wir es wahrnehmen, umso mehr werden wir einen Raum darum herum schaffen. Dieser Raum ist lebenswichtig für die Kunst des Glücks und die Disziplin zur Freude. Es ist ein Raum, in dem alte Gewohnheiten vergehen und neue Einsichten auftauchen. Wenn wir eine Lücke schaffen können zwischen unseren Gefühlen und der Art, wie wir mit ihnen umgehen, folgen wir den Fußstapfen des Buddha.

Stufen auf dem Weg

Jeder Bereich der Achtsamkeit ist sowohl ein Weg für sich selbst als auch eine Stufe auf dem Weg. Wir können Achtsamkeit auf den Körper und seine Bewegungen als einen ersten Schritt sehen oder auch als kompletten Weg zur Erleuchtung. Wenn wir den Körper vollständig loslassen, lassen wir das Selbst los, und dieses „Loslassen des Selbst" ist das Ziel des Buddhismus. Aber wir können es auch anders sehen: Zuerst entwickeln wir Bewusstheit für unseren Körper, für sein Gewicht, seine Wärme und seine Bewegungen, und dann vertiefen wir die Bewusstheit so, dass wir fühlen, wie der Körper sich anfühlt. In diesem Sinne repräsentieren Gefühle eine Vertiefung des Körperbewusstseins. Es ist der innere Aspekt des Körpers, der innere Aspekt des Lebens.

Gefühlsbetrachtung als Weg zur Einsicht

Der Schlüssel zur Einsicht ist die Kluft zwischen den Gefühlen und allem anderen. Achtsamkeit auf die Gefühle bedeutet, angenehme, unangenehme oder neutrale Wahrnehmungen ohne Reaktion auf sie erleben zu können. Das ist der wesentliche Punkt in diesem Kapitel. Das ist einfach zu verstehen, aber schwer in die Praxis umzusetzen. Wenn wir es schaffen, nicht gemäß unseren Gewohnheiten zu reagieren, öffnen wir eine Lücke, einen kreativen Raum zwischen der einströmenden Welt, die wir nicht ändern können, und dem ausströmenden Selbst, das wir verändern können. Innerhalb dieser Lücke antworten wir auf das, was gerade passiert, anstatt es uns lediglich geschehen zu lassen. Wir wählen die Richtung unseres Lebens. In der Lücke zwischen dem Gefühl des Schmerzes und der folgenden Emotion, ärgerlich zu sein, zwischen dem Wollen und dem Greifen nach dem, was wir wollen, liegt der Punkt der Freiheit.

Freiheit im Buddhismus ist im Wesentlichen Freiheit von sich selbst. Die meiste Zeit sind wir ein Bündel von Gewohnheiten, von sich wiederholenden Verhaltensmustern, eingeschliffenen gewohnheitsmäßigen Antworten, ungeprüften Haltungen. Diese Haltungen graben Furchen in den Geist. Gewohnheit ist unsere Art, das Selbst zu verstärken. Jedes Mal, wenn wir ein Gefühl bemerken, schaffen wir eine Lücke, und jedes Mal, wenn wir eine Lücke schaffen, transzendieren wir das Selbst. Das Selbst ist nichts weiter als unsere Tendenz, auf alles, was uns geschieht, mit Gewohnheiten zu reagieren. Ein Leben ohne reaktive Gewohnheiten ist ein Leben frei vom Selbst.

Im Buddhismus geht es immer um Freiheit. Wir lernen, die Unannehmlichkeit in einem überfüllten Zug zu ertragen, ohne in eine schlechte Stimmung zu kommen. Wir genießen ein gutes Mahl, ohne noch einen Nachschlag haben zu müssen. Wir fühlen die Langeweile, wenn wir unser Schlafzimmer tapezieren, ohne hinauslaufen zu müssen, um einen Stapel Schokolade zu kaufen. Natürlich ist das schwierig. Wie so viele Aspekte der Praxis, „müssen wir unsere jeweiligen Hoffnungen auf die Zukunft innerhalb moderater, sehr moderater Grenzen halten."[12] Wir müssen realistisch sein. Aber wenn wir uns darin üben, Gefühle zu bemerken, werden wir nach und nach besser darin, die Gefühle genau zu erfassen, aus denen sich unsere Emotionen aufbauen. Wenn wir das tun, werden wir, zumindest von Zeit zu Zeit, einen neuen kreativen Raum erleben, der sich zwischen den belastenden Bedrängungen um uns herum und in uns und unseren Wahlmöglichkeiten eröffnet. Das Potenzial der Freiheit ist immer da. Wir können es jeden Moment erleben.

Dritte Praxiswoche

Gefühle sind die Bausteine unseres Erlebens. Aus ihnen bauen wir unsere Stimmungen und Emotionen. Wenn wir glücklicher werden wollen, müssen wir die feine Kunst der Achtsamkeit auf die Gefühle erlernen. Deswegen schlage ich vor, dass

---

[12] Auden, W.H., *The Sea and the Mirror*, *Teil III, Caliban to Audience*, *Faber*, USA, 1979, S. 163.

Sie in dieser Woche mit einigen Dingen beginnen: Ein Tagebuch Ihrer angenehmen und unangenehmen Ereignisse; über Gefühle nachdenken, täglich eine Atempause einlegen, den Drei-Minuten-Atemraum; einen achtsamen Spaziergang machen und Meditation üben. Das könnte ziemlich viel sein! Versuchen Sie, die tägliche Praxis zu machen und wenigstens eine Ihrer Übungen aus dem Notizbuch. Es wird sich lohnen. Vergewissern Sie sich gleichzeitig, dass Sie mit dem, was Sie tun können, realistisch bleiben – andernfalls werden Sie einfach nur unangenehme Gefühle für sich selbst schaffen!

Tagebuch über lustvolle und leidvolle Gefühle

Ein nützlicher Weg, Gefühle zu untersuchen, ist ein Tagebuch, in das Sie Ihre täglichen Notizen über angenehme und unangenehme Tagesereignisse schreiben. Das Tagebuch wird Ihnen helfen, angenehme oder unangenehme Gefühle wahrzunehmen und sie abzufangen, bevor sie die Chance haben, sich in Stimmungen oder verhärtete Haltungen zu entwickeln. Das Tagebuch wird Ihnen auch helfen, Wege zu finden, wie Sie bei Ihrer gegenwärtigen Erfahrung bleiben, anstatt gewohnheitsmäßig und unbewusst zu reagieren.

Unangenehme und angenehme Ereignisse bemerken

Wenn wir uns niedergeschlagen fühlen, haben wir die Neigung, angenehme Ereignisse nicht mehr zu bemerken. Wir übersehen sie und konzentrieren uns stattdessen auf unangenehme Ereignisse und Gefühle. Dies kann in eine Abwärtsspirale führen. Sie beginnen, das Leben als ungerecht zu empfinden, als unangenehm und freudlos. Die Gedanken, unglücklich zu sein, sind selbst leidvoll und tendieren zu noch mehr Qual. Wir hören auf, angenehme Gefühle zu bemerken und fühlen uns nach einer Weile gänzlich immun dagegen. Wir können uns so niedergeschlagen fühlen, dass wir auch an Dingen, die wir normalerweise erfreulich finden, keine Freude mehr haben. Das Tagebuch ist eine gute Möglichkeit, dieser Entwicklung entgegenzuwirken. Wir trainieren uns, angenehme Erfahrungen genau dann zu bemerken, wenn sie geschehen. Dies hilft uns, uns unserer angenehmen Erfahrungen bewusst zu bleiben, statt sie zu übersehen oder uns auf negative Ereignisse zu konzentrieren. Wir haben eine starke Neigung, auf unangenehme Gefühle zu reagieren. Wir reagieren darauf oft mit irgendeiner Art des Gesprächs. Wir sagen uns: „Warum geschieht das immer nur mir? Warum haben die Leute immer etwas an meiner Arbeit auszusetzen?“ Indem wir uns der unangenehmen Gefühle bewusst werden und sie in unserem Tagebuch festhalten, können wir sie früher abfangen. Es geht um das „Gefühl“ und um das „Wissen“, dass sich etwas unangenehm anfühlt und dass wir es dabei belassen. Negative Geisteszustände sind wie Reusen – man gerät leicht in sie hinein, aber schwer wieder hinaus. Der beste Weg, um gar nicht erst hineinzugeraten, ist, negative Geisteszustände früh abzufangen.

Wie man das Tagebuch führt

Sie könnten einfach eine Seite Ihres Tagebuchs für angenehme Ereignisse und eine andere für unangenehme benutzen. Behalten Sie Ihr Tagebuch immer bei sich. Versuchen Sie, angenehme und unangenehme Gefühle dann zu bemerken, wenn sie gerade auftauchen. Seien Sie neugierig darauf. Fühlen Sie die Beschaffenheit Ihrer Erlebnisse im gegenwärtigen Moment. Behalten Sie sie ein wenig im Gedächtnis und schreiben Sie sie später auf.

Alternativ können Sie es auch etwas gründlicher probieren:

1. Teilen Sie Ihre Heftseite in fünf Spalten. In die erste Spalte schreiben Sie: „Was für eine Erfahrung war das?“ Schreiben Sie zum Beispiel, dass Sie sich an einem Morgen während des Duschens Sorgen über Ihre Arbeit gemacht haben. Weil Sie schon Achtsamkeit praktizieren, bemerkten Sie aber die angenehmen Gefühle beim Duschen. Schreiben Sie in die erste Spalte: „Innegehalten und das angenehme Gefühl bemerkt, unter der Dusche zu stehen.“

2. Geben Sie der zweiten Spalte die Überschrift: „Habe ich das angenehme Gefühl bemerkt, als es auftauchte?" In diesem Beispiel würden Sie „Ja" schreiben.
3. In die dritte Spalte schreiben Sie: „Wie hat sich mein Körper während dieser Erfahrung im Detail angefühlt?" Das Detail ist wichtig. Versuchen Sie, sich die Wahrnehmung Ihres Körpers in Erinnerung zu rufen, was natürlich impliziert, dass Sie ihn körperlich wahrgenommen haben und nicht nur mental. Sie können beschreiben, wie Sie das Weicherwerden Ihres Bauches erlebt haben, oder den Duft Ihres Duschgels.
4. In die vierte Spalte schreiben Sie als Überschrift: „Welche Stimmungen, Gefühle und Gedanken begleiteten dieses Ereignis?" Sie könnten das Gefühl von Erleichterung und Freude erinnern. Sie haben vielleicht gedacht: „Wie schön innezuhalten und es zu bemerken", oder „Wie schön, das zu tun – vorher war mir kaum bewusst, dass ich unter der Dusche gestanden habe!"
5. Schließlich schreiben Sie in die fünfte Spalte: „Welche Gedanken habe ich jetzt während des Niederschreibens?" Sie könnten so etwas schreiben wie: „Es war nur eine kleine Sache, es war nur ein kurzer Moment, aber ich freue mich, dass ich es bemerkt habe." Oder: „Es fühlt sich gut an, dass ich mich auf diese Weise ernst nehme. Ich kann mich sogar freuen, wenn ich beschäftigt bin."

Wenn Sie über diese Art des Tagebuchschreibens lesen, könnte Ihnen alles vielleicht ein wenig viel sein; Sie sind auch so schon genug beschäftigt, auch ohne noch im Detail Rechenschaft über Ihr morgendliches Duschen abzulegen! Tun Sie, was Sie können. Notieren Sie angenehme oder unangenehme Wahrnehmungen; spüren Sie sie in Ihrem Körper und verhelfen Sie sich zu mehr Bewusstheit, indem Sie sie aufschreiben. Es braucht nicht lange zu dauern; Sie können sie aufschreiben, kurz bevor Sie zu Bett gehen oder wenn Sie im Bus fahren. Das Tagebuch ist insbesondere dann wertvoll, wenn sich Ihre Niedergeschlagenheit gerade entwickelt; es wird Ihnen helfen, Ihre Perspektive wiederzugewinnen. Versuchen Sie es eine Woche lang. Vielleicht werden Sie überrascht sein!

Noch mehr über Gefühle lernen

Falls Sie Zeit haben, könnten Sie Ihr Tagebuch benutzen, um über die kommende Woche nachzudenken. Wie ich bereits sagte, tendieren wir dazu, auf Ereignisse mit gewohnheitsmäßigen Mustern zu reagieren. Wir neigen dazu, immer wieder in die gleiche Art von Schwierigkeiten zu kommen – aber wenn wir achtsam sind, können wir daraus lernen.

Schreiben Sie auf die eine Seite Ihres Tagebuchs eine Situation der nächsten Woche, von der Sie erwarten, dass Sie dabei unangenehme Gefühle empfinden werden. Es mag das Pendeln während der Rushhour sein oder der tägliche Kampf darum, die Kinder für die Schule fertig zu machen. Versuchen Sie es, und denken Sie über eine schwierige Erfahrung der kommenden Woche nach, die wahrscheinlich wenigstens einmal vorkommen wird. Zuerst schreiben Sie auf, was üblicherweise passiert und was Sie dabei fühlen. Welches sind die speziellen Augenblicke, die Sie als unangenehm empfinden? In der U-Bahn angerempelt zu werden, keinen Platz im Zug zu bekommen? Oder ist es die Art Ihrer Tochter immer noch mal zur Toilette zu müssen, wenn Sie gerade das Haus verlassen wollen? Die nächste Seite lassen Sie dann zunächst leer.

Auf der übernächsten Seite notieren Sie ein angenehmes Erlebnis, das Sie erwarten. Noch einmal: Versuchen Sie, an etwas zu denken, das in dieser Woche passieren wird, möglichst öfter als einmal. Vielleicht nehmen Sie sich vor, zu einem Konzert zu gehen, oder Sie haben die Angewohnheit, Ihre Pause am Vormittag in einem Café zu verbringen. Schreiben Sie auf, welches Gefühl Sie vorwegnehmen können. Ebenso wie bei unangenehmen Gefühlen versuchen Sie es so genau wie möglich: die Art des erwarteten Körpergefühls, die Geschmäcke, den Anblick, die Art der Gefühle, die mit dem angenehmen Erlebnis assoziiert sind, und die Art der Gedanken, die Sie üblicherweise haben.

Versuchen Sie, diese Dinge, die Ihnen während der Woche widerfahren werden – das Gedränge am Bus, die Kaffeepause –, als eine Gelegenheit zu nehmen, um Ihre Gefühle zu bemerken. Wenn Sie darüber geschrieben und darüber nachgedacht haben, werden Sie auf die Ereignisse, wenn sie tatsächlich passieren, wachsamer sein. Dann schreiben Sie auf die Seite, die Sie leer gelassen haben, was Sie tatsächlich erlebt haben. Vergleichen Sie die beiden Seiten: Passen sie nicht zusammen? Falls das so ist, was können Sie daraus lernen? Wie können Sie kreativer auf das negative Erlebnis antworten? Wie können Sie noch mehr Freude aus dem angenehmen Erlebnis ziehen?

Der achtsame Spaziergang

Für die Gehpraxis diese Woche werde ich Sie bitten, besondere Aufmerksamkeit auf Ihre Gefühle zu richten. Sie können beim Gehen die Methoden benutzen, die ich im vorigen Kapitel vorgeschlagen habe, wie zum Beispiel die Zähltechnik. Versuchen Sie, diesen Weg jeden Tag zu machen und Ihre Erfahrungen in Ihr Tagebuch zu schreiben. Ich habe ein Diagramm für die Rückschau weiter unten bereitgestellt, damit Sie aufschreiben können, wie es in dieser Woche war.

Ich bin sicher, dass Sie von Zeit zu Zeit vergessen werden, diesen achtsamen Spaziergang zu praktizieren. Sie werden zur Bushaltestelle oder ins Büro gehen und bemerken, dass Sie all das vergessen haben. Nicht so schlimm! Volle Achtsamkeit beginnt oft damit, dass wir uns daran erinnern, dass wir sie vergessen haben. *Sati*, das Pāliwort für Achtsamkeit, ist verwandt mit dem Wort *sarati*, was „sich erinnern“ bedeutet. Deswegen hat die Praxis der Achtsamkeit etwas mit der Erinnerung zu tun – sowohl als Bezeichnung im Sinne von „sich erinnern“ als auch in der Bedeutung, „daran denken“, „achtsam sein“. Sich daran zu erinnern, dass wir etwas vergessen haben und darüber nicht übermäßig enttäuscht zu sein, wird ein wichtiger Bestandteil unserer Praxis sein.

Achtsamkeit kann wie eine Diät sein: Wir sind zuerst scharf darauf, verlieren aber schnell unsere Begeisterung. Darüber müssen wir uns im Klaren sein. Wir werden wahrscheinlich

Tage haben, an denen wir uns einfach weigern, die Gehpraxis zu machen. Das ist in Ordnung. Wir müssen natürlich Selbstdisziplin entwickeln, uns aber gleichzeitig daran erinnern, dass wir sie untergraben, wenn unsere Bemühungen zu gewollt sind, zu streng und zu ernst. Machen Sie einfach einen Spaziergang. Bleiben Sie dabei. Wie der große tibetische Guru Padmasambhava sagte: „Wenn Sie sagen, dass es dort Hindernisse gibt, wird Sie das nirgendwohin führen; tun Sie das, was Sie jetzt gerade können.“[13] Versuchen Sie, herauszufinden, wie Ihre Erfahrungen beschaffen sind, lernen Sie, sich auf sie einzustellen. Hier sind einige Vorschläge:

Werden Sie sich Ihres körperlichen Behagens oder Unbehagens bewusst. Wenn Sie gehen, registrieren Sie die Gefühle in Ihrem Körper. Wie fühlt sich Behaglichkeit oder Unbehaglichkeit jetzt im Körper an? Versuchen Sie zu unterscheiden zwischen dem, was Sie darüber denken und wie Sie jetzt fühlen.

Werden Sie sich Ihrer Umgebung bewusst. Wenn Sie gehen, achten Sie auf Ihre Umgebung: eine alte Dame mit einem Einkaufswagen, eine Werbung für Online-Poker, das Geräusch eines laut anfahrenden Lastwagens an der Ampel ... Werden Sie aufmerksamer auf die Gefühle, die auf diese Wahrnehmungen reagieren. Registrieren Sie das körperliche Unbehagen, das durch eine Polizeisirene verursacht wird, den Schauer der Freude, wenn Sie ein hübsches, getupftes Kleid sehen. Fühlen Sie, wie Anblick und Geräusche sowohl Geist als auch Körper beeinflussen.

Betonen Sie die angenehme Gefühle. Zollen Sie jeder lustvollen Empfindung eines Anblicks, eines Geräusches, einer Berührung oder eines Geschmacks besondere Beachtung: der Wintersonne auf Ihrem Gesicht, dem Hund, der hinter einem Stock herläuft, der Wärme Ihrer Jacke. Konkret sollten Sie auf alle

---

[13] Tsogyal, Y., “Canto 38”, in *Life and Liberation of Padmasambhava*; *The Advice and Admonition to the Revealers of the Treasures*, Cazadero, California, USA, Dharma Publishing, 1978, S. 239.

angenehmen Empfindungen achten, unabhängig davon, wie zart und unscheinbar sie sein mögen.

Drei-Minuten-Atemraum

Ein guter Weg, Achtsamkeit im Alltagsleben zu kultivieren, ist die Praxis des Drei-Minuten-Atemraums. Sie können das überall machen – im Bus, bei der Arbeit und in der Küche. Der Atemraum ist besonders nützlich, wenn Sie merken, dass Ihnen Dinge zu viel werden. Es ist ein gutes Gegenmittel gegen Erschöpfung und negative Geisteszustände. Wenn Sie im Verkehr feststecken, wenn Ihr Computer abstürzt, wenn Sie sich überfordert fühlen – immer dann können Sie es versuchen. Praktizieren Sie den Atemraum wenn möglich zweimal am Tag.

1. *Beenden Sie das, was Sie gerade tun.* Schließen Sie möglichst Ihre Augen. Setzen Sie sich auf einen Stuhl, Ihre Füße flach auf dem Boden und Ihre Hände im Schoß.
2. *Scannen Sie sanft Ihren Körper.* Registrieren Sie die Empfindungen in Ihren Füßen und Beinen, das Gewicht Ihres Körpers auf dem Stuhl. Sinken Sie zusammen oder spannen Sie Ihre Schultern an? Machen Sie Ihr Gesicht weich, besonders um die Augen herum.
3. *Achten Sie auf Geräusche.* Es könnte das Geräusch eines Fotokopierers sein oder jemand, der telefoniert. Versuchen Sie, Ihr Gewahrsein zu erweitern. Sie könnten auf den Verkehr draußen hören, auf den Wind in den Buchen oder auf den Jumbojet hoch über Ihnen.
4. *Dann schwingen Sie sich in Ihren Atem ein.* Achten Sie darauf, wie Ihr Atem ein- und ausströmt. Folgen Sie ihm eine Zeit lang.
5. *Kommen Sie zurück zu Ihrem Körper und den Geräuschen um Sie herum.* Dann öffnen Sie Ihre Augen und fahren Sie mit Ihren Tagesaufgaben fort.

Für diese Übung genügen zwei oder drei Minuten. Sie müssen keine große Sache daraus machen. Sie müssen nicht jeden einzelnen Zeh fühlen oder jedes einzelne Geräusch bemerken. Sie schaffen sich lediglich eine Pause, einen leeren Raum. In unseren alltäglichen Abläufen wird oft alles immer schneller – wir machen vieles gleichzeitig, wir treiben uns an, um das Ende unserer To-do-Listen zu erreichen. Diese Art Tätigkeit kann süchtig machen; jeder freie Moment wird als Möglichkeit genutzt, eine weitere SMS zu senden oder ein paar E-Mails rauszuschicken. Wenn wir so handeln, liegt dem oft eine Angst zugrunde, die uns antreibt. Diese untergründige Angst wird oft als ein Sichgetriebenfühlen erlebt. Dieses Sichgetriebenfühlen hat mit uns selbst zu tun – es hat nichts mit der speziellen Aufgabe zu tun. Es macht uns nervös und ist uns unbehaglich. Üblicherweise wollen wir aber nicht innehalten und es spüren. Wir machen vielmehr weiter und ignorieren es. Natürlich kann das Vorwärtsstürmen, um Dinge fertig zu bekommen, genau das sein, was wir manchmal brauchen – das schafft ein Gefühl von Selbstwirksamkeit (ich erwähnte das bereits). Es kann sogar stärker entspannen: Wir haben diese oder jene ungeliebte Aufgabe nicht weiter in unseren Köpfen – die ungeöffneten Rechnungen, den komplizierten Telefonanruf. Manchmal hat unsere Angst damit zu tun, dass wir Dinge verschieben wollen, statt sie zu Ende zu bringen. Die Schwierigkeit entsteht, wenn das Verschieben eine Haltung wird, eine grundlegende Position, in die wir zurückfallen; wenn unser Gefühl, etwas geleistet zu haben, nur dadurch erreicht wird, dass wir etwas zu Ende machen. Wir müssen fähig sein zu arbeiten, auch hart zu arbeiten, aber wir sollten auch fähig sein, aufzuhören, zu entspannen, zu atmen und alles zu vergessen.

So kann der Raum zum Atemschöpfen eine Insel der Ruhe und Gesundheit mitten in unserem hektischen Alltag sein. Das schafft eine Art Puffer zu unserer „Lass-uns-mit-dem-Nächsten-weitermachen“-Mentalität. Es hilft, zu vermeiden, dass diese Haltung süchtig und kontraproduktiv wird. Wir hören auf. Wir registrieren unseren Körper und die Geräusche, die uns umgeben. Wir schöpfen Atem. Dann gehen wir wieder an unser Tagesgeschäft, ein wenig gesammelter und weniger getrieben.

Der Weg der Meditation

Sie haben wahrscheinlich schon bemerkt, wie schwierig es ist, achtsam zu sein. Auch wenn wir Achtsamkeit wirklich schätzen, vergessen wir sie oft. Wir verlieren uns in Gedanken, Plänen und Fantasien. Das Leben verstreicht, ohne dass wir es bemerken – wir sind immer irgendwo anders. Die systematische Kultivierung der vollen Achtsamkeit wäre aber ohne Meditation nicht möglich. Es wäre zu viel verlangt, Achtsamkeit allein in unserem Alltagsleben zu entwickeln. Meditation ist eine Zeitspanne, die wir für die Kultivierung von Bewusstheit reservieren. Sie hilft uns, unseren Geist kennenzulernen und zu verändern. Meditation ist deswegen unerlässlich für ein Leben in voller Achtsamkeit. Ich werde Sie von jetzt an ermuntern, jeden Tag zu meditieren.

Vorher möchte ich aber einige Dinge klären. Meditation ist nicht primär eine Technik und schon gar nicht ein Rezept! Es geht nicht einfach darum, einer Reihe von Anweisungen zu folgen, wie hilfreich Anweisungen auch sein mögen. Die beste Möglichkeit ist, bei einem erfahrenen Lehrer zu lernen. Ein guter Lehrer wird den „Geist" der Meditation anschaulich machen. Und es ist dieser Geist, der wichtig ist. Wenn ich Kurse am Londoner Buddhistischen Zentrum leite, ist mir klar, dass ich nicht wirklich jemandem das Meditieren beibringen kann – zumindest nicht in dem Sinne, wie ich jemandem das Autofahren beibringen kann oder ein Omelette zu backen. Mein Lehrer sagte, dass das spirituelle Leben erfasst werden muss, es kann nicht gelehrt werden. Dasselbe gilt für Meditation und für Achtsamkeit: Sie müssen den Geist desjenigen erfassen, der mit diesem Geist in Berührung ist. Das bedeutet nicht, dass Technik nicht wichtig wäre, dass es keine hilfreichen Dinge zu lernen gäbe. Meditieren zu lernen ist so ähnlich wie Singen zu lernen. Gute Sänger werden Ihre Fertigkeiten von anderen, erfahreneren Sängern lernen. Sie werden Ihre stimmliche Geschicklichkeit entwickeln. Sie werden regelmäßig üben, sie werden regelmäßigen Unterricht haben, um Ihre Technik zu verbessern. Sie werden lernen, aus schlechten Haltungen herauszukommen oder gar nicht erst hineinzugeraten. Gleichzeitig werden wirklich gute Sänger weitergehen; sie werden etwas Neues entstehen lassen. Dieses Neue hat teilweise mit ihrer einzigartigen Stimme zu tun – mit all Ihrer Lebenserfahrung, die in die Stimme hineinfließt –, teilweise hat es mit dem Potenzial des Moments zu tun, der Inspiration des Jetzt. Ein guter Sänger wird einen imaginativen Sprung machen, einen, der nur in diesem Moment geschieht. Er wird unterstützt durch Talent, aber es ist mehr als das.

Meditation ist so ähnlich. Es gibt eine Technik zu lernen, und zwar tief zu lernen. Aber wir müssen auch offen sein für unsere eigene Einzigartigkeit – all unsere Lebenserfahrung, die uns zu dem gemacht hat, der wir jetzt sind – so wie für die Inspiration des Augenblicks.

Insbesondere in der Meditation richten wir unseren Geist auf die Beschaffenheit unserer Erfahrungen. Wir lernen, zwischen dem ersten und dem zweiten Pfeil zu unterscheiden – zwischen dem Schmerz und wie wir auf den Schmerz reagieren.

Die meiste Zeit sind wir in Gedanken verloren, in sich wiederholenden Selbstgeschichten und inneren Monologen. Wir sind üblicherweise nicht achtsam genug, das Entstehen von angenehmen, unangenehmen und neutralen Gefühlen zu bemerken. In der Meditation üben wir uns darin, unterhalb der Geschichten in unseren Köpfen nach der Beschaffenheit des Gefühls in unserem Herzen zu suchen.

Wir beginnen mit der Achtsamkeit auf den Körper. Wir bemerken das Gewicht unseres Körpers, wir bemerken den Gürtel an unseren Jeans, die Wärme unserer Hände, wir bemerken, wenn wir unseren Bauch anspannen. Wir versuchen, unseren Körper zu fühlen, statt über ihn nachzudenken. Oft sprechen wir über unseren Körper in unserem Geist; wir sagen zu uns selbst: „Oh ja, die Zehen." Wir setzen Wörter über Erfahrungen an die Stelle der Erfahrungen selbst. Achtsamkeit auf den Körper beginnt mit dem direkten Gefühl der Wahrnehmung des Körpers hier und jetzt.

Dann vertiefen wir unser Körperbewusstsein, indem wir unsere Gefühle bemerken. Wir richten unsere Aufmerksamkeit zum Beispiel auf den Bauch und lassen unsere Aufmerksamkeit dort ruhen. Wir geben uns Zeit, um uns auf die Gefühle einzustellen. Und dann warten wir einfach. Wir könnten uns sanft fragen: „Fühlt es sich behaglich oder unbehaglich an, angenehm oder unangenehm?" Tauchen einige Wörter von selbst in uns auf? Fühlt es sich schmerzhaft oder straff an, schwer oder weit? Suchen Sie nicht nach Wörtern; ruhen Sie nur in der Wahrnehmung und warten Sie, ob irgendwelche Begriffe oder Bilder spontan in Ihnen aufsteigen. Versuchen Sie, geduldig und empfänglich zu sein. Dann wechseln Sie in einen anderen Bereich Ihres Körpers.

Wir mögen nicht in der Lage sein, alle Wahrnehmungen zu benennen. Das ist in Ordnung – Begriffe zu finden ist nicht so wichtig. Die wichtige Sache ist das Gefühl. Jede Wahrnehmung hat ein begleitendes Gefühl. Das gilt sogar für Wahrnehmungen, die wir nicht fühlen können. So paradox es sich anhört, auch die Abwesenheit eines Gefühls kann selbst gefühlt werden. Dinge werden nicht einfach aus der Erfahrung ausgespart – wie ausgelöscht –, es gibt ein Gespür für die Abwesenheit eines Gefühls. Wenn wir dann feststellen, dass wir nicht sehr viel in unserem Brustraum oder in der Herzgegend fühlen, registrieren wir das, wie dieses „nicht sehr viel fühlen" sich anfühlt.

Wir brauchen dafür ein freundliches Gewahrsein. Wenn wir meditieren, analysieren wir unsere Erfahrungen nicht aus der Distanz; wir versuchen, das direkte Erleben zu untersuchen, wir fühlen es und erlauben ihm, sich uns zu öffnen. Dies bedeutet die Kultivierung eines Gefühls wohlwollender Neugier, eine Bereitschaft, unserer selbst bewusst zu bleiben – Körper, Geist und Herz – mit freundlichem Gewahrsein. Der Begriff Achtsamkeit kann ziemlich kühl und kognitiv wirken. Es wäre besser, es „Achtsamkeit des Herzens" zu nennen. Unser Erleben wird sich uns nicht öffnen, wenn wir ihm keine Freundlichkeit entgegenbringen können. Das ist genauso, wie wenn wir mit jemandem reden – wenn der andere nicht merkt, dass uns seine Interessen am Herzen liegen, dass wir im weitesten Sinne verständnisvoll sind, wird der andere nicht in der Lage sein, sich uns gegenüber zu öffnen. Die Haltung, die wir anderen entgegenbringen, macht den ganzen Unterschied. Und dies gilt auch für die Haltung, die wir uns selbst entgegenbringen. Wir müssen wahrscheinlich an der Kultivierung dieser Haltung arbeiten – bewusst Wärme in unsere Aufmerksamkeit investieren. Es gibt Orte in unserem Geist, die wir nicht mögen, für die wir keine Geduld haben, auch solche, an denen wir unwahrscheinlich sauer werden. Auf diese Orte müssen wir freundliches Gewahrsein richten.

Arbeit mit körperlichem Schmerz

Wir brauchen eine sanfte und freundliche Haltung, wenn wir Schmerzen und Unbehagen fühlen. Agieren wir dagegen, machen wir alles nur noch schlimmer. Wir müssen auch mutig sein. Wir müssen bereit sein, auf dieses Unbehagen zuzugehen, statt es zurückzuweisen.

Wir haben die Tendenz, unseren Schmerz im Geist zu polarisieren: Wir fühlen ihn, und gleichzeitig wollen wir ihn nicht fühlen. Deswegen müssen wir uns bewusst in den Schmerz hinein entspannen: Fühlen Sie das Unbehagen in Ihren Schultern oder in Ihrem Rücken und atmen Sie dort hinein. In der Meditation können wir unseren Geist in den Schmerzknoten hineinführen und ihn von innen her aufweichen, hineinatmen und mit ihm sein. Ich stelle mir manchmal einen Raum vor, der sich in das schmerzhafte Gebiet hinein ausdehnt, oder ich stelle mir Licht dort vor. Oder ich versuche einfach, die Wahrnehmungsveränderungen des Schmerzes zu bemerken. Wenn wir uns in das Unbehagen hinein entspannen, bedeutet das, auch unsere Geschichten über den Schmerz loszulassen: „Es ist furchtbar! Ich kann es nicht ertragen, es wird immer schlimmer."

Auf einem Retreat wurde ich von Tinnitus geplagt, von einem andauernden Klingeln in meinen Ohren. Ich hatte Angst, dass der Tinnitus schlimmer werden würde, dass er mich verrückt machen könnte. Die Angst würde in der Meditation auftauchen. Meine inneren Geschichten schienen das Universum zu erfüllen: „Ist es noch da? Wird es schlimmer werden?“ Wenn ich versuchte, es zu ignorieren, war der Versuch selbst eine Art, auf die Angst zu fokussieren. Aber wenn ich darauf fokussierte, wurde ich immer empfindlicher, und das machte es noch schlimmer. Ich musste es mit freundlicher Bewusstheit anerkennen, entspannen und es loslassen. Jedes Mal, wenn ich mir innerlich etwas angstvoll zu erzählen begann, registrierte ich es zuerst und kam dann zurück zu meinen Augen und meinem Gesicht, um sie weich zu machen. Nach und nach wich die Angst. Wir müssen eine Balance finden zwischen der zu starken Konzentration und der Übersensibilität auf den Schmerz – und ihn dadurch erst zu verschlimmern – und ihn andererseits einfach zu ignorieren und zu wünschen, dass er vorbeigehen möge. Beides ist uneffektiv. Wir müssen uns daran erinnern, dass das, was wir allzu sehr bekämpfen, hartnäckig bleibt. Es ist sinnvoller, uns mit freundlicher Bewusstheit auf das schmerzhafte Gefühl zu konzentrieren – mit der Bereitschaft, in den Schmerz hinein zu entspannen und ihn zu fühlen – und dann unsere Aufmerksamkeit auf einen angenehmeren Bereich des Körpers zu verschieben. Auf diese Weise erkennen wir den Schmerz an und fühlen ihn, aber ohne uns zu sehr auf ihn zu konzentrieren.

Um mehr Hilfe bei der Arbeit mit Schmerz zu bekommen, empfehle ich besonders den ausgezeichneten und praktischen Leitfaden von Vidyamala Burch: *Gut leben trotz Schmerz und Krankheit* (München: Goldmann / Arkana, 2009).

Eine Meditationspraxis einrichten

Es ist nun an der Zeit, unsere tägliche Meditationspraxis einzurichten. Wir haben uns angesehen, was Meditation bedeutet und warum sie unerlässlich für ein Leben in voller Achtsamkeit ist. Nun ist es Zeit, eine Übung einzurichten, sodass wir tatsächlich sitzen können und es auch wirklich tun!

Finden Sie Zeit zum Meditieren

Wenn Sie nicht ohnehin schon eine Meditationspraxis entwickelt haben, schlage ich vor, Sie beginnen das Meditieren mit 15 - 20 Minuten pro Tag. Die meisten Menschen können das schaffen. Sie werden wahrscheinlich regelmäßiger meditieren, wenn Sie die Praxis in Ihren täglichen Ablauf einbinden. Viele Menschen meditieren als Erstes am Morgen. Aber das muss nicht sein. Nehmen Sie sich ein wenig Zeit, um darüber nachzudenken, wann es für Sie am besten wäre. Wann würden Sie es wahrscheinlich am liebsten tun? Was ist realistisch?

Stecken Sie sich keine unerreichbaren Ziele

Wenn Sie sich zu hohe Ziele stecken, werden Sie unweigerlich Ihre Bemühungen untergraben und scheitern. Deswegen entscheiden Sie sich nicht, eine Stunde lang am Tag zu meditieren, kurz bevor Sie zum Sport gehen. Sie würden das wahrscheinlich nicht schaffen. Seien Sie aber gleichzeitig nicht zu kraftlos. Ich habe von Meditationslehrern, die am staatlichen Gefängnis San Quentin im Todestrakt unterrichtet haben, gehört, dass Gefangene sich manchmal beklagten, dass sie keine Zeit zum Meditieren hätten! Seien Sie deswegen auf der Hut vor Entschuldigungen: „Ich bin zu beschäftigt“, „Ich bin kein Morgenmensch“. Sehen Sie, ob Sie jeden Tag meditieren können oder auch nur jeden zweiten Tag. Wie auch immer. Sie brauchen nicht beunruhigt zu sein, wenn Sie einen Tag versäumen. Es soll nicht noch ein weiterer Fehlschlag werden. Gleichzeitig versuchen Sie aber, Disziplin zu entwickeln.

Beginnen und beenden Sie Ihre Meditation gut

Achten Sie darauf, wie Sie Ihre Meditation beginnen und wie Sie sie beenden. Eine gute Routine wird helfen. Es ist meistens produktiver, sich eine regelmäßige Zeit für die Meditation einzurichten, besser als darauf zu warten, wenn Ihnen danach ist. Sie könnten auch einen Platz einrichten, eine kleine Ecke in Ihrem Raum, der angenehm ist, um Bewusstheit zu kultivieren. Wenn Sie sich zum Meditieren hinsetzen, versprechen Sie sich zu versuchen, Ihre Erfahrungen mit wohlwollender Neugier zu untersuchen, damit Sie nicht von sich selbst frustriert werden. Und vergewissern Sie sich, dass Sie die Meditation gut beenden. Dies wird eine starke Wirkung auf Ihr anschließendes Gefühl haben. Stehen Sie deswegen nicht sofort auf. Halten Sie einen Moment inne. Klären Sie sich innerlich. Registrieren Sie, wie die Praxis Sie emotional zurücklässt, und schauen Sie, ob Sie etwas von der Meditation in Ihre nächste Aktivität hinein bringen können.

Das Meditationstagebuch für diese Woche

Nehmen Sie sich ein wenig Zeit, um jeden Tag etwas über Ihre Meditation in Ihr Heft zu schreiben. Einige Wörter genügen. Wie ist es gegangen? Wie haben Sie sich am Ende gefühlt? Falls Sie einen Tag versäumen, markieren Sie den Tag. Sie sollen das nicht tun, um es sich schwer zu machen. Manchmal glauben wir, dass wir regelmäßig meditieren, obwohl wir in Wahrheit fast gar nichts getan haben! Wenn Sie den versäumten Übungstag markieren, können Sie sehen, wie viel von Ihrer Absicht, zu meditieren, Sie tatsächlich umgesetzt haben. Am Ende dieses Buches habe ich Ihnen eine kurze Beschreibung zweier Meditationspraktiken aufgeschrieben, die Sie auch über den Kurs hinaus benutzen können, ebenso wie einen kurzen Leitfaden zur Meditationshaltung. Aber für jetzt reicht es erst einmal, auf einem guten Stuhl mit harter Lehne zu sitzen – kein schlapper Armsessel –, Ihre Füße flach auf dem Boden, Ihre untere

Rückenpartie durch ein dünnes Kissen unterstützt und Ihre Hände im Schoß. In der ersten Meditationswoche werden wir uns auf den Körper und die Gefühle konzentrieren. Wir versuchen, jetzt nichts zu ändern. Wir lernen nur, unsere Erfahrungen in einem subtilen und freundlichen Licht zu begleiten.

1. Tag: *Körperbewusstheit.* Beginnen Sie, indem Sie sich Ihrer Zehen und Füße bewusst werden, und arbeiten Sie sich dann nach und nach bis zu Ihrem Kopf hoch: Werden Sie sich dabei jedes Teils Ihres Körpers bewusst. Versuchen Sie, ihn zu fühlen, nicht über ihn nachzudenken – auch wenn Sie meinen, dass Sie überhaupt nicht sehr viel fühlen. Dann ruhen Sie für einen Moment in einem ausgedehnten Gewahrsein Ihres Körpers.

2. Tag: *Freundliche Bewusstheit.* Werden Sie sich Ihres Körpers bewusst, aber diesmal richten Sie bewusst eine Haltung freundlicher Achtsamkeit auf Ihr Erleben – bemerken Sie Ihre Empfindungen mit einer sanften, wohlwollenden Haltung. In Ihr Tagebuch schreiben Sie alle Unterschiede auf, die Sie im Vergleich zur gestrigen Praxis bemerkt haben.

3. Tag: *Vertraute Spannungen bemerken.* Entwickeln Sie Ihre Körperbewusstheit wie vorher. Dann versuchen Sie, die vertrauten und vorbewussten Spannungen in Ihrem Körper zu bemerken – insbesondere in Ihrem Gesicht, Nacken, Schultern und Bauchraum. Führen Sie Ihr Gewahrsein dorthin, versuchen Sie, sie bewusster zu erleben. Dann versuchen Sie, in die Verspannungen hinein zu entspannen und sie loszulassen.

4. Tag: *Körper und Gefühle.* Scannen Sie wieder durch Ihren Körper. Beginnen Sie mit der Bewusstheit in Ihren Zehen und arbeiten Sie sich hinauf bis in den Kopf. Beachten Sie, welche Teile Ihres Körpers Sie angenehm empfinden, welche Teile unangenehm oder weniger angenehm und welche Teile sich neutral oder taub anfühlen. Registrieren Sie alles mit freundlichem Bewusstsein.

5. Tag: *Suchen Sie bewusst nach angenehmen Gefühlen.* Scannen Sie Ihren Körper wie zuvor. Wenn Sie ein angenehmes

Gefühl entdecken, verweilen Sie dort für einen Moment. Denken Sie daran: Das Gefühl für Genuss kann sehr zart sein – Sie suchen nicht nach etwas Besonderem. Kommen Sie wieder zurück zur angenehmen Empfindung. Schauen Sie, ob Sie darin verweilen können.

6. Tag: *Werden Sie sich Ihrer unangenehmen Empfindungen bewusst.* Nachdem Sie Ihren Körper gescannt haben, versuchen Sie, unangenehme Empfindungen direkter zu erleben, ohne darauf mit Zurückweisung zu reagieren. Lassen Sie Gedanken los, wie: „Ich wünschte, es würde verschwinden“. Es könnten verspannte Schultern sein oder ein entzündetes Knie. Tun Sie dies für ein paar Minuten, und achten Sie dann wieder auf eine angenehme Empfindung. Pendeln Sie mit Ihrem Gewahrsein zwischen angenehmem und unangenehmem Gefühl.

7. Tag: *Gewahrsein von Geräuschen.* Beginnen Sie wieder, Achtsamkeit auf Ihren Körper zu entwickeln. Dann bleiben Sie bei diesem Bewusstsein und schließen Sie Achtsamkeit auf Geräusche mit ein. Registrieren Sie Geräusche um Sie herum, ohne Sie zu benennen oder zu beurteilen. Das entfernte Geräusch einer Auto-Hupe, Stimmen von der Straße, Regen, der gegen Ihr Fenster prasselt ...

Dritte Woche
Praktische Rückschau

1. Reflexionen über Gefühle

Haben Sie es geschafft, in Ihr Tagebuch etwas über angenehme und unangenehme Erlebnisse zu schreiben? Falls ja, was haben Sie bemerkt? Haben Sie das Gefühl, dass Sie etwas daraus gelernt haben? Haben Sie es geschafft, über aufkommende schwierige oder angenehme Erlebnisse zu reflektieren – falls ja, was haben Sie bemerkt?

Schreiben Sie hier Ihre Reflexionen auf:

2. Achtsamer Spaziergang

Haben Sie daran gedacht, in dieser Woche Ihren achtsamen Spaziergang zu machen?

	1. Tag	2. Tag	3. Tag	4. Tag	5. Tag	6. Tag	7. Tag
☑ = Ja / ☒ = Nein							

3. Atemraum

Haben Sie daran gedacht, den Drei-Minuten-Atemraum zu üben? Falls ja, wie oft haben Sie das geschafft?

	☑=Ja / ☒=Nein
zweimal täglich	
einmal täglich	
oft	
regelmäßig	
gelegentlich	
selten	
gar nicht	

4. Meditation

Schreiben Sie nun zum Schluss auf, wie Ihre Meditationspraxis diese Woche verlaufen ist. Haben Sie Zeit gefunden, zu meditieren? Konnten Sie es genießen, oder fanden Sie es schwierig? Hat Sie irgendetwas besonders betroffen gemacht? Konnten Sie gut beginnen und die Meditation gut beenden? Konnten Sie liebevolles Bewusstsein kultivieren?

Schreiben Sie Ihre Gedanken hier auf:

5. Achtsamkeit aufgepasst!

Wenn Sie auf die praktische Woche zurückschauen, beachten Sie, dass Sie nur nach Informationen suchen – keine Bewertung und natürlich keine Verurteilung. Sie prüfen einfach, wie es vorangegangen ist, mit welchen Themen Sie konfrontiert waren, und was Sie, falls überhaupt, gelernt haben. Bedenken Sie, dass Sie nicht das Gefühl haben werden, jeden Tag etwas gelernt zu haben – das wäre unrealistisch. Falls möglich, sprechen Sie mit Ihrem achtsamen Freund darüber, wie die Woche verlaufen ist, teilen Sie Ihre Erfahrungen mit ihm. Der Umstand, dass Sie dieses Buch bis zu diesem Punkt gelesen haben, ist schon für sich ein Erfolg!

Wir haben gelernt, dass das Leben eine Struktur hat, eine Gefühlsstruktur. Achtsamkeit auf Gefühle bedeutet zu lernen, bei dieser Beschaffenheit zu bleiben, ohne auf sie mit Wunsch oder Zurückweisung zu reagieren. Gefühle – angenehme, unangenehme und neutrale – sind die Bausteine unseres Lebens. Sie sind die Rohwerte der Empfindungen, aus denen wir unser Leben herstellen. Aber natürlich bemerken wir sie oft nicht. Üblicherweise befinden wir uns in irgendeiner Stimmung, einer guten Stimmung, einer schlechten Stimmung, einer „Ich-kann-jetzt-nicht-gestört-werden"-Stimmung. Und vielleicht wissen wir nicht warum. Es kommt uns so vor, als würden diese Stimmungen aus dem Nichts heraus auf uns herabkommen. Wir fühlen uns plötzlich glücklich oder mürrisch, aufgeregt oder teilnahmslos, ängstlich oder deprimiert. Mit solchen Gefühlen haben wir üblicherweise zu tun. Deswegen werden wir nächste Woche einen tieferen Blick auf unsere Stimmungen, auf unseren Geist und die Dinge richten, die wir uns selbst erzählen. Wir werden den dritten Bereich der Achtsamkeit untersuchen.

Vierte Woche: Geist

Unglückliche Menschen in einer glücklichen Welt

Es ist schon seltsam: Verglichen mit den sogenannten Entwicklungsländern sind wir unglaublich wohlhabend. Viele von uns genießen so viel Reichtum, Gesundheit und Freizeit. Und doch sind wir nicht glücklich ...

Es gibt vieles, was darauf hindeutet, dass ab einem bestimmten Punkt wachsender Wohlstand tatsächlich Unzufriedenheit und Leid verursacht.

Nach einer Untersuchung gibt es in Großbritannien die schlimmsten Raser auf den Straßen der Welt. Zum typischen Verhalten gehören aggressives Beschleunigen, dichtes Auffahren, verbale Entgleisungen und Androhung von Gewalt. 64 % der Arbeitnehmer haben schon Mobbing im Büro erlebt; 71 % der Internetnutzer sind so frustriert über Ihre Recherchen im Netz, dass sie an „Internetwut" leiden. Eine von vier Familien hat regelmäßig Streit, wer die Fernbedienung kontrolliert: „Fernbedienungswut".[14]

Kaufsucht („Shopaholicism") ist inzwischen eine anerkannte Suchterkrankung. Manche puschen ihre Fantasien und ihren Adrenalinspiegel beim Shoppen so hoch, dass sie tatsächlich das illusorische Gefühl haben, frei von den Problemen des Lebens zu sein. Der Psychologe Oliver James hat den Begriff „Affluenza" für ansteckenden Konsumrausch bekannt gemacht. Zu den Symptomen gehören hohe Schulden, Überarbeitung, die Unfähigkeit, Befriedigungen aufzuschieben (Frustrationsintoleranz), von äußeren Dingen besessen zu sein, Verschwendungssucht und Erschöpfung.[15]

---

[14] www.news.bbc.co.uk/1/hi/uk/3146781.stm.www.news.bbc.co.uk/1/hi/_depth/uk//2001/trouble_in_the_air/1448843.stm.; www.timesonline.co.uk./tol/ news //uk/article396826.ece.addictions.co.uk

[15] Oliver, J., *Affluenza: How to Be Successful and Stay Sane*. Vermilion, Australia, 2007.

Es gibt Anzeichen dafür, dass Depressionen epidemisch werden. Einem Bericht zufolge sind lähmende Depression und chronische Angst heutzutage die häufigsten Ursachen für Krankheiten in Großbritannien.[16] Die Weltgesundheitsorganisation hat vorhergesagt, dass bis 2020 die Depression die zweitstärkste „Krankheitslast“ weltweit sein wird. Mit den Worten von Wallace Stevens sind wir „unglückliche Menschen in einer glücklichen Welt“.[17]

Es ist nie so offensichtlich gewesen, dass der Grund für unser Unglück mit unserem Geist zu tun hat. Wenn wir glücklich sein wollen – wenn wir vermeiden wollen, unsere Geduld im Supermarkt zu verlieren, hohe Kreditkartenrechnungen anzuhäufen, Depressionen ausgeliefert zu sein oder mit einem Nachbarn in Streit zu geraten –, müssen wir mit unserem Geist arbeiten.

Alles, was wir erleben, erleben wir durch den Geist. Unsere Beziehungen zu anderen Menschen, unsere Wahrnehmungen von der Welt, unser Arbeitsleben, Liebesleben, häusliches Leben – alles, was wir je gewusst haben, was wir je wissen werden, wird durch unseren Geist vermittelt. Es ist unser Geisteszustand, der das Leben interessant oder langweilig macht, erfreulich oder deprimiert, bedeutungsvoll oder nutzlos. Unseren Geist zu verstehen, unseren Geist zu erziehen ist deswegen der Schlüssel zum Glück.

Das Wort für Geist ist *citta*. Wenn wir den Begriff „Geist“ benutzen, meinen wir damit üblicherweise „Gehirn“ oder „Gedanken.“ Wir betrachten den Geist als einen hoch entwickelten Gedankenprozessor. Aber das Wort *citta* bedeutet sowohl Herz als auch Geist. Geisteszustände (*cetasika*) haben eine kognitive Komponente, eine emotionale Komponente, einen Handlungsaspekt und einen intuitiven Anteil. Der Geist schließt den mehr und den weniger bewussten Anteil unserer selbst mit ein. Es ist

---

16 *The Depression Report*, LSE, London, 2006

17 Stevens, W., *The Auroras of Autumn, Complete Poems*, Faber, USA, 2006, S. 368

dieser Geist, den wir in der dritten der vier Achtsamkeitsgrundlagen betrachten.

Marianna Moores Gedicht „Der Geist ist ein verzaubertes Ding“[18] beschreibt den Geist als selbst verzaubert und gleichzeitig verzaubernd.

Der Geist verzaubert. Wir deuten, verzerren, ja wir verunreinigen gar unsere Erfahrung der Welt. Wir sehen die Dinge nicht, wie sie sind. Wir zwängen sie unbewusst in vorgefertigte Glaubensmuster, Erwartungen, Annahmen und Vorurteile. Wir nehmen unser Leben als Verblendung wahr. Und diese Verblendung nennen wir „unsere Erfahrung" und halten sie für real und objektiv.

Gleichzeitig ist aber auch der Geist selbst verzaubert. Wir leben in Verzauberung. Wir können nicht sagen, ob unsere Gedanken unsere eigenen sind oder ob wir sie von Freunden, Arbeitskollegen, Familie oder den Medien übernommen haben. Unsere Meinungen sind meistens fest im Griff des aktuellen Zeitgeistes: Wir denken meist das, was die Menschen in unserer Umgebung von uns zu denken erwarten.

Wir können lernen, den Geist zu verstehen. Wir können uns des Unterschieds zwischen der Verblendung unseres Erlebens und dem Erleben selbst bewusst werden. Wir können uns außerdem bewusst werden, dass viele unserer Annahmen aus zweiter Hand sind. Aber wie Marianne Moore am Ende ihres Gedichts bemerkt: Der Geist ist nicht der Fluch des Herodes, den wir nicht ändern können. Wir können uns befreien von der Depression und von der Sucht, wir können weniger anfällig werden für Gefühlsausbrüche und Ärger, wir können ruhiger werden, großzügiger, erwachsener. Wir können dem Erwachen entgegenwachsen, um die Dinge so zu sehen, wie sie wirklich sind. Das ist die Vision der Achtsamkeit auf den Geist.

---

[18] Moore, M., *The Poems of Marianne Moore*, edited by Grace Schulman, Faber, London, 2003, S. 258.

Wie wir uns verändern

Wir müssen verstehen, was mit „Veränderung" unseres Geistes gemeint ist. Als ich vor etwa 20 Jahren zu meinem spirituellen Leben aufgebrochen bin, war ich beseelt von dem Wunsch, mich zu ändern. Ich fand aus zwei Gründen Gefallen am Wandel: Erstens sah ich die Möglichkeit spiritueller Entwicklung und zweitens mochte ich mich nicht so, wie ich war. Ich stellte mir vor, dass Veränderung bedeutet, dass ich ein anderer werden würde – jemand, der insgesamt freundlicher, netter, weniger emotional ist. Ich dachte, dass Veränderung bedeutet, mein altes Ich loszuwerden.

Wenn wir an Veränderung denken, stellen wir uns vor, dass ein Ding sich in ein anderes verwandelt: Ein Samenkorn verwandelt sich in eine Blume. Wir wissen natürlich, dass die Blume bereits im Samenkorn enthalten ist, dass unter bestimmten Bedingungen das Korn zur Blume wird. Oft vergessen wir das aber. Wir glauben, jemand anders werden zu müssen – eher eine hübsche Blume als eine schmutzige Wurzel.

Deswegen ist es wahrscheinlich hilfreicher, an Wachstum zu denken statt an Veränderung. „Veränderung" bedeutet, dass wir uns beim Anblick der Blüte darüber wundern, wie der Stängel aussieht. Wachstum ist aber der Prozess, durch den wir im Falle spirituellen Wachstums in das Beste von uns selbst hineinwachsen. Es ist so ähnlich, wie wenn Licht durch buntes Glas scheint – seien es die fließenden Muster der Art nouveau oder die Geometrie des Art déco. Wir werden unser einzigartiges Potenzial, wir werden mehr von dem, was wir sind. Wir werden das Beste von dem, was wir sind. Wir werden nicht irgendjemand anders.

Erwartungen

Der Philosoph Karl Popper hat festgestellt, dass wir den Zugang zu unseren täglichen Erfahrungen nur mit schon vorhandenen Erwartungen finden. Wenn wir Dinge beobachten, fühlen oder zu verstehen versuchen, passen wir sie an Theorien an, die wir über die Welt und unseren Platz darin schon haben. Diese „Theorien“, wie er sie nennt, sind vorbewusst; wir gelangen zu ihnen durch unsere Erfahrungen und schauen von ihnen aus auf unser Leben.

Schaffen Sie sich Erwartungen. Wir können die Welt ohne Erwartungen nicht verstehen. Leute sagen uns manchmal, wir sollten keine haben, aber das ist fast unmöglich. Sie werden zum Beispiel Erwartungen bezüglich dieses Buches haben, Sie werden erwarten, dass es ein buddhistisches Buch ist und dass es sich nicht plötzlich in ein Mathematikbuch oder eine Gedichtanthologie verwandelt. Sie sind sich dieser Erwartungen vielleicht nicht besonders bewusst, aber Sie werden sie nichtsdestotrotz haben. Das gilt für alle unsere Erfahrungen; wir nähern uns dem Leben mit vielschichtigen Erwartungen.

Wenn wir auf den Bus warten, wissen wir aus Erfahrung, dass er wahrscheinlich zehn Minuten zu spät kommen wird. Wir sind darüber verärgert, aber wir werden erst wirklich empört, wenn die Zeit, die wir unbewusst für diese Verspätung eingeplant haben, überschritten wird – mit anderen Worten, wenn die Ankunft des Busses nicht länger unseren theoretischen Vorhersagen entspricht. Wenn wir aber in Indien aufgewachsen wären und auf den Bus nicht in London, sondern in Delhi warten würden, wäre unsere Situation eine ganz andere. Wir hätten unterschiedliche Erwartungen. In Indien kann ein Bus einen Tag zu spät kommen! Wo immer wir auf unseren Bus warten, ist uns meistens nicht klar, dass wir Erwartungen haben. Wir erwarten unbewusst, dass das Leben mit unseren Erwartungen übereinstimmt, und wir können in der Tat sehr wütend werden, falls sie sich nicht erfüllen!

Die meiste Zeit leben wir in einem Zustand vorbewusster Erwartungen. Wir haben eine Art Schablone im Kopf, wie das Leben sein sollte, was passieren sollte und wie sich Menschen verhalten sollten. Auf das zu antworten, was tatsächlich passiert, bedeutet, zu erkennen, dass unsere Erwartungen genauso sind.

Wir bemerken unsere Erwartungen meist erst dann, wenn ihnen nicht entsprochen wird – wenn der Bus sich zu sehr verspätet. Gleichzeitig haben unsere Erwartungen die fatale Gewohnheit, wahr zu werden. Auch wenn das Ergebnis peinlich ist, können wir ein absonderliches Vergnügen daran finden, wenn es sich als richtig erweist: „Ich wusste, dass das passiert, ich habe dir das doch gesagt!"

Annahmen

Wir wachsen in unserem Leben mit einer Vielzahl von Annahmen auf. Diese Annahmen, die aus Kindheit und frühen Konditionierungen ins Erwachsenenleben hinübergerettet werden, haben einen entscheidenden Einfluss darauf, wie wir die Gegenwart erleben. Als ich jung war, nahm ich an, dass Menschen mich nicht mögen. Diese Annahme war nur teilweise bewusst und hatte alle möglichen Konsequenzen. Das heißt, ich hatte die Neigung, anderen Menschen gefallen zu wollen – ich wollte, dass Menschen so sind wie ich; insgeheim fürchtete ich, dass sie das nicht wären oder nicht wollten. Und weil ich außerdem immer auf Gefühle des Unwillkommenseins achtete, hatte ich die Neigung, sozialen Situationen mit Misstrauen zu begegnen. Weil die Menschen dies bemerkten, waren sie mir gegenüber besonders vorsichtig. Sie wichen eher vor mir zurück, sodass sich meine Ängste noch verstärkten.

Mein Leben zog mich in seinen Bann: Ich sah auf das Leben durch die Brille mangelnden Selbstwertgefühls, aber ich bemerkte nicht, was das war, was ich tat. Ich fehlinterpretierte mein Leben und konstruierte es auf diese Weise gleichzeitig. Wir alle tun das auf unterschiedliche Art. Wir verwechseln das Trugbild, das wir dem Leben zuweisen, mit dem Leben selbst, damit, wie die Dinge tatsächlich sind. Unsere Annahmen über unser Leben geben unserem Leben seine Gestalt. „Geist ist", wie es Marianne Moore ausdrückt, „eine Kraft von größter Verzauberung/Verblendung."

Vorhersagen

Wir erleben das Leben selten so, wie es ist. Meistens prognostizieren wir, was als Nächstes passieren könnte, sollte, müsste, wird. Dies gilt insbesondere für schmerzhafte Erfahrungen, aber auch für positive. Können wir wirklich glauben, dass unsere Glückssträhne für immer anhält, dass wir den Bonus vom letzten Jahr auch in diesem Jahr wieder bekommen?

Ein gutes Beispiel für die Kraft des vorhersagenden Geistes ist die Gesundheit – körperlich und geistig. Einer meiner Freunde war davon überzeugt, dass er einen Herzinfarkt gehabt habe. Der Gedanke „Ich habe gerade einen Herzinfarkt" lässt das Herz schneller schlagen und den Blutdruck steigen; das macht den Atem schnell und flach und dies wiederum verursacht das Gefühl, Hände und Beine seien taub. Diese Symptome scheinen die Wahrheit unseres ersten Gedankens zu bestätigen: Wir haben wirklich gerade einen Herzinfarkt! Diese Bestätigung aktiviert dann weitere körperliche Symptome, die im Rückschluss wiederum die Gedanken bestätigen usw. Ich kann mich erinnern, zu meinem Freund gesagt zu haben: „Hättest du wirklich einen Herzinfarkt gehabt, hättest Du jetzt viel größere Schmerzen." In seinem Geist war also nicht nur die Idee, er sei jemand, der einen Herzinfarkt gehabt hat – und diese Tatsache wurde durch seine Erfahrung bestätigt –, sondern da war auch die Person, die ihm das nicht glaubte! Und dies führte zu noch mehr Panikgefühlen.

Ebenso wie wir uns in den Glauben hineinsteigern können, einen Herzinfarkt zu haben, können wir uns qualvolle Geisteszustände einreden. Teil dessen, was hier passiert, hat mit der Tatsache zu tun, dass Gedanken *vedanā* haben, eine Gefühlsdimension. Wenn wir uns dann sagen: „Ich fühle mich überfordert", „Es ist alles zu viel für mich" oder „Ich habe gleich einen Zusammenbruch, werde krank oder rutsche in die Depression," schießen wir mit dem zweiten Pfeil auf uns. Wir schießen auf uns mit einer massiven Dosis von Angst und Befürchtung. Das ist in sich selbst schon qualvoll und verschlimmert das unangenehme Gefühl der Erschöpfung, der Angst oder des Unglücklichseins. So wie es meinem Freund mit seiner Herzattacke ging, bringt der Schmerz, den wir provoziert haben, eine Bestätigung unserer Vorhersage. Wir werden in eine negative Feedbackschleife zwischen Gefühlsquellen und Gedankenquellen eingeschlossen.

Wir jagen uns selbst Angst ein, indem wir uns erschreckende Geschichten erzählen; zum Beispiel winken wir einem Freund auf der Straße zu, und er winkt nicht zurück. Wir glauben, er mag uns nicht. Was ist falsch mit mir? Niemand mag mich. Es ist so, als hätten wir einen kleinen Mann im Ohr, der uns Horrorgeschichten einflüstert. Diese Geschichten fühlen sich vertraut an; wir haben sie immer wieder gehört. Sie scheinen sich in unserer Erfahrung zu bestätigen: Wir winken, und sie winken nicht zurück – tatsächlich scheinen sie die Stirn zu runzeln! Wir vergessen, dass sie zu eitel sind, um eine Brille zu tragen und uns wahrscheinlich einfach nicht gesehen haben! Ängstliche Vorhersagen rufen erst das hervor, was wir fürchten. Es ist so, wie wenn Sie über Ihren Blutdruck beunruhigt sind. Je stärker Sie darüber beunruhigt sind, umso stärker wird er steigen. Und wenn Sie dann Ihren Blutdruck gemessen haben, werden Sie entdecken, dass er gestiegen ist! „Ich hatte recht!“ Ein Gedanke, der noch mehr Adrenalin in Ihr Blutsystem schüttet, sodass der Blutdruck weiter ansteigt.

Musterabgleich

Eine andere Möglichkeit des Verständnisses dessen, was in dieser Art von Erfahrung passiert, ist das Abgleichen der Erlebnisse mit inneren Mustern. Wir erfahren nichts als unbeschriebenes Blatt. Unser Geist wird moduliert durch unsere Lebensgeschichte und unsere Konditionierungen. Wenn wir also einen Raum betreten, eine Freundschaft aufbauen, einen Arbeitsplatz oder eine Liebesaffäre haben, wenn wir mit einem Freund sprechen, fernsehen oder in die Kneipe gehen – wir verstehen diese Erlebnisse, indem wir sie in unsere Muster dessen, was wir gewesen sind oder was wir wissen, einpassen. Wir verleihen unseren Erfahrungen einen Sinn, indem wir sie mit ähnlichen anderen Erfahrungen vergleichen. Wenn wir etwas wahrnehmen, überfliegen wir innerlich einen großen Katalog mit Bildern oder ein „Wörterbuch“ unserer Formen, um herauszufinden, welches Bild oder welche Form mit dem neuen Reiz übereinstimmt. Wir tun dies insbesondere dann, wenn der primäre Reiz vieldeutig oder abstrakt ist und deswegen ein größeres Bedürfnis nach Verständnis besteht. Das klassische Beispiel ist die Wahrnehmung von etwas Langem und Dünnem, das auf dem Weg liegt: Ist es eine Schlange, oder ist es ein Stück Seil? Im Moment der Wahrnehmung versuchen wir sofort einen Musterabgleich. Wir tun das, um zu verstehen, was das Wahrgenommene ist, wie wir darüber fühlen sollten, was wir tun sollten. Wir bleiben nicht bei der bloßen Wahrnehmung. Die Bedeutung der Erfahrung hängt davon ab, wie wir die vorhandenen Muster bewerten: Schlange (schreien und weglaufen), Seil (ruhig weitergehen).

Wir können uns natürlich täuschen. Wir könnten an eine „Schlange“ denken und eine furchtbare Angst bekommen, um dann zu bemerken: Nein, es ist in Wahrheit nur ein Stück Seil. Der Akt der Wahrnehmung ist mit unserem Geist verknüpft. Etwas zu wissen und zu verstehen, was es bedeutet – was wir fühlen sollten, wie wir handeln sollten –, heißt, es mit einem großen Speicher existierender Muster abzugleichen. Aber unsere Bemühungen nach Passung sind keineswegs immer objektiv oder genau. Wenn ein älterer Mann uns auf der Rolltreppe bittet, zur Seite zu gehen, damit er an uns vorbeigehen kann, werden wir sofort eine innere Abgleichung beginnen. Wir könnten denken: „Vater schimpft mich wieder aus“, oder „Mein Mathematiklehrer putzt mich runter.“ Wir kommen daher mit Mustern über autoritäre Eltern, die uns gesagt haben, was wir tun sollen. Deswegen verwechseln wir das aktuelle Erlebnis mit diesem gewohnten Erlebenstyp, dass eben dieses alte Muster sich wiederholt: eine Schlange und kein Seil. Und wir reagieren entsprechend.

Diese Passung hilft uns zu verstehen, warum wir bestimmte Arten des Verhaltens immer und immer wiederholen. Ein gutes Beispiel sind sexuelle Beziehungen. Wir finden uns oft in der gleichen Patsche wieder. Stellen Sie sich vor, Ihr Partner macht Ihnen ein kleineres Geburtstagsgeschenk als üblich. Wir können unsere Reaktionen dann in Begriffen der inneren Abgleichung verstehen: Wir hatten vorherige Beziehungen, die gut waren, oder wir sind anfällig für die Vorstellung, dass unsere Beziehung nicht andauern wird oder dass unser Partner uns wegen jemand anders verlassen wird, und vergleichen dann die Erfahrung, dass wir ein kleineres Geschenk bekommen haben, mit diesen Voreinstellungen. Wir reagieren dann so, als ob dies der objektive Inhalt unserer Erfahrung war. Es ist die Regel „Jetzt-geht-das-schon-wieder-los". Wir stimmen unsere Erfahrungen entlang traditioneller Linien ab. Wir deuten neue Erfahrungen als Erlebnisse derselben Reihe vorhergehender Erfahrungen und tendieren zu deren Wiederholung.

Wir haben einige der Wege erforscht, auf denen wir unsere Erfahrungen wie ein Trugbild verzerren und dann dieses Trugbild mit den tatsächlichen Erfahrungen verwechseln. Es ist wichtig, zu erkennen, wie tief das geht. Angenommen, wir beobachten einen Mann, der in einem Raum herumgeht, seinen Mantel nimmt und ihn über seinen Kopf legt und dann hinausgeht. Wir können dieses Verhalten nicht durch bloße Beobachtung verstehen. Wir müssen passende Erfahrungen dazu haben; wir müssen in der Lage sein, vorherzusagen, zu vermuten, etwas zu erwarten. In diesem Fall wissen wir, dass der Mann hinausgehen möchte und wir wissen, dass es schneit und dass er wahrscheinlich über den kleinen Hof in einen anderen Raum gehen möchte. Wir wissen, dass es uns manchmal zu viel Mühe macht, den Mantel richtig anzuziehen, und wie es sich anfühlt, wenn geschmolzener Schnee den Nacken hinunterläuft. Aber

„draußen“, „Schnee“, „nass werden“, die zusätzlichen, ein wenig störenden Aktivitäten kann man nicht beobachten.

Der Geist erschafft die Welt: Wie wir die Welt erleben, hängt von der Beschaffenheit unseres Geistes ab. Weil unsere Welt innerlich und äußerlich durch unseren Geist gefiltert, durch unseren Geist interpretiert und ihr durch unseren Geist eine Bedeutung zugewiesen wird, ist unser Geisteszustand der Zustand der Welt. Die Bedeutung dessen, was uns geschieht, das Motiv, mit dem wir auf das Geschehen antworten, hängt von unserem Geist ab. Das kleinere Geburtstagsgeschenk ist ein Zeichen mangelnden Geldes oder mangelnder Liebe. Der Mann, der uns auf der Rolltreppe bittet, zur Seite zu gehen, ist entweder ein älterer Mann, der nicht mehr so ganz rüstig ist, oder eine weitere Autoritätsfigur, die uns sagt, was wir tun sollen. Der Geist geht der Welt voraus. Wie Marianne Moore sagt: „Es ist eine Kraft der starken Verzauberung.“

Wie wir verzaubert werden

Unsere Annahmen, Vorhersagen und Erwartungen sind zum großen Teil durch unsere Umwelt geformt – durch die Haltungen und Glaubenssätze unserer Eltern, durch die Erziehung, die wir genossen haben, durch die Religion, mit der wir aufgewachsen sind, durch die Menschen, mit denen wir zusammen sind, durch die Zeitungen, die wir lesen. Unser Geist wird geformt durch Geschichte und Kultur, Geschlecht und Sexualität, Nationalität und Glauben. Selbst unsere intimsten Gedanken haben oft anderswo ihren Ursprung. Ideen, Anschauungen und Werte werden von anderen Menschen entlehnt. Sie sind wie Viren – wir fangen sie uns durch das Internet ein, über Talkshows und Werbesprüche. Viele unserer Sichtweisen sind Wiederholungen dessen, was unsere Eltern uns gesagt haben, bevor wir sieben Jahre alt waren. Ebenso wie Kleidung und Handtaschen sind unsere Haltungen der Mode unterworfen: Wir sprechen von „Authentizität“ und „wir selbst sein“, während wir 100 Jahre vorher darüber gesprochen hätten, Gott dienen zu wollen und unsere Pflicht zu tun. Wir haben die Neigung, anzunehmen, dass die Glaubenssätze und Werte, die wir besitzen, diejenigen ablösen, die vorher da waren, und sind auf diese Weise zeitlich und räumlich engstirnig und kleinkariert.

Geist und Umwelt bedingen einander

Die Welt, in der wir aufgewachsen sind, bedingt die Art unseres Geistes. Die Art des Geistes, den wir haben, bedingt den Typ Welt, die wir erleben. Wir wissen nicht, dass wir unter diesem Bann stehen, wir verstehen nicht, wie tief wir das Produkt unserer Konditionierung sind, wir verstehen nicht, dass das, was wir sind, weitgehend das ist, was Konditionierung aus uns gemacht hat.

Es ist zum Beispiel nicht klar, wie die neue Technik uns beeinflusst. Die Schriftstellerin Doris Lessing spricht über die Effekte des Internets. Sie fragt: „Wie wird sich unser Leben, wie wird sich unsere Denkweise verändern durch dieses Internet, das eine ganze Generation mit seinen Belanglosigkeiten verführt hat, sodass selbst einigermaßen vernünftige Leute zugeben, dass man sich nur schwer losreißen kann, wenn man einmal süchtig ist.“[19] Dann gibt es da die Frage der virtuellen Gewalt. Die Universität von Missouri hat eine Untersuchung über die Effekte von Gewaltvideospielen durchgeführt. Die Forscher fanden einen Weg, um die emotionale Wirkung dessen, was Spieler sehen, zu messen. Sie schlossen aus den Ergebnissen, „dass die Gewalt des realen Lebens die Spieler weniger beunruhigte als andere, die sehr viel stärker davon beunruhigt waren. Die Hersteller ebenso wie die Spieler leugneten diesen Zusammenhang, aber falls es wahr ist – oder auch nur teilweise wahr –, dann ist es sehr alarmierend: 500 Millionen Spieler spielten Halo 2 online, rund 170.000.000 $ wurden in den ersten 24 Stunden

[19] Lessing; D.; *Nobel Prize Speech*, 2007. Zitiert nach: http://nobelprize.org/nobel_prizes/literature/laureates/2007/lessing-lecture_ty.html

nach der Veröffentlichung von Halo 3 umgesetzt.[20] Was immer die Wahrheit über das Internet oder die Wirkungen von Computerspielen ist: Wir halten selten inne und bedenken die Folgen für den Geist. Wenn unser Gewahrsein sich entwickelt, werden wir die Effekte unserer Umwelt viel kräftiger zu spüren beginnen. Wir werden uns bewusster darüber, wie äußere Bedingungen auf uns einwirken – ob es das geistlose Fernsehen ist, stundenlanges Surfen auf Facebook oder das Spielen von Computerspielen. Falls sie unsere Praxis erschweren, müssen wir diese Bedingungen verändern. Vielleicht entscheiden wir uns, den Input zu reduzieren oder auf ein Retreat zu gehen.

Das Selbst ist eine Geschichte, die wir uns andauernd selbst erzählen

Bevor wir dazu kommen, wie wir unseren Geist verändern können, lassen Sie uns kurz auf ein tieferes, noch fundamentaleres Muster schauen.

Wir haben das wahrscheinlich alle schon einmal erlebt: Wir sind in schlechter Stimmung, es ist uns aber gar nicht richtig bewusst. Vielleicht vertiefen wir uns in die Zeitungslektüre, oder etwas in der Unterhaltung erregt unsere Aufmerksamkeit und unterbricht unsere schlechte Stimmung für eine Weile. Und dann scheint eine Stimme in uns zu sagen: „Nun, worüber habe ich gerade nachgedacht? Oh ja, ich war ärgerlich auf den und den, ich habe mich geärgert über dies oder jenes, ich habe durchgespielt, was ich diesem oder jenem sagen würde.“ Und wir sind schon wieder da, wo wir gerade herkamen. Es ist ein ganz spezielles Gefühl: Wir haben dieses vage Gespür, dass unser Geist in irgendetwas involviert war; dann rufen wir es zurück und nehmen den Faden wieder auf. Auf diese Weise entfachen wir die Launen, die unser Leben verderben.

---

[20] Zitiert bei Andrew O’Hagen in *Living it*, London Review of Books 24. Januar 2008.

Unsere Geisteszustände sind extrem veränderlich. Wir können uns wie ein Kind fühlen und weinen, wenn jemand unsere Plastikente weggenommen hat, und uns beruhigen, wenn wir sie zurückbekommen. Wie wir uns selbst fixieren – wie wir uns selbst sagen „Das bin ich" –, geschieht durch die Geschichten, die wir uns erzählen. Selbst wenn unsere Geschichten schmerzhaft oder unproduktiv sind, sind sie doch beruhigend vertraut.

Das Selbst-Gespräch ist wörtlich genommen eine Selbst-Konstruktion. Das wird insbesondere dann offensichtlich, wenn uns jemand seine Geschichte über sich selbst erzählt. Sie werden dann zum Beispiel sagen: „X tat Y, was bedeutet, dass ich Z gefühlt habe", „Der Bus war zu spät", „Mein Sohn hinterlässt die Küche immer in einem Chaos", „Ich wusste, dass er eine Affäre gehabt hat." Die Geschichten, die Menschen uns erzählen, machen meistens Sinn; sie sind selbst-konsistent. Aber wenn wir den Menschen besser kennenlernen, beginnen wir zu entdecken, dass vieles in der Geschichte fehlt. Die Geschichte, die sie uns erzählen, ist eigentlich eine Geschichte, die ihre Idee über das, was sie zu sein glauben, verstärkt. In der Geschichte mag schon Wahrheit stecken. Üblicherweise ist das so. Aber es ist kaum die ganze Wahrheit. Es ist eine Wahrheit, die zu einer speziellen Selbstkonstruktion passt – ein passives Opfer sein, jemand, der nie Unsinn erzählt. Viele Dinge können leicht von anderen beobachtet werden, aber sind schwer bei sich selbst zu bemerken. Das Ziel spiritueller Praxis ist Freiheit, Freiheit vom Gefängnis dieses Selbst. Jedes Mal, wenn wir eine selbst konstruierte Erzählung bei uns bemerken, jedes Mal, wenn wir sie loslassen – sie nur als eine weitere Geschichte oder eine weitere Stimme erkennen –, transzendieren wir uns selbst. Und umgekehrt versuchen wir jedes Mal, wenn wir mit Ärger, Beschämung oder Selbstmitleid reagieren, das Selbst zu verteidigen – wir versuchen, die „Geschichte von mir" vor der Realität der anderen und der Welt zu beschützen. Das Selbst ist eine Geschichte, die wir uns andauernd selbst erzählen.

Das Selbst und die Welt

Wir können noch weiter gehen: Das Selbst und die Welt sind beides unsere eigenen Konstruktionen. Wir haben schon über das Problem der Schlange und des Seils gesprochen. Im Buddhismus nennt man den Moment des Benennens und des Mustervergleichs *samjñā*. Genau im Moment der Wahrnehmung stellen wir etwas her, das jenseits dessen liegt, was wahrgenommen wurde, und wir erschaffen ein anderes Ding, ein „Ich", das diese Wahrnehmung ausführt. Wir kreieren eine äußere Welt der Objekte – Schlangen, Stricke, Fahrräder, U-Bahn-Stationen – und eine Innenwelt der Wahrnehmung. Wir stellen sie uns als abtrennt und autonom vor: Eine real existierende Welt erlebt von einem real existierenden Selbst, das sich von der Welt unterscheidet. Aber eine solche Unterscheidung existiert nicht. Blicken Sie einen Moment von diesem Buch auf. Was können Sie sehen? Wo hören Sie auf, und wo beginnt die Welt? Wo liegt die Grenzlinie zwischen den Geräuschen und Ihnen? Und all die Namen, die wir den Dingen geben – Anblicke, Geräusche, Geschmäcke, Berührbares –, das ist nicht das, was Sie erleben, oder? Es ist etwas, das wir der Erfahrung hinzufügen. Wenn ich aus dem Fenster schaue und einigen Jungen beim Fußballspielen zusehe oder das Schreien einer Silbermöwe höre, gibt es kein „da draußen" in der Wahrnehmung. Geist und Welt sind nicht zwei unterschiedliche Dinge.

Das Leben ist nicht mit Worten, Gedanken und Konzepten zu beschreiben; es transzendiert sie und kann nicht in sie eingeschlossen werden. Das Leben ist stets mehr, als wir denken. Das Verständnis des Buddha ist wortlos, konzeptlos. Wir können darüber letztlich nichts sagen, weil wir nur über Dinge reden können, über „innen und außen", „Selbst und Welt", über „dies und das". Das Selbst ist eine Grenze. Je mehr Selbst es gibt, umso mehr Beschränkung fühlen wir. Der Buddha lehrte uns Freiheit, Freiheit von der Illusion des Selbst und Freiheit, im wortlosen Mysterium auszuharren, der sich ständig verändernden Schönheit der Dinge, so wie sie sind.

Vierte Praxiswoche

Bevor wir spezielle Praktiken für diese Woche der Achtsamkeit untersuchen, möchte ich einige generelle Ansätze vorschlagen, um den Geist kennenzulernen und zu verändern.

Gewahrsein von Geist und Herz

Ich möchte als Erstes betonen, dass wir keine Hoffnung auf erfolgreiche Arbeit mit unserem Geist haben können, wenn wir nicht vorher Achtsamkeit in den zwei vorherigen Stufen des Weges kultiviert haben, nämlich Achtsamkeit auf den Körper und seine Bewegungen und Achtsamkeit auf Gefühle. Wir werden auch unsere Praxis der alltäglichen Achtsamkeit brauchen, damit das Leben rund genug für uns läuft, und wir Leben mit voller Achtsamkeit an erster Stelle praktizieren können.

Es ist schwierig, sich des Geistes bewusst zu sein, weil der Geist unser Bezugspunkt ist; und wir haben keinen anderen Bezugspunkt, mit dem wir den Geist vergleichen könnten. Wir sehen die Welt niemals mit den Augen eines anderen Menschen. Unsere Geisteszustände sind uns so vertraut, dass wir es üblicherweise nicht bemerken. Es geht nicht so sehr darum, dass wir Gedanken und Emotion haben, sondern dass Gedanken und Emotionen uns haben – sie halten uns am Laufen, ohne dass wir uns selbst darüber besonders bewusst wären. Wir wachen auf mit Gedanken und Geschichten, die unser Leben in Gang halten oder manchmal auch ruinieren. Der Buddha wusste das und trainierte seine Schüler vorbereitend in Körperbewusstheit und Gefühlsbetrachtung. Wenn wir erst damit begonnen haben, uns in den ersten beiden Grundlagen der Achtsamkeit zu üben, haben wir eine sehr viel größere Chance, den dritten Bereich zu kultivieren: Bewusstheit von Geist und Herz.

Der Umstand, dass der Buddha den Geist als den dritten Bereich der Achtsamkeit angibt, ist der Schlüssel, wie wir damit arbeiten können; wir gehen mit unseren Gedanken und Emotionen zurück zu dem Punkt, an dem sie im Körper fühlbar sind.

Mit anderen Worten, wir gehen zurück zu den Gefühlen. Wir versuchen, bei der direkten Erfahrung zu bleiben, statt spiralförmig in Gedanken über Erfahrungen abzugleiten – Katastrophengeschichten, Beschämungsgeschichten und rührselige Geschichten. Wir bleiben mit freundlicher Bewusstheit bei den unerfreulichen Empfindungen.

Insbesondere wenn wir negative Gedanken und Emotionen haben, sollten wir auf diese Stufe zurückgehen und wieder Achtsamkeit auf den Körper herstellen. Wir könnten zu unserem Körpergewicht zurückkommen oder dem Atem in unserem Bauch; wir könnten unsere Schultern weich machen und unseren Nacken entspannen. Körperbewusstsein verwurzelt uns direkt in körperlichen Empfindungen; als solches ist es ein lebenswichtiges Gegenmittel, um nicht von schmerzhaften Gedanken vereinnahmt zu werden. Körperbewusstsein hilft uns, einen Schritt zurückzutreten, und gibt uns neue Zuversicht und Ruhe. Manchmal knüpft die direkte Arbeit mit dem Geist uns immer festere Knoten. Wenn wir zum Beispiel auf ein Interview warten, hat es keinen Sinn, uns zu fragen, warum wir ängstlich sind – es ist sinnvoller, unserer Ausatmung zu folgen, unsere Füße zu fühlen und zu entspannen. Falls Sie also im Zweifel sind, gehen Sie zurück zur Körperbewusstheit. Wenn Sie erst einmal die ersten beiden Stufen des Weges gestärkt haben, haben Sie mehr Möglichkeiten, mit den Geschehnissen in Ihrem Geist zu arbeiten. Dieses Gefühl der Zuversicht wird besonders stark nach der Meditation bemerkbar. Wenn Sie erst eine lebendige Erfahrung Ihres Körpers und Ihrer inneren Empfindungen kultiviert haben, werden Sie bemerken, dass besorgte Gedanken und redundante Erzählungen einiges von ihrer Macht über Sie verlieren werden. Sie werden in der Lage sein, sich ein wenig von ihnen zurückzuziehen und sich von ihnen nicht so gefangen zu fühlen.

Bei der Achtsamkeit auf den Geist geht es darum, die uns selbst erzählten Geschichten zu bemerken. Wie ich bereits im vorigen Kapitel sagte, verwandeln wir Gefühle in einen ganzheitlichen Zustand des Seins, in Geist. Einer der Wege, auf denen wir das tun, ist es, uns selbst Geschichten zu erzählen. Wir fühlen unsere Erfahrungen nicht nur, wir extrapolieren und generalisieren sie – oft in wenig hilfreicher Art. Wir reden unser Leben schöner, als es ist, wir sprechen über unser Leben herablassend oder drehen uns immer nur im Kreis. Wir sagen uns, der Grund für unsere schlechte Laune sei, dass diese oder jener uns nie zuhört, dass diese oder jener nie abwäscht, dass diese oder jener uns nicht liebt!

Wir versuchen mit der Achtsamkeit auf den Geist, ernsthafter mit uns selbst zu werden. Wir versuchen, die Monologe in unserem Geist zu entdecken und zu erkennen, dass es unsere Geschichten sind, dass wir für sie verantwortlich sind. Ja, sie mögen teilweise wahr sein, sie mögen sich sogar ganz objektiv anfühlen, aber es sind dennoch Geschichten. Das ist unser erstes Ziel. Wir übernehmen die volle Verantwortung für das, was wir uns in der Vertrautheit unseres Geistes selbst erzählen – vor allem für diejenigen Geschichten, die sich so furchtbar bekannt anfühlen, denen wir schon so viele Male im Geist begegnet sind. Wir werden Verantwortung nur dann effektiv übernehmen können, wenn wir Selbstachtung kultivieren. Wir können nicht ehrlich zu uns selbst sein, wenn wir nicht auch freundlich zu uns sind. Diese beiden Dinge müssen parallel entwickelt werden. Deswegen können wir einfach damit beginnen, uns zu fragen, ob die Geschichten, die wir uns erzählen, wahr sind oder nicht. Wir könnten uns Fragen vorlegen wie diese:

- Taucht der Gedanke gerade jetzt in meinem Kopf aus heiterem Himmel auf?
- Kann ich mir vorstellen, über die gleiche Sache anders zu denken?
- Gibt es etwas an der gerade erzählten Geschichte, das in Zweifel gezogen werden kann?
- Denke ich in Alles-oder-Nichts-Begriffen?
- Beschuldige ich andere oder mich selbst?

- Gerate ich in negative oder ängstliche Spekulationen?
- Ist das, was ich gerade denke, überhaupt wahr?[21]

So können wir in sinnvoller Weise über die Geschichten nachdenken, die wir uns erzählen. Einer der effektivsten Wege, aus negativen Narrationen herauszukommen, ist, uns zu fragen, ob sie wahr sind oder nicht.

Um so nachzudenken, müssen wir eine ausreichende Achtsamkeit in den ersten beiden Stufen des Weges entwickelt haben; andernfalls werden unsere Absichten leicht fehlschlagen und wir werden „Feuer mit Öl löschen". Angenommen, Sie haben wenig Geduld. Wenn wir nicht genug Achtsamkeit haben, wird unser Wunsch, unseren Ärger zu verstehen, sogar noch mehr Ärger entfachen: „Ich ärgere mich aus diesem Grund über diesen Menschen. Und ich habe recht, mich über ihn zu ärgern."

Geisteszustände sind wie Planeten. Sie haben ihre eigene Anziehungskraft. Wenn unsere Bewusstheit nicht stark genug ist, werden wir in ihren Orbit gezogen. Damit die Achtsamkeit auf den Geist effektiv ist, muss unsere Achtsamkeit stärker sein als der Geist, auf den wir achtsam sein sollen. Andernfalls bekommen wir Schwierigkeiten. Indem wir die ersten beiden Stufen des Weges zur vollen Achtsamkeit praktizieren, verstärken wir unsere Achtsamkeit. Wenn wir entdecken, dass unsere Versuche, uns der Funktionsweise unseres Geistes bewusst zu bleiben, die Dinge noch verschlimmern – uns in unserer Selbstgerechtigkeit bestätigen oder unsere Depression vertiefen –, dann müssen wir einen Schritt zurückgehen; wir müssen die Achtsamkeit auf die Gefühle und den Körper wieder herstellen.

Grübeln als Signal

Eine andere Möglichkeit, wie unsere Fähigkeit zur Reflexion falsch verlaufen kann, ist das andauernde Wiederholen, das

[21] Segal, Williams & Teasdale, *Mindful-Based Cognitive Therapy for Depression*, The Guilford Press, New York 2002.

Grübeln, oder wie es manchmal genannt wird, „ein anomales Problemlöseverhalten". Karl Popper dachte sich die Menschen als problemlösende Tiere. Die Geschichte von Wissenschaft und Technik kann man sich vorstellen als eine Geschichte des Problemlösens – von der Entdeckung des Feuers bis zur Erfindung der Computertomografie. Aber wenn wir auf unser Innenleben schauen, kann dieses Gespür für Problemlösungen falsch laufen. Für die meisten von uns scheint Grübeln ein Problem zu sein. Wir wälzen ein Problem immer und immer wieder in unserem Geist. Während wir glauben, ein Problem zu lösen, machen wir es eher noch schlimmer. Wenn wir über ein spezielles Problem nachdenken und es zu lösen versuchen, gibt es einen Punkt, an dem es kontraproduktiv wird: wenn das Denken über ein Problem das Problem *ist*.

Das andauernde Wiederholen hat etwas mit der Widersprüchlichkeit zu tun, die ich früher erwähnt habe: Wir werden uns eines Missverhältnisses zwischen dem, was wir fühlen, und dem, was wir fühlen sollten, bewusst. Diese Diskrepanz taucht als Problem auf. Wir machen uns daran, das Problem zu lösen, indem wir alle möglichen Lösungsmöglichkeiten in unserem Geist abwägen und dann das Ausmaß messen, mit dem diese „Lösungen" die Lücke zwischen dem, was wir erleben, und dem, was wir glauben erleben zu müssen, verkleinern können.

Ein Beispiel aus meinem eigenen Leben veranschaulicht, wie das funktioniert. Ich verbrachte ein gutes Stück meiner Jugend mit Grübeln. Ich fragte mich immer wieder selbst: „Warum bin ich nicht glücklich? Hat es hiermit zu tun oder damit zu tun? Was ist falsch an mir?" Ich dachte über diese Frage immer und immer wieder nach. „Sollte ich dies tun oder sollte ich das tun, ist dies der Grund oder das der Grund?" Offensichtlich gibt es fruchtbare Wege, diese Art von Fragen zu stellen, aber es war diese wiederholende, rituelle, fast neurotische Art, mit der ich das tat, die ganz ungesund war – das Gefühl, dass ich mich andauernd mit einer Art Glücksstandard verglich. Die Art, wie ich über das Unglücklichsein nachdachte, wurde selbst zum Grund für mein Unglücklichsein.

Wenn wir grübeln, kehren wir wie besessen zu einem schmerzhaften Problem in unserem Geist zurück – das Gefühl, ein Versager zu sein, Angst, nicht gemocht zu sein –, und das verursacht uns immer mehr Leiden. Wir merken nicht, wie kraftvoll unsere Gedanken sind. Das Wiederkäuen ist eine Art Selbsthypnose. Es ist so, als wenn wir uns tausend Mal sagen, dass wir ein Problem haben. Es kann schwierig sein, da herauszukommen, weil es sich wirklich so anfühlt, als würden wir etwas lösen. Sie haben das Gefühl, dass Sie dem Problem dieses Mal ganz bestimmt auf den Grund gehen und die Sache ein für alle Mal abschließen können.

Sie sollten sich fragen: „Wohin bringt mich dieses Denken üblicherweise? Habe ich darüber nun genug nachgedacht? Kann ich jetzt spüren, wie ich mich gerade in meinem Körper fühle, und kann ich damit einverstanden sein?" Nochmals: Es kann sich lohnen, eine Stufe zurückzugehen. Wir bemerken unser Grübeln – wir nehmen Anstoß, nähren irgendeine Verletzung in unserem Geist –, und dann schwingen wir uns in das Gefühl dieser Sache ein. Mit einer Haltung freundlichen Interesses kommen wir zurück zum Gefühl. Oder wir lenken unsere Aufmerksamkeit tiefer in den Körper hinein, in die Empfindungen unserer Füße oder die Unterstützung durch den Stuhl. Indem wir unser Gewahrsein auf diese Weise in den Körper bringen, haben wir ein einfaches Gegenmittel zur aufwärtssteigenden Energie der Angst, der Unruhe und der Erschöpfung.

Manchmal ist es natürlich am besten, wenn Sie sich ablenken. Über etwas anderes nachzudenken oder etwas anderes zu tun kann ein sehr effektives Instrument zur Überwindung negativer Gedanken sein. Ich habe bemerkt, dass Menschen, die persönlich wachsen möchten, eine Tendenz haben, zu glauben, dass sie sich mit allen Geisteszuständen – insbesondere negativen Emotionen – konfrontieren müssen, sie untersuchen und aus ihnen lernen müssen; es nicht zu tun würde bedeuten, sie zu „leugnen“. Natürlich liegt darin auch eine gewisse Wahrheit. Unsere negativen Gedanken und Emotionen können Dinge offenbaren, die uns beim Wachsen helfen können, wenn sie erfolgreich geprüft werden. Aber die Neigung, anzunehmen, dass Schmerz wertvoll sei, sogar „tief“ (der Himmel möge uns helfen!), kann die Tendenz zur ewigen Wiederholung verschärfen. Wenn Sie meinen, aufgrund einer etwas schwächlichen Verfassung mit dem, was in Ihrem Geist passiert, nicht arbeiten zu können, oder falls Sie einfach nur mürrisch sind, streitlustig oder schwach, brauchen Sie nicht herauszuarbeiten, was das alles bedeutet. Sie können einfach einen Film anschauen, einen Roman lesen oder einem Freund helfen!

Dinge, die wir nicht ändern

Wenn Menschen über Ihre Bestrebungen sprechen, was sie gerne entwickeln möchten oder wie sie gerne fühlen würden, wird die Stimmung manchmal ganz niedergeschlagen. Was hier passiert, ist, dass wir über die Dinge urteilen, die wir entwickeln möchten, indem wir uns auf das konzentrieren, was uns zu fehlen scheint. Wir können über Freundlichkeit reden, Mut und Glück, aber unser Geist konzentriert sich aktuell auf die Abwesenheit dieser Dinge, auf deren Fehlen. Wie können wir uns also selbst dabei helfen, unsere Inspiration zu erhalten, mehr positive Geisteszustände zu kultivieren? Hier sind zwei Vorschläge:

1. Erkennen Sie, was Sie schon entwickelt haben

Benutzen Sie Ihr Tagebuch und schreiben Sie die Dinge auf, die Sie gerne kultivieren möchten. Dann denken Sie darüber nach, wie weit Sie diese Dinge schon entwickelt haben. Versuchen Sie, so konkret und detailliert zu schreiben wie möglich. Dann notieren Sie, was Sie zukünftig tun könnten, um dem, was Sie schon entwickelt haben, etwas hinzuzufügen. Hier einige Beispiele dazu:

Bestrebung	Wie ich dem jetzt gerecht werde	Wie ich mich weiter entwickeln könnte
Ich wäre gern freundlicher	Ich sehe nach dem Hund Ich habe meiner Mutter letztes Wochenende bei der Gartenarbeit geholfen Ich habe verschiedenen Organisationen gespendet	Ich könnte mit meiner Mutter geduldiger sein, wenn ich sie besuche Ich könnte die kleinen Aufgaben, um die mich meine Mutter bittet, mit mehr Sorgfalt wahrnehmen

Mit dieser Übung werden Sie wahrscheinlich herausfinden, dass Ihre Bestrebungen erreichbar erscheinen – dies ist ein unbedingt notwendiger Aspekt im Leben in voller Achtsamkeit – und dass das Nachdenken darüber erfreulicher und inspirierender ist. Es wird Ihnen dabei helfen, zu spüren, dass Sie schon Fortschritte gemacht haben, und dieses Gespür für die Leistung wird Ihr Gefühl kräftigen, dass Sie noch mehr Fortschritte machen können.

2. Dinge, die Sie nicht ändern möchten

Oder Sie könnten die Dinge aufschreiben, die Sie nicht ändern möchten. Sagen wir, Sie schreiben 15 Dinge über Ihr Leben auf, die Sie nicht ändern möchten, zum Beispiel „meinen Sinn für Humor“ oder „wo ich lebe“ …

Was ich nicht ändern möchte:

Nun lassen Sie uns weitergehen zur speziellen Tagespraxis in dieser Woche.

Der achtsame Spaziergang

Nutzen Sie Ihren achtsamen Spaziergang diese Woche als Möglichkeit, um auf Ihre inneren Kommentare zu achten. Wenn Sie gehen, achten Sie darauf, ob etwas Besonderes in Ihrem Geist vorgeht: Machen Sie sich über etwas Sorgen, bewegen Sie innerlich ein Problem oder sehnen Sie sich nach bestimmten zukünftigen Erfahrungen? Versuchen Sie, sich der Dinge, über die Sie nachdenken, bewusst zu werden. Sind sie hilfreich oder nicht hilfreich? Machen Sie sie glücklich oder unglücklich, ruhig oder ärgerlich? Und denken Sie daran, dies alles in einer entspannten und interessierten Art zu tun. Es ist wichtig, dass Sie nicht zu analytisch sind. Sie schauen sich Ihren Geist nicht unter einem Mikroskop an, Sie versuchen einfach, aufmerksam zu sein, wohin Ihre Gedanken tendieren, und Sie versuchen daran zu arbeiten, sie eher positiv als negativ zu gestalten, eher hilfreich und wachstumsfördernd als redundant und destruktiv. Eine Möglichkeit, dies zu tun, ist das Rekapitulieren dessen, was Sie bisher schon gelernt haben:

- Schwingen Sie sich in Ihren Körper und seine Bewegungen ein, bemerken Sie Ihre Gefühle und dann entspannen Sie sich einfach.
- Versuchen Sie, Ihren Geist auf nichts Spezielles zu konzentrieren.
- Schon bald werden Sie merken, dass Ihr Geist abschweift.
- Wenn Sie dies bemerken, „wachen Sie in Gedanken auf“. Versuchen Sie, festzustellen, was Sie abgelenkt hat und wodurch Sie gedankenverloren wurden, welche Geschichte Sie sich erzählt haben.
- Dann sehen Sie, wie sich Ihr Körper mit diesen Gedanken anfühlt. Registrieren Sie, was in Ihrem Oberkörper passiert, in Ihrer Herzgegend, Ihrer Brust, Ihren Schultern und Ihrem

Bauch. Stellen Sie fest, ob das, was Sie gedacht haben, sich angenehm oder unangenehm anfühlt. Fühlen Sie sich glücklich oder unglücklich, gehetzt oder zufrieden?

Dann beginnen Sie, Ihre Gedanken zu untersuchen. Sind sie besonders zäh und schwer loszulassen? Kommen Ihnen die Geschichten, die Sie erzählen, vertraut vor? Versuchen Sie, über Ihre Erfahrungen nachzudenken. Seien Sie dabei vorsichtig. Vergewissern Sie sich, dass Sie noch mit sich selbst in einer umfassenden, entspannten und freundlichen Art in Kontakt sind. Dann stellen Sie sich eine oder mehrere der folgenden Fragen:

Ist das, was ich mir sage, wahr? Entwickeln Sie in freundlicher, erforschender Art mehr Objektivität über die Geschichte, die Sie sich selbst erzählen. Ist sie wahr? Ist es die ganze Wahrheit? Falls sie wahr ist, entscheiden Sie, was Sie mit ihr machen möchten, und lassen Sie sie dann los. (Sie könnten bemerken, dass der Geist Sie noch weiter innerlich bewegt, auch wenn Sie sie schon loslassen möchten!)

Könnte ich mir eine Geschichte vorstellen, die zur erzählten im Widerspruch steht? Wir erzählen uns oft Geschichten, die in spezieller Weise zu uns passen, die einer Sicht dienlich sind, die wir von uns selbst haben. Versuchen Sie, widersprüchliche Geschichten zu Ihrer eigenen zu finden, die nicht in Ihre Geschichte passen. Vielleicht sind Sie jemand, der morgens die Milch und die Zeitung holt, aber weniger jemand, der den Müll wegbringt oder zum Recyclinghof fährt.

Wohin bringt mich dieses Selbstgespräch üblicherweise? Die Dinge, die wir uns erzählen, mögen sie nun wahr oder teilweise wahr sein, sind manchmal nicht konstruktiv. Viele der Dinge, die wir denken, führen uns nirgendwohin. Zum Beispiel mag es wahr sein, dass wir zu viel Arbeit auf unserem Schreibtisch haben, aber darüber in gewohnter und sich wiederholender Art nachzudenken, macht die Sache nur schlimmer. Es ist so, als ob man die Arbeit immer und immer wieder im Geist erledigte.

Verwechsele ich einen Gedanken mit einer Tatsache? Beispiel: Wir könnten denken, dass ein kleineres Geburtstagsgeschenk beweist, dass unser Partner sich nicht mehr so recht um uns kümmert. Aber dies ist nur ein Gedanke. Es ist keine Tatsache. Es könnte natürlich wahr sein. Aber wir wissen es nicht. Wir müssen den Unterschied zwischen Gedanken und Tatsachen erkennen. Wenn es nur ein Gedanke ist wie Tausende andere, dann können wir ihn in der Schwebe halten. Wir können ihn loslassen.

Habe ich etwas in die Geschichte hineingesteckt? Hinter unseren inneren Geschichten, besonders den negativen, stehen oft hartnäckige Denkweisen. Zum Beispiel glauben wir manchmal, dass wir die einzigen Menschen sind, die wirklich arbeiten! Es gefällt uns, so zu denken. Wenn wir in einer speziellen Geschichte engagiert sind, dann deswegen, weil sie uns etwas gibt: In diesem Fall könnte es das Gefühl von Wichtigkeit sein, und deswegen halten wir uns für sehr, sehr fleißig. Wenn diese Art reflexiven Bewusstseins zu rational oder zu anstrengend wird, gehen Sie einfach wieder zurück zum Körperbewusstsein. Körperbewusstsein ist immer ein Anker für den Geist; er hält uns im Hier und Jetzt. Er verhindert, dass die Achtsamkeit auf den Geist eine rein kognitive Übung wird. Weiter unten habe ich wieder eine Tabelle eingefügt, in der Sie notieren können, ob und wann Sie an den achtsamen Spaziergang gedacht haben.

Der achtsame Moment

Ich werde Sie nun ermuntern, einen speziellen achtsamen Augenblick in Ihre Praxis aufzunehmen. Ich schlage vor, Sie wählen sich eine einfache tägliche Aktivität: das morgendliche Duschen, das Zähneputzen oder wenn Sie Ihren Computer zum ersten Mal einschalten. Wählen Sie keine Aktivität, die sehr lange dauert. Und falls möglich versuchen Sie eine Gelegenheit zu finden, wenn Sie allein sind oder mit anderen Menschen nicht sehr viel zu tun haben. Das macht die Sache leichter.

Wie der achtsame Spaziergang sollte der achtsame Augenblick sich auf etwas beziehen, das Sie jeden Tag tun. Schreiben Sie in Ihr Tagebuch die spezielle Tätigkeit, die Sie dafür einplanen, einschließlich des Anfangs und des Endes. Sagen wir zum Beispiel, Sie wählen das Anziehen Ihres Pyjamas – der Beginn könnte der Punkt sein, wenn Sie beginnen, Ihre Kleidung auszuziehen, Ihr Zeichen für das Ende könnte der Moment sein, in dem Ihr Kopf das Kissen im Bett berührt.

Der einfachste Weg, den Achtsamkeitsmoment zu praktizieren, ist die Rückkehr zu Ihrem Körper.

Hier ein Beispiel:

- Beobachten Sie die Bewegungen Ihres Körpers, wenn Sie Ihre Kleidung ausziehen.
- Versuchen Sie, die Veränderungen Ihrer Hauttemperatur zu fühlen.
- Achten Sie darauf, was Sie mit Ihrer Kleidung tun – legen Sie sie ordentlich zusammen oder werfen Sie sie auf einen Haufen?
- Beobachten Sie die Empfindungen, wenn Sie Ihren Pyjama anziehen.
- Registrieren Sie, wie sich Ihr Gewicht von einem Fuß auf den anderen verlagert, wenn Sie Ihre Pyjamahose anziehen.
- Beachten Sie die Temperatur und das Gefühl Ihres Pyjamas auf der Haut.
- Wie fühlt sich der Körper an, wenn Sie zu Bett gehen? Fühlen Sie die körperliche Erleichterung, wenn Sie sich hinlegen und Ihr Kopf ruht?

Vielleicht möchten Sie nach einiger Zeit den Schwerpunkt Ihres achtsamen Moments verändern. Wir alle brauchen von Zeit zu Zeit Veränderungen in unseren Abläufen. Und schreiben Sie in Ihr Tagebuch, wenn Ihnen etwas Besonderes aufgefallen ist. Ebenso wie für den achtsamen Spaziergang finden Sie weiter unten eine Tabelle für die wöchentliche Rückschau. Sie wird Ihnen helfen, die Übersicht darüber zu behalten, ob Sie sich daran erinnert haben, den achtsamen Moment zu praktizieren. Machen Sie einen Haken oder ein Kreuz in das Kästchen, das für jeden Tag vorgesehen ist. Und bedenken Sie: Sie werden sehr wahrscheinlich vergessen, den achtsamen Moment zu praktizieren. Das ist normal. Tun Sie, was Sie können. Sie werden sich von jetzt an daran zu erinnern versuchen, Ihr Bewusstsein für den achtsamen Moment jeden Tag zu intensivieren. Deswegen brauchen Sie eine Vorgehensweise, die sensibel und geduldig ist, ohne einerseits zu viel von sich selbst zu verlangen, andererseits zu schnell aufzugeben.

Eine nützliche Art, den Geist in Ihrem achtsamen Moment zu bemerken, ist es, sich „klebriger Gedanken" bewusst zu werden. Viele unserer Gedanken, die durch den Geist ziehen, sind flüchtig und assoziativ – eine Idee oder ein Bild verursacht das nächste. Wenn wir unsere Aufmerksamkeit auf etwas anderes richten – einen Krimi, einen Pop Song, den Geschmack von Orangensaft –, lösen sie sich einfach auf. Zu sagen wir denken, ist normalerweise eine Übertreibung. Echtes Denken ist eine edle Beschäftigung – sie steckt hinter vielem von dem, was die menschliche Kultur, Wissenschaft und Technik ausmacht. Was wir erleben, zumindest die meiste Zeit, sind klebrige Gedanken. Wir werden eingehüllt in unsere Gedanken; wir hängen an ihnen, finden es schwer, sie abzuschütteln. Deswegen könnten wir unseren achtsamen Moment nutzen, diesen klebrigen Gedanken auf die Spur zu kommen und zu versuchen, eine tiefere Einsicht in sie zu gewinnen. Klebrige Gedanken sind wieder ein Signal, um volle Aufmerksamkeit zu entwickeln, die Art der Reflexion, die ich weiter oben ausgeführt habe. Wir müssen bemerken, wie es sich anfühlt, an diesen speziellen Gedanken hängen zu bleiben. Wir müssen uns fragen:

- Wie entstehen klebrige Gedanken?
- Nehme ich etwas zu ernst?
- Habe ich die Perspektive verloren?
- Habe ich irgendeine Art von unbewusstem Interesse an diesen Gedanken?
- Sind meine Gedanken klebrig, weil sie ein Bedürfnis ausdrücken, dessen ich mir nicht bewusst bin?

Eine andere Möglichkeit der Annäherung an den achtsamen Moment ist seine Nutzung als Signal, die Atemraum-Übung zu praktizieren. Nehmen Sie zum Beispiel den Moment, wenn Sie Ihren Computer anstellen. Das wäre eine gute Zeit, die Atemübung zu machen. Sie braucht nur drei Minuten zu dauern. Jeder Mensch hat genug Zeit, das zu tun!

Sie könnten:

- Ihre Augen schließen (falls das möglich ist).
- Versuchen Sie sich in Ihren Körper als Ganzen einzuschwingen.
- Wie fühlt er sich an – angenehm, unangenehm oder neutral?
- Bemerken Sie die Geräusche um Sie herum.
- Folgen Sie einigen Atemzügen.
- Dann beobachten Sie, ob Sie irgendwelche speziellen inneren Geschichten bemerken, in die Sie verstrickt sind.
- Kommen Sie schließlich zu Ihrem Gefühl für das Körpergewicht auf dem Stuhl und den Geräuschen um Sie herum zurück.
- Dann setzen Sie Ihre Arbeit fort und versuchen Sie in Fühlung mit der Pause zu bleiben, die die Atemübung Ihnen verschafft hat.

Die Meditationen der Woche

Meditation lässt unsere Fähigkeit zur Bewusstheit reifen und stärkt unsere Fähigkeit, im Alltagsleben wachsam zu sein. Sie gibt uns vor allem eine Perspektive. Es liegt ein unschätzbarer Wert darin, aus Selbstgesprächen heraustreten zu können und sich einen Raum um sie herum zu verschaffen, damit wir sie objektiver betrachten können. Wir werden so sehr von unseren erzählten Geschichten eingehüllt, dass wir diese Geschichten selbst werden. Wir wissen aber auch: Wenn wir besser gelaunt oder uns nach dem Laufen besser im Körper geerdet fühlen, sind wir erstaunt darüber, was uns vorher so aufgeregt hat. In der Meditation geht es um das Erden unseres Bewusstseins im gegenwärtig erlebten Körper und den Gefühlen. Es ist so, wie wenn wir die Balance zweier Stereolautsprecher neu einstellen. Üblicherweise stellen wir den Kopf/Gedanken-Lautsprecher laut ein, den Körper/Gefühle-Lautsprecher leise, aber wir versuchen eine bessere, harmonischere Balance zwischen den beiden zu erreichen.

Versuchen Sie, in der Meditation dieser Woche ganz still zu sitzen. Finden Sie eine angenehme Haltung – es könnte sein, dass Sie das Sitzen auf dem Boden zu unbequem finden und dass Sie sich auf einen Stuhl setzen müssen. Kultivieren Sie die Disziplin des Stillsitzens – nicht bewegen, nicht kratzen, gähnen oder viel herumruckeln. Das wird einen beruhigenden Effekt auf Ihren Geist haben.

1. Tag: *Achtsamkeit aufbauen.* Beginnen Sie mit dem Body Scan – scannen Sie mit Ihrer Aufmerksamkeit alle Bereiche Ihres Körpers von den Zehen bis zu Ihrem Kopf. Dann registrieren Sie Ihre Gefühle (angenehm, schmerzhaft, neutral). Schauen Sie, wie sich Ihr Körper insgesamt anfühlt. Dann versuchen Sie, Ihren Geisteszustand zu erfühlen – sind Sie in einer speziellen Stimmung? Können Sie aus den Empfindungen in Ihrem Körper Hinweise über Ihren Geisteszustand bekommen? Sie könnten sich fragen: „Gibt es irgendetwas in meinem Erleben, das Aufmerksamkeit braucht?“ Und dann registrieren Sie, wie sich Ihr Körper anfühlt.

2. Tag: *Direktes Arbeiten mit Selbstgesprächen.* Bauen Sie Bewusstheit Ihres Körpers und der Gefühle auf (wie oben). Dann fragen Sie sich freundlich: „Was macht mich glücklich?“, „Bin ich jetzt glücklich? Falls nicht, erzähle ich mir gerade eine negative Geschichte?“, „Wenn ich glücklich bin, wie fühlt es sich an?“ Versuchen Sie, es nicht zu sehr zu rationalisieren – fragen Sie und fühlen Sie ... Pause ... dann fragen Sie wieder. Es soll so sein, wie wenn Sie sanft Kieselsteine in einen Brunnen werfen. Werfen Sie einen Gedanken hinein und dann warten Sie und beobachten Sie jedes Aufflammen von Gefühl in Ihrem

Körper. Am Ende der Meditation ruhen Sie in Ihrem Körperbewusstsein.

3. Tag: *Bewusstsein über Ablenkungen.* Beginnen Sie wieder mit Ihren körperlichen Empfindungen. Scannen Sie durch Ihren Körper, aber betonen Sie die Bewusstheit dessen, was Sie in der Praxis ablenkt. Wenn Ihr Geist umherwandert, registrieren Sie, wohin er geht. Sind Sie durch irgendetwas Besonderes abgelenkt? Fühlt es sich vertraut an? Falls Sie klebrige Gedanken haben, woher kommt der Leim? Versuchen Sie, zu bemerken und zu erspüren, wie Ihre Gedanken Ihren Körper beeinflussen. Dann versuchen Sie wieder, in Ihrem Körper zu ruhen.

4. Tag: *Wenig hilfreiche Geschichten loslassen.* Machen Sie sich ein unangenehmes Erlebnis bewusst, wie zum Beispiel körperliches oder geistiges Unbehagen. Beachten Sie die Geschichte, die Sie sich darüber erzählen, wie zum Beispiel: „Dieser Schmerz wird nicht vergehen, er wird schlimmer." Schauen Sie, ob Sie die Geschichte loslassen und nur das Gefühl mit freundlichem Gewahrsein erleben können. Entspannen Sie sich dort hinein. Dann ruhen Sie in Ihrem Körper, bevor Sie aufstehen und Ihren Alltag fortsetzen.

5. Tag: *Loslassen.* In dieser Praxis versuchen Sie bloß loszulassen. Bauen Sie Bewusstheit für Ihren Körper auf. Dann beobachten Sie wieder Ihre Gefühle und entspannen Sie in die Gefühlstönungen hinein, unabhängig davon, ob sie angenehm oder unangenehm sind. Betrachten Sie Ihre inneren Gespräche und lassen Sie sie los; entspannen Sie in Ihren Körper hinein. Eine hilfreiche Methode, während der Meditation etwas loszulassen, ist die Konzentration auf das Ausatmen. Versuchen Sie, der ganzen Ausatmung zu folgen, und stellen Sie sich während des Ausatmens vor, alles loszulassen.

6. Tag: *Atmen und denken.* Nachdem Sie sich einige Momente auf das Gewicht Ihres Körpers eingestellt haben, betrachten Sie das körperliche Gefühl des Ein- und Ausatmens. Wenn der Geist umherwandert, registrieren Sie, worüber Sie nachdenken, und setzen Sie Ihr Denken fort, statt zum Atem zurückzukehren (und den Gedanken zu vertreiben). Geben Sie sich ausdrücklich die Erlaubnis, über das nachzudenken, was Ihr Geist denken möchte, aber schließen Sie die Empfindungen des Atems mit ein. Dann ruhen Sie in Ihrem Körper.

7. Tag: *Bedürfnissen begegnen.* In Ihrer heutigen Praxis sitzen Sie ganz still: Kultivieren Sie Achtsamkeit auf den Körper, auf die Gefühle und die Geisteszustände. Betrachten Sie jedes auftauchende innere Gespräch. Versuchen Sie, es in Ihrem Körper zu fühlen, und schauen Sie nach dem Wert oder dem Bedürfnis, die die Gefühle auszudrücken versuchen. Versuchen Sie, auf dieses Bedürfnis in Ihnen zu antworten. Wenn Sie zum Beispiel an einen guten Film denken, möchten Sie wahrscheinlich ein Vergnügen erleben – können Sie jetzt Vergnügen in Ihrer Meditation erleben?

Vierte Woche
Praktische Rückschau

1. Achtsamer Spaziergang

Haben Sie daran gedacht, den achtsamen Spaziergang zu machen? Machen Sie einen Haken oder ein Kreuz, wenn Sie die Tage dieser Woche Revue passieren lassen.

	1. Tag	2. Tag	3. Tag	4. Tag	5. Tag	6. Tag	7. Tag
☑ = Ja / ☒ = Nein							

2. Der achtsame Moment

Haben Sie daran gedacht, den achtsamen Moment zu praktizieren? Machen Sie wiederum einen Haken oder ein Kreuz, wenn Sie die Tage dieser Woche Revue passieren lassen.

	1. Tag	2. Tag	3. Tag	4. Tag	5. Tag	6. Tag	7. Tag
☑ = Ja / ☒ = Nein							

Falls Sie es geschafft haben, den achtsamen Augenblick zu praktizieren? Wie ist es Ihnen ergangen? Haben Sie etwas Besonderes bemerkt? Haben Sie klebrige Gedanken entdeckt oder gewohnte Geschichten?

Schreiben Sie hier Ihre Überlegungen auf:

3. Meditation

Wie sind die Meditationen verlaufen? Haben Sie es geschafft, regelmäßig zu meditieren? Falls nicht, was hat Sie abgehalten? Könnten Sie nächste Woche ein wenig mehr meditieren? Sehen Sie eine Möglichkeit, wie Sie Ihren Vorsatz zum Meditieren stärken können – etwa mit Ihrem achtsamen Freund sprechen oder eine Möglichkeit finden, mit anderen zu praktizieren? Allgemein gesprochen: Waren Sie in der Lage, irgendwelche gewohnten Geschichten zu bemerken? Vielleicht möchten Sie sie hier aufschreiben. Haben Sie das andauernde Grübeln bemerkt und als Signal benutzt, achtsamer zu werden?

Schreiben Sie hier Ihre Gedanken und inneren Gespräche auf:

4. Wie kommen Sie mit dem Kurs voran?

Sie haben jetzt die Hälfte des Kurses geschafft. Sie könnten nun vielleicht denken, dass Sie jetzt möglicherweise Ihre Motivation verlieren, aufhören, das Buch zu lesen, die Meditationen aufgeben oder sich dagegen wehren, sich immer weiter vervollkommnen zu sollen! Wahrscheinlich ist der anfängliche Enthusiasmus verebbt. Gut, wenn es nicht so ist! Sorgen Sie sich nicht darum, falls Ihre Motivation erschöpft ist. Eine der Herausforderungen des spirituellen Lebens ist es, tiefere Motivationsquellen zu finden, und das braucht Zeit. Die Inspiration, die Sie in Schwung gebracht hat, ist oft nicht die Entschlossenheit, die Sie in Gang hält.

Nehmen Sie sich also ein wenig Zeit, Rückschau zu halten, wie Sie mit dem Kurs vorangekommen sind. Müssen Sie ein bisschen kürzertreten, flexibler und weniger ernst werden? Hat sich der Kurs in eine Art Hausaufgabe verwandelt? Vielleicht könnten Sie ein bisschen weniger pingelig mit dem Ausfüllen der einzelnen Tabellen am Ende der Woche sein oder nicht alle Übungen machen, die ich vorschlage. Brauchen Sie mehr Unterstützung – zum Beispiel mit Ihrem achtsamen Freund sprechen? Vielleicht können Sie auf ein Retreat gehen, um Ihre Inspiration aufzufrischen. Schauen Sie, ob Sie beim Kurs bleiben können – die Disziplin der Praxis zu entwickeln, ohne gleichzeitig alles zu beschwerlich und humorlos zu machen. Prüfen Sie zum Beispiel, ob Sie es sich selbst schwer machen, weil Sie nicht regelmäßig meditieren, oder ob Sie dazu tendieren, zu nachgiebig zu sein.

Der Geist ist ein verzaubertes Ding; es braucht Zeit, Geschick, Geduld und Fleiß, um effektiv mit ihm zu arbeiten. Der Geist ist das unentdeckte Land. Wenn wir aufbrechen, um ihn zu erforschen, werden wir mit allen möglichen Hindernissen konfrontiert. Sie könnten darüber erschreckt sein, wie viel böses Blut wir in uns haben, wie selbstsüchtig wir sein können, wie sehr unser Leben von Verlangen und Gier getrieben ist. Aber in diesem Prozess werden wir auch Wunder entdecken.

Wir haben eine viel größere Chance, mit unserem Geist zu arbeiten, wenn wir die Ruhe und Perspektive kultivieren, die Achtsamkeit auf den Körper und die Gefühle schafft. Das sind die Voraussetzungen.

Dann können wir auf nützliche Weise wachsam auf den Geist werden. Wenn wir das tun, wenn wir beginnen, darauf zu achten, was in unserem Geist passiert, werden wir unserem Geist das nahebringen, was in unserem besten Interesse liegt. Anstatt unsere Fassung oder unsere Nerven zu verlieren oder uns auf den großen Zusammenbruch vorzubereiten, werden wir uns darüber klar, wohin sich unser Geist neigt – wohin das übliche Denken uns führt –, und dann bringen wir uns selbst freundlich dorthin zurück, wo es gesund, fruchtbar und produktiv ist. Wenn wir daran denken, zu atmen und zu entspannen, wenn wir bemerken, wie erschöpft wir sind, wenn wir unsere Gedanken darüber befragen, ob etwas eine Tatsache oder ein Gedanke ist – jedes Mal, wenn wir das tun, bewegen wir uns zur nächsten Stufe zum Leben in voller Aufmerksamkeit: Wir bringen die Lehre dem Geist näher.

Fünfte Woche: Die Lehre ins Bewusstsein bringen

Tugenden und Stärken

Wir erleben eine besondere Art von Vergnügen, wenn wir etwas tun, das uns mit unseren Tugenden und Stärken in Kontakt bringt. Es geht über die alltäglichen vergnüglichen Gefühle hinaus, wie den ersten Bissen vom Käsekuchen, eine Komödie im Fernsehen oder neue Kleidung kaufen. Es ist ein tieferes, reicheres Vergnügen, das mit einem Gefühl von Befriedigung, Erfüllung und Selbstvergessenheit einhergeht. Ein Akt von Freundlichkeit oder Mut, das Erlebnis, etwas zu lernen, das Gefühl von Transzendenz – sie alle geben uns ein Gefühl der Befriedigung, das dem alltäglichen Vergnügen qualitativ überlegen ist. Der amerikanische Psychologe Martin Seligmann nennt es „authentisches Glück". Er stellt sich vor, Menschen eine hypothetische „Erlebnismaschine" anzubieten. Diese imaginäre Maschine stimuliert für den Rest des Lebens das Gehirn und gibt Menschen jedes positive Gefühl, das sie sich wünschen. Er sagt, dass die meisten Menschen diese Maschine zurückweisen würden. Und zwar deswegen, weil wir nicht einfach positive Gefühle haben wollen, sondern wir möchten einen Anspruch auf unsere positiven Gefühle entwickeln.[22] Wir möchten unsere Freude verdienen, unser Gefühl, etwas erreicht zu haben, unsere beschwingte Befriedigung.

Wenn wir die letzte der vier buddhistischen Grundlagen der Achtsamkeit untersuchen, erforschen wir dieses „authentische Glück." Wir nähern uns weiter der Kultivierung von Stärken und Tugenden. Wir betreten das ethische Leben.

---

[22] Seligman, M.E.P., *Authentic Happiness*, Nicholas Brealey Publishing, UK, 2003, S. 8.

Achtsamkeit auf die *dhammas*

Wenn wir den dritten Bereich der Achtsamkeit praktizieren, werden wir uns unseres Geistes stärker bewusst. Wir bemerken, ob die Dinge, die wir uns erzählen, hilfreich oder weniger hilfreich sind, produktiv oder kontraproduktiv. Wenn wir uns unseres Geistes bewusster werden, beginnen wir zu bemerken, wie unser Geist fühlt, ob es der Schmerz eines Ärgers ist oder die Freude der Zufriedenheit. Wir bemerken, dass wir eine Tür zu unserem Herzen öffnen, wenn wir großzügig handeln, und dass wir eine Tür zuschlagen, wenn wir gehässig sprechen. Jedes Mal, wenn wir dessen bewusst werden, bewegen wir uns vom dritten Pfeiler der Achtsamkeit zum vierten: von der Achtsamkeit auf den Geist zur Achtsamkeit auf die *dhammas*.

Dhamma (Sanskrit: *dharma*) ist ein sehr wichtiger Begriff im Buddhismus. *Dhamma* bedeutet (Natur-)Gesetz, Lehre, Wahrheit, ethische Norm, der Plural *dhammas* bezeichnet die Geistesinhalte sowie die Erscheinungen in der Außenwelt.

Achtsamkeit auf die *dhammas* bedeutet, dass wir trainieren, uns glücklicher zu fühlen, kreativer, toleranter und extensiver, wenn wir positive Geisteszustände und Emotionen erproben, während wir dagegen anfällig werden für destruktives, reaktives, beengtes und unglückliches Fühlen, wenn wir aus negativen Geisteszuständen und Emotionen heraus handeln. Positive Emotionen tendieren dazu, uns mit Menschen besser verbunden zu fühlen – Menschen mögen uns lieber und Freundschaften können sich leichter entwickeln. Negative Emotionen tendieren dazu, uns in die Isolation zu treiben. In positiven Geisteszuständen sind wir wahrscheinlich offener für neue Ideen und Erfahrungen, während wir in negativen Geisteszuständen dazu neigen, bei dem zu bleiben, was wir zu wissen glauben. Wenn wir authentisches Glück erleben möchten, müssen wir Wege suchen, um von negativen Geisteszuständen und Emotionen zu positiven zu kommen – diese Reise ist die Achtsamkeit auf die *dhammas*.

Der bisherige Weg

Körper. Volle Aufmerksamkeit beginnt mit der Achtsamkeit auf den Körper und seine Bewegungen. Das ist der einfachste und unkomplizierteste Weg, Bewusstheit zu entwickeln. Sie können es jetzt tun, während Sie das Buch lesen. Sie können sich einstellen auf das Gewicht Ihres Körpers, Ihre Kleidung auf der Haut ...

Gefühle. Dann können Sie tiefer gehen: Sie können bemerken, ob Ihr Körpererleben angenehm oder unangenehm ist oder ob Sie sich nicht entscheiden können. Dies innere Gefühl ist das Tor in die Tiefe. Es bringt Sie zurück zur direkten Beziehung mit Ihrem Erleben.

Geist/Herz. Wenn Sie das innere Gefühl Ihres Erlebens bemerkt haben, beobachten Sie, wie Sie aus *vedanā citta* entwickeln, einen vollständigen Geisteszustand. Sie werden sich Ihrer Selbstgespräche bewusst, und mit freundlicher Aufmerksamkeit versuchen Sie, eine tiefere Einsicht in sie zu bekommen: Was sagen sie über Ihren Glauben, Ihre Erwartungen und Werte aus?

Die Lücke. Dieses Gewahrsein von *citta* schafft eine Lücke. Sie machen eine Pause. Sie ziehen Bilanz. Sie werden sich bewusst, was Ihr Geist tut. Und dann wählen Sie Ihre Antwort.

Achtsamkeit entfaltet sich auf natürliche Weise. Jeder neue Bereich taucht auf natürliche Weise aus dem vorhergehenden auf. Wenn Sie sich also in das Gewahrsein Ihres Körpers vertieft haben, werden Sie unweigerlich beginnen, eine innere Welt von Gefühlen und Empfindungen zu bemerken. Wenn Sie sich gleichzeitig stärker Ihrer Geisteszustände bewusst werden, werden Sie sicherlich bemerken, inwieweit sie angenehm oder unangenehm sind. Wenn sie schmerzhaft sind, werden Sie sie natürlicherweise verändern wollen; wenn Sie angenehm und erfüllend sind, werden Sie versuchen, sie zu erweitern und zu verlängern. Negative Geisteszustände sind schmerzhaft und Ursache für weiteren Schmerz. Positive Geisteszustände führen zu authentischem Glück.

Es ist so, als hätten wir nun einen Schutzengel, der versucht zu verhindern, dass wir uns selbst oder andere Menschen verletzen. Wir bemerken das, wenn wir aufzudrehen beginnen, aufbrausend oder erschöpft sind – die leise innere Stimme drängt uns, ruhiger zu werden, eine Pause einzulegen oder eine neue Perspektive zu entwickeln. Selbst in unseren schlimmsten Stimmungen können wir uns dunkel einer Stimme bewusst sein, die uns drängt, uns zu wehren. Manchmal geht unser Schutzengel glücklich neben uns her. Manchmal fleht er uns an, nicht unseren Impulsen nachzugeben. Achtsamkeit auf die *dhammas* bedeutet, auf diese Stimme zu hören. Aber natürlich gibt es auch eine andere Stimme, die uns anstachelt, das zu tun, was wir wollen. All die Mythen, die den Kampf zwischen den Mächten des Lichts und der Dunkelheit dramatisieren, spielen sich in den Tiefen unseres Geistes ab. Für einen Alkoholiker zum Beispiel bedeutet die Entscheidung, an einer Kneipe vorbeizugehen, sich auf einen harten Kampf mit sich selbst einzulassen. Achtsamkeit ist der Schutzengel. Er ist freundlich, nachdenklich, positiv und rücksichtsvoll anderen gegenüber. Aufrichtige Achtsamkeit hat – mehr als bloße Konzentration – den Geschmack von „Gutsein". Wenn wir Freunde vereinnahmen, über unsere Arbeitsstunden stöhnen, tratschen, jemanden verraten, meckern oder murren, dann sprechen so unsere Launen, nicht aber die Bewusstheit. Natürlich können wir uns entscheiden, die Stimme der Bewusstheit zu ignorieren, uns über sie hinwegzusetzen, sie zu beerdigen, uns weigern zuzuhören ... aber sie ist immer da, wie ein Kind, das an unserem Ärmel zupft.

Der Engel der Bewusstheit erinnert uns an das, was in unserem besten Interesse ist. Er erinnert uns daran, dass wir uns wohl und glücklich fühlen wollen, dass wir herzliche Beziehungen mit anderen Menschen haben möchten, dass wir unser Leben nicht mit Streitereien verbringen oder unsere Missgunst nähren wollen. Der Engel der Bewusstheit erinnert uns daran, dass Großzügigkeit und Güte besser sind. Wir müssen auf diesen

Engel hören. Wir müssen unserem Geist die Lehren, die Haltungen und Fertigkeiten nahebringen, die uns helfen, gut zu leben. Das ist Achtsamkeit auf die *dhammas*.

Der Geist ist immer beteiligt. Wenn er nicht in eine Sache verwickelt sein sollte, so wird er in eine andere Sache verwickelt sein. Er fließt nie frei dahin. Wir können das bemerken, wenn wir uns langweilen. In diesem Zustand werden wir wahrscheinlich ein Problem in unserem Kopf herumwälzen, werden in sexuelle Fantasien hineingezogen, in Pläne für das Wochenende, oder wir machen uns Sorgen um unser Gewicht. Der Geist sucht in der Vergangenheit, in der Gegenwart und in der Zukunft nach etwas, mit dem er sich umgeben kann. Und er bewegt sich in gewohnheitsmäßigen Mustern. Er wird die Dinge untersuchen, mit denen er schon in der Vergangenheit befasst war, mit vertrauten Szenarien: sich missverstanden fühlen, entrüstet, defensiv oder habgierig sein.

Je stärker unser Geist in etwas verwickelt wird, umso mehr wird er dazu tendieren, sich weiter in diese Sache zu verwickeln. Er ist wie ein Monsunregen. Nach der Trockenperiode in Indien, wenn der Boden hart gebacken ist und der Staub von unseren Füßen aufgewirbelt wird, kommt plötzlich der Regen. Es regnet sintflutartig, oft tagelang. Und das Wasser versickert nicht einfach im Boden, sondern gräbt Rinnen und Kanäle. Je tiefer diese Kanäle werden, umso mehr Wasser fließt in sie hinein; je mehr Wasser in sie hineinfließt, umso weiter vertiefen sie sich. Unser Geist ist ähnlich. Er fließt entlang gewohnheitsmäßiger und sich wiederholender Linien, die immer tiefere Furchen ziehen. Er selbst ist nichts weiter als ein Muster solcher Furchen. Was immer wir tun (oder auch nicht tun), gräbt einen Kanal für das Selbst, in den es hineinfließen kann. Wir sind geworden, was wir jetzt sind, durch das, was wir in der Vergangenheit waren. Und wie wir heute sind, erschafft das, was wir morgen sein werden. Wir erschaffen uns selbst, indem wir immer das Gleiche denken, fühlen und sagen und auf dieselbe Weise handeln.

Das bedeutet, dass wir nicht an der Person kleben bleiben dürfen, die wir in diesem Moment sind. Wenn wir unser Verhalten und unsere geistigen Gewohnheiten verändern können, wenn wir auf Erfahrungen mit Achtsamkeit antworten können anstatt mit automatischen Reaktionen, dann werden wir unsere Zukunft verändern. Auf diese Weise werden wir glücklicher und erfüllter. Bei der Achtsamkeit auf die *dhammas* geht es darum, dass wir lernen, uns selbst eine offenherzigere Haltung, kreativere Gedanken, Gesundheit und nach außen gerichtete Willenskraft aufzubauen. Wir haben unser Leben in unserer Hand: Was wir heute tun, verändert auf subtile Weise, wer wir morgen sein werden.

Vergegenwärtigung im Moment

Eine traditionelle Definition von *dhamma* ist „Vergegenwärtigung der Lehren des Buddha". Wenn wir das tun möchten, müssen wir natürlich herausfinden, was die Lehren sind, daran arbeiten, sie zu verstehen, um zu entscheiden, ob sie wahr und hilfreich sind – und das könnte bedeuten, dass wir sie mit anderen studieren und diskutieren müssen. Aber selbst wenn wir dies getan haben, werden wir es immer noch schwer finden, die Lehren des Buddha in die Praxis umzusetzen. Wir werden entdecken, dass wir regelmäßig von unseren gewohnheitsmäßigen Reaktionen erfasst werden. Achtsamkeit auf die *dhammas* bedeutet deswegen, das Gelernte dann ins Bewusstsein zu bringen, wenn wir es brauchen. Dies ist ein weiterer Grund, warum der Buddha Achtsamkeit auf die *dhammas* nach *Herz/Geist* (*citta*) aufführt: Zuerst bemerken wir unseren Geisteszustand, in dem wir uns befinden, und dann, während wir noch von diesem Zustand ergriffen sind, entwickeln wir einen kreativen Weg, um mit ihm zu arbeiten. Das ist wirklich eine Herausforderung. Wir alle haben tiefe, zähe Muster, die bis auf unsere frühesten Tage zurückgehen, und wer weiß, vielleicht sogar noch bis davor. Durch ständige Wiederholung haben wir uns selbst konditioniert, in gewohnheitsmäßigen Mustern zu reagieren: Wir fühlen uns schnell gekränkt; wir beschämen uns oder andere; wir finden es schwierig, aufzuhören zu arbeiten. Und unsere Gewohnheiten werden oft bestätigt und durch den Einfluss anderer Menschen noch tiefer verankert. Wir haben einen massiven Zwang an Gewohnheiten aufgebaut. Wir werden dies nicht mit einem Achselzucken abtun oder leugnen können. Tatsächlich wäre dieser Versuch eine weitere schlechte Gewohnheit!

Wenn wir Achtsamkeit auf die *dhammas* praktizieren, versuchen wir uns von diesen Fesseln zu befreien, mit denen wir es in diesem Moment zu tun haben, wenn wir so sind, wie wir sind. Wenn wir zum Beispiel bemerken, dass wir wieder einmal dabei sind, uns in einen weiteren „Ich-Ärmster"-Monolog zu verstricken, müssen wir aufhören und uns erinnern, dass wir uns nur unglücklich damit machen. Wenn wir merken, was in unserem Geist passiert, finden wir eine neue Möglichkeit zu antworten: Wir wechseln das Thema unserer Unterhaltung.

Und ebenso wie Achtsamkeit auf den Geist eine fortgeschrittenere Praxis ist als Achtsamkeit auf die Gefühle, so ist Achtsamkeit auf die *dhammas* noch weiter voranschreitend. Wenn wir versuchen, uns ohne ausreichende Selbstkenntnis zu verändern, ohne genug Achtsamkeit darauf, wer wir sind und was uns motiviert, können wir vom Weg abkommen. Wir müssen unseren Geist durch die Praxis der Achtsamkeit auf die verschiedenen Geisteszustände kennenlernen. Wenn wir uns selbst nicht ausreichend gut kennen, riskieren wir, unsere Energien im Versuch, eine nettere, spirituelle Person zu werden, zu blockieren. Unserem Wunsch nach Veränderung wird dann ein Bärendienst erwiesen. In der Praxis werden wir eine Stufe zurückgehen müssen: Uns darauf konzentrieren, wohlwollend neugierig auf unseren Geist zu werden, bevor wir daran arbeiten können, ihn zu ändern.

Und wir tun gut daran, uns darüber klar zu sein, mit welchen Mächten wir es dabei zu tun haben. Viele unserer gewohnheitsmäßigen Reaktionen werden durch kraftvolle emotionale Dynamiken gestützt, so wie Selbsterhaltung, Macht, Status, Sex und Gier. Sie müssen bereit sein, diese Kräfte zu fühlen, nicht sie aus religiösen Gründen wegzuwünschen. Gleichzeitig müssen wir uns darin üben, sie nicht sofort auszuleben – sie erspüren, aber dann uns sammeln und den besten Weg zum Handeln finden. Das kann schwierig sein. In jedem aktuellen Moment sind wir unter enormem Druck: Druck aus der Umgebung, Druck von anderen Leuten und von unseren Gewohnheiten. Da ist z. B. auch der Druck unseres Körpers. Wir sind viel empfindlicher für unsere negativen Tendenzen, wenn wir müde sind, überarbeitet oder krank. Dann gibt es den Druck des Augenblicks. Andauernd stürmen Dinge auf uns ein: Jemand bittet uns um einen Gefallen, wenn wir gerade besonders beschäftigt sind, ein Freund wählt einen schlechten Moment, um uns zu kritisieren, unser Auto geht kaputt, wenn wir es am dringendsten brauchen. Im Moment des Drucks oder mitten während unseres Multitasking reagieren wir oft ohne Gewahrsein. Achtsamkeit auf die *dhammas* versucht, in diesen Moment hineinzugehen, sich dessen bewusst zu werden und ihn zu verändern. Wenn wir nicht die Disziplin der Meditation und die vorherigen Stufen der Achtsamkeit geübt haben, werden die Drucksituationen uns wahrscheinlich überwältigen.

Volle Achtsamkeit auf die *dhammas* ist eine spezielle Art der Wachsamkeit. Wir bemerken, dass der Geist in eine besondere Richtung fließt – zu einem Streit hin, fort von einem Bettler, zum Flirt mit der Partnerin eines Freundes, gegen einen Telefonwerber –, und wir „sammeln zusammen“ (recollect), was in unserem besten Interesse ist. Das Wort hat zwei Bedeutungen. Einmal bedeutet der Begriff, sich zu sammeln (re-collect); zweitens bedeutet er, sich zu erinnern (recollect). In der Achtsamkeit auf die *dhammas* sammeln wir uns und erinnern uns an das, was wirklich hilfreich und fruchtbar für alle Beteiligten ist.

Unsere Bedürfnisse befriedigen

Der Geist ist intelligent. Er versucht, etwas zu tun. Durch das innere Geplapper über Beförderungen, Romanzen oder Filmstars versucht der Geist – oft auf unbeholfene und inkohärente Weise –, echte Bedürfnisse zu befriedigen. Das Gleiche gilt für unsere Fantasien des Hasses, unsere destruktiven Motivationen und kritischen Impulse. Vieles von dem Schmerz, den wir uns selbst und anderen zufügen, wird durch unkluge und wenig hilfreiche Strategien verursacht, nicht aber durch die zugrunde liegenden Impulse. Dasselbe gilt auch für unsere Werte. Normalerweise können wir unsere Werte nicht direkt fühlen oder klar ausdrücken. Sie werden implizit in unseren Handlungen, Worten und Beschäftigungen ausgedrückt. Aber die Art, in der wir unsere Werte aufrechterhalten, kann barsch sein, langweilig oder schikanierend. Unsere Bedürfnisse und Werte müssen verstanden werden, so wie man einen Traum interpretiert.

Ein Modell, um diese Phänomene zu untersuchen, wird von Marshall Rosenberg vorgestellt, dem Gründer der Gewaltfreien Kommunikation (GFK, Non-Violent Communication, NVC). Nach Rosenberg werden Konflikte zwischen Menschen, aber auch intrapsychisch, durch eine fehlende Unterscheidung zwischen unseren Bedürfnissen und den Strategien verursacht, die wir uns zu eigen machen, um diesen Bedürfnissen nachzukommen. Er glaubt, dass unsere ursprünglichen Bedürfnisse lebens-verbindend sind, universell und wachstumsfördernd. Aber diese „Bedürfnisse" sind meistens unbewusst. Sie müssen durch ernsthafte Selbstexploration entdeckt werden und, wenn es andere Menschen betrifft, durch aktives, empathisches Zuhören. Diese grundsätzliche Unterscheidung zwischen Bedürfnissen und den verschiedenen Strategien, die wir uns zu eigen machen, um diesen Bedürfnissen nachzukommen, ist in der Tat sehr nützlich. Wenn wir nicht die Grundbedürfnisse erkennen, die unser Verhalten antreiben, sind wir gezwungen, das Verhalten zu wiederholen – einschließlich des Verhaltens, das unsere Bedürfnisse nicht erfüllt, sondern Leiden verursacht. Wenn wir das Bedürfnis entdeckt haben, werden wir es leichter finden, eine spezielle, wenig hilfreiche Strategie loszulassen – Selbstabwertung, Anpassungsbereitschaft, zu viele Kekse essen.

Versuchen Sie, Reflexion, Imagination und Intuition zu nutzen, um eine tiefere Einsicht in Ihre Werte und Bedürfnisse zu gewinnen, die Sie auszudrücken versuchen. Suchen Sie nach Möglichkeiten, diese Bedürfnisse auf fruchtbarere Art und Weise zu befriedigen. Es erfordert eine feinfühlige Selbstbewusstheit, die in Schwingung mit den Gefühlen, Emotionen und Körperempfindungen ist. Versuchen Sie, in Ihr Erleben hineinzudenken, und gleiten Sie nicht an der Oberfläche entlang. Schauen Sie, ob Sie parallel zu Ihrem Verhalten auf die Bedürfnisse sehen können, die Ihr Verhalten auszudrücken versucht – dann versuchen Sie produktivere Wege zu finden, um jene Bedürfnisse zu befriedigen.

Nehmen wir an, Sie denken während Ihrer Meditationen über einen Film nach. Registrieren Sie das und schlüpfen Sie unter die Bilder in Ihrem Geist zu dem darunterliegenden Gefühl. Fragen Sie sich: „Warum möchte ich über einen Film nachdenken? Was liegt mir daran?“ Möglich, dass der Grund für das Nachdenken über den Film einen Wunsch nach Vergnügen widerspiegelt. Um es in der Sprache der NVC zu sagen, ist die Wiederholung des Films in Ihrem Kopf eine „Strategie“, „Vergnügen“ ein Bedürfnis. Versuchen Sie deswegen, dieses Erlebnis und das Bedürfnis direkt in sich wiederzufinden – anstatt lediglich darüber zu fantasieren. Versuchen Sie, das Vergnügen in Ihren Erlebnissen genau jetzt zu finden. Das direkte Erleben eines Vergnügens ist innerlich vergnüglicher, als über etwas nachzudenken, das mit dem Vergnügen *assoziiert* ist. Natürlich mag es Aspekte im Film geben, die Ihre Werte ausdrücken: Mut, Freundlichkeit, Schönheit oder Ausgelassenheit. Können Sie innehalten und sich Ihrer bewusst werden? Oder vielleicht sind Sie ärgerlich auf einen Kollegen. Vielleicht hat jemand etwas nicht mit genügend Sorgfalt ausgeführt, oder jemand hat anderen in Ihrem Team nicht geholfen. Fragen Sie sich, welche Werte Sie zu schützen versuchen. Vielleicht sind Hingabe und Sorge für Sie Werte, vielleicht schätzen Sie Qualität und

Teamarbeit. Versuchen Sie deswegen, mit Ihren Werten, die unter Ihrem Ärger verborgen sind, in Kontakt zu kommen. Versuchen Sie, diese Werte direkt in Ihrem Körper und in Ihrem Herzen zu spüren. Dann denken Sie über eine kreativere Strategie nach, um Ihre Werte auszudrücken. Von Ihrem Kollegen eins aufs Dach zu bekommen fördert natürlich nicht den Teamgeist. Vielleicht können Sie miteinander sprechen und versuchen, ein tieferes Verständnis zu entwickeln?

Das Gesetz der Begierde und die Kraft des Hasses

Lassen Sie uns nun einen Blick auf die beiden großen Tendenzen werfen, die unsere emotionalen Reaktionen gestalten: Begierde und Hass. Wenn wir mit dem Geist auf der Ebene der *dhammas* arbeiten, arbeiten wir vor allem mit diesen zwei besonders kraftvollen Mächten. Unser Ziel ist es nicht, uns schuldig zu fühlen, sie zu unterdrücken oder deswegen Komplexe zu entwickeln – unser Ziel ist es, die dahinterliegende Energie zu erschließen. Achtsamkeit auf die *dhammas* bedeutet, mit unserem Geist so zu arbeiten, dass wir für uns und andere das Beste tun können und anderen möglichst wenig Schaden zufügen.

Wenn wir etwas unbedingt haben möchten, sehen wir es in einer verzerrten Weise. Wir verzerren unsere Wahrnehmung zum Beispiel von Designerkleidung, teuren Mahlzeiten oder exotischen Ferien, indem wir uns auf die angenehmen Aspekte konzentrieren, während wir die unangenehmen Anteile ignorieren. Wir tun das Gleiche mit Vorstellungen über Erfolg, Beförderung, Ruhm, Geld und Einfluss – wir können uns an die große Lohntüte und die Maßanzüge erinnern, aber wir vergessen, wie lange wir dafür am Schreibtisch gesessen haben. So ähnlich geht es auch mit Menschen. Wenn wir uns zu jemandem sehr stark hingezogen fühlen, tendieren wir dazu, die Aspekte dieser Person, die wir nicht mögen oder die wir nicht attraktiv finden, zu ignorieren oder sie abzulehnen. Das ist der Grund für einige der negativen Auswirkungen, die uns am Ende einer Liebesbeziehung regelmäßig krank machen. Wir sehen unser Leben einseitig durch eine Wunschbrille; wir schneiden die unerwünschten Aspekte heraus und lassen sie auf dem Boden des Schneideraums liegen. Aber natürlich sind die Wünsche noch da und verfolgen uns. Weil wir die Dinge nicht so sehen, wie sie wirklich sind, verursachen wir uns selbst und anderen Schmerzen. Je stärker wir die Dinge verzerren, umso schmerzlicher sind wahrscheinlich die Folgen.

Wenn wir Schmerzliches in unserem Leben in dieser Weise ausblenden, ignorieren wir das Gesetz vom Werteverlust. Wir vergessen, dass das Erleben von Genuss sich schnell in eine Selbstverständlichkeit verwandelt. Wenn unser Vergnügen abzuebben beginnt, werden wir es wiederholen wollen: Wir möchten noch etwas, etwas Neues, und jedes Mal wird es ein bisschen mehr sein müssen, um uns den gleichen Nervenkitzel der Begeisterung geben zu können.

Über all diese Dinge sind wir uns oft dunkel bewusst, aber wir tendieren dazu, dieses Bewusstsein beiseitezuschieben oder es abzulehnen. In der Tat setzen wir uns über unseren Geist umso mehr hinweg, je mehr wir uns etwas wünschen. Wir können an den Punkt kommen, an dem wir bereit sind, ohne Rücksicht auf die Folgen zu handeln – manchmal mit katastrophalem Effekt. In diesem Geisteszustand wird unser Bedürfnis mehr und mehr durch den Glauben getrieben, dass das ersehnte Objekt, der Sexualpartner, der neue Job, das neue Zuhause der einzige Weg zum Glück sei. Es fühlt sich an wie: „Ich sterbe, wenn ich es nicht bekomme!“ Natürlich denken wir darüber nicht bewusst nach, aber auf einer tieferen Ebene passiert genau das.

Deswegen müssen wir uns in unserer Praxis daran erinnern, dass das Leben diesen Doppelaspekt hat: einen Lustaspekt, den wir zu stark betonen, wenn wir uns etwas wünschen, und einen Unlustaspekt, den wir ablehnen oder als unwichtig fallen lassen. Fruchtbare Entscheidungen tragen im Geist beiden Aspekten des Lebens Rechnung.

Hass ist frustriertes Begehren. Etwas, was wir uns wünschen, nicht zu bekommen, ist schmerzhaft. Es ist von Anfang an schmerzhaft. Unsere automatische Reaktion auf Schmerz ist Ablehnung – von Frustration und Verärgerung am einen Ende des Spektrums bis zu Eifersucht und Wutausbruch am anderen. Wir mögen keinen Schmerz. Wir möchten die vermutete Ursache des Schmerzes loswerden. Für die meisten von uns ist Schmerz sozial und emotional bedingt. Im Großen und Ganzen glauben wir, dass Aversion funktioniert. Wir glauben, dass Wut gegen etwas die Welt irgendwie wieder in Ordnung bringt.

Unsere Reaktion auf Schmerz hat einen Nutzen: Wenn uns jemand auf die Füße tritt, werden wir ihn wahrscheinlich wegstoßen; wenn eine Wespe auf unserem Arm landet, werden wir sie verscheuchen wollen. Die Energie der Abneigung hilft uns zu handeln. Sie konzentriert unsere Aufmerksamkeit und schafft Bewegung. Das Gleiche gilt für emotionalen Schmerz. Er erzählt uns wichtige Dinge über unsere Bedürfnisse und Werte. Er deutet oft auf ein Problem, das wir lösen müssen – und wir könnten die ganze Energie gebrauchen, die in unseren Aggressionen enthalten ist, um es zu lösen. Vielleicht müssen wir den Mut finden, für uns selbst einzustehen, jemandem zu widersprechen, etwas zu erbitten oder eine nützliche Kritik vorzubringen. Es kann von Vorteil sein, ein Problem in aggressiver Weise lösen zu wollen. Aggression kann helfen, auf eine neue Ebene von Fähigkeiten oder Verständnis durchzubrechen. Athleten brauchen es; Künstler brauchen es; diejenigen, die Leben in voller Aufmerksamkeit leben möchten, brauchen es sicherlich auch.

Wenn wir aber auf diese Weise reagieren, haben wir die Neigung, die Dinge nicht mehr so zu sehen, wie sie wirklich sind. So wie ein wollender Geist sich die Welt sonnig malt, so übertreiben wir im Hass, schmücken aus und konzentrieren uns zu stark auf das, was wir nicht mögen. Wir tun dies oft unter Ausschluss aller positiven Aspekte, die das Objekt unserer Abneigung auch haben könnte.

Ein negativer Geisteszustand aktiviert eine Art des Denkens, das an eine Kampfarena erinnert. Seine Funktion ist es, ein Problem zu isolieren und dann auszulöschen. Während dies auch nützlich und zweckdienlich sein kann, tendiert der Kampfmodus dazu, kreativere Lösungen zu verpassen. Er neigt dazu, Menschen zu polarisieren und defensiv zu sein. Das bedeutet auch, dass wir es versäumen, die positiven Aspekte zu sehen, die jemand anführt, weil wir uns auf die Punkte konzentriert haben, die wir ablehnen – und dies wird einen ungünstigen Effekt auf unsere Fähigkeit haben, sinnvolle Entscheidungen zu treffen.

Wir neigen auch zu Übertreibung. Wir sehen eine schwierige Person als hoffnungslos schlecht, ohne irgendwelche guten Eigenschaften, oder wir machen das Objekt unserer Abneigung zur Ursache für all unser Unglück. Wenn wir jemanden hassen oder auch nur sehr unsympathisch finden, haben wir die Tendenz, kaum etwas Gutes an ihm zu sehen. Wir verzerren unser Erleben, indem wir uns auf negative Eigenschaften konzentrieren und uns weigern, die positiven Aspekte zu sehen. Wir kommen an einen Punkt, an dem wir uns nicht mehr vorstellen können, dass überhaupt jemand diese Person mögen könnte. Nicht nur das: Wir wünschen uns oft sogar, dass diese kleinen ärgerlichen Verhaltensmuster lebendig werden: Die Person, die wir nicht mögen, kommt ins Büro, und wir warten nur darauf, dass sie dies oder das sagt. Es ist so, als verglichen wir unsere Selbstgerechtigkeit mit dieser Person, die dann unvermeidlich alles falsch macht. Ein großer Teil unseres „Selbstgefühls" wird auf diese Weise erschaffen. Der Buddha lehrt uns, dass Hass wie eine ins Feuer greifende Hand sei, die ein Stück brennende Kohle herausnimmt, um sie nach jemandem zu werfen. Unsere Absicht ist es, jemanden zu verletzen, aber unser Geisteszustand verletzt uns selbst. Hass ist nicht in unserem besten Interesse. Wir möchten Glück. Die meisten, wenn nicht alle unsere Handlungen, zielen dorthin. Aber wenn wir jemanden in unserem Geist heftig beschimpfen, wenn wir uns über etwas oder jemanden heftig ärgern, verletzen wir uns gerade in diesem Moment selbst.

Im Westen neigen wir dazu, über Ethik in juristischen Begriffen zu denken: Dass unsere Handlungen durch eine äußere Autorität verurteilt, bestraft oder belohnt werden – eine Haltung, die vom Glauben an einen Schöpfergott herrührt. Aber im Buddhismus *ist* das Verbrechen, die üble Handlung, schon auch die Bestrafung, oder beinhaltet sie jedenfalls. Wenn wir aus einem kranken Willen, Boshaftigkeit, Ärger, belangloser Rivalität usw. heraus handeln, verursachen wir unser eigenes Unglück, unsere eigene Bestrafung. Wir brauchen nichts und niemanden, um Bestrafungen zuzumessen – es passiert von ganz allein. Es ist ein natürliches Gesetz wie die Gravitation. Diese Wahrheit, so herausfordernd sie in ihren Implikationen auch ist, ist selbstevident. Wenn wir jemanden hassen, ist unser Verlangen, mehr oder weniger grob ausgedrückt, ihn vom Planeten zu entfernen – oder ihn wenigstens so weit wie möglich wegzuschaffen. Aber gerade in diesem Moment sind die Gehassten so nah bei uns, wie es überhaupt nur möglich ist: Sie sind mitten in unserem Geist. Manchmal können wir unseren negativen Gefühlen so schwer widerstehen, dass wir länger an die Menschen denken, die wir hassen, als an die, die wir lieben.

Achtsamkeit auf die *dhammas* bedeutet, sich daran zu erinnern, dass Hass nicht funktioniert, und dies dem Geist gerade in dem Moment nahezubringen, wenn wir einen Temperamentsausbruch bekommen, schmollen oder einsilbig werden. Die Antwort ist nicht, so zu tun, als gäbe es keine Gehässigkeit – uns immer freundlich den Wünschen anderer anzupassen, dem ernsthaften Widerspruch auszuweichen oder konstruktive Kritik zu vermeiden. Achtsamkeit auf die *dhammas* bedeutet, zu wissen, dass Hass nichts zum Thema beiträgt; falls überhaupt, dann lenkt er davon ab. Der Buddha sagt, dass die einzige Lösung gegen Hass die Liebe ist. Lieben zu lernen braucht das ganze Leben. Manchmal müssen wir uns mit Konflikten konfrontieren, um zu lieben; manchmal müssen wir sie vermeiden;

manchmal müssen wir aufstehen und sprechen, manchmal müssen wir still bleiben. Wie auch immer, wir lernen, der Ausgangspunkt ist immer das Denken daran, dass Hass niemals von Hass bezwungen werden kann. Der Buddha erinnert uns daran, dass dies ein ewiges Gesetz ist.[23]

Üben, ein Buddha zu sein

Achtsamkeit auf die *dhammas* erfordert von uns drei Dinge:

- den Zustand des Geistes zu bemerken, in dem wir uns befinden
- eine Lücke zu schaffen für ernsthafte Selbstreflexion
- entscheiden, wie man durch Vergegenwärtigung der Lehre am besten handeln kann, um authentisches Glück zu finden

Natürlich hat die Kultivierung dieser ethischen Einstellung – Tugenden und Stärken zu entwickeln – seine Herausforderungen, insbesondere, wenn wir nicht genügend Bewusstsein auf den vorherigen Stufen des Weges entwickelt haben. Wir könnten zu neurotischer Schuld neigen oder zu nützlichen Rationalisierungen, um verletzendes Verhalten zu rechtfertigen, moralische Sentimentalität oder Selbstgerechtigkeit. Alle diese Tendenzen begrenzen das Bewusstsein und verlangsamen spirituelles Wachstum.

Buddhistische Ethik ist naturgegeben.

Sie erwächst aus der Bewusstheit des Geistes, aus der Entwicklung unseres Verständnisses, dass negative Geisteszustände in sich selbst schmerzhaft sind und dazu neigen, noch mehr Schmerzen zu verursachen; dass positive Geisteszustände in sich selbst befriedigend sind und dazu tendieren, Glück zu verursachen.

[23] Dhammapada, I.5.

Buddhistische Ethik beruht auf dem Willen.

Sie hat mit den Geisteszuständen zu tun, die unsere Handlungen motivieren, aber nicht damit, wie eine einzelne Gesellschaft oder Kultur unsere Handlungen beurteilen mag. Wir können tief ethisch sein und gleichzeitig höchst unkonventionell – tatsächlich müssen wir das auch manchmal sein.

Buddhistische Ethik hat zum Ziel, ein Buddha zu werden.

Ein Buddha hat gesehen – wirklich und wahrhaftig erkannt –, dass Handlungen Folgen haben, dass negative Geisteszustände schmerzhaft sind und Schmerzen verursachen. Ein Buddha hat alle Verhaltensmuster des Anziehens und des Abstoßens losgelassen, in denen wir gefangen sind. Dieses Wünschen und Nicht-Wünschen ist die Art, wie wir unser „Selbst" herstellen – Dinge (oder Menschen) in der Hoffnung an uns heranziehen, damit sie unser Gefühl für unser Selbst bestätigen und verstärken, und Dinge (oder Menschen) zurückweisen, die uns zu bedrohen scheinen. Der Buddha hat all diese Tendenzen durchschaut. Er ist vollkommen frei. Für ihn gibt es nur Weisheit, Mitgefühl und Wertschätzung.

Ein Buddha werden zu wollen, mag eine unrealistische Sehnsucht sein, aber wir sollten uns an das alte Sprichwort erinnern: „Auch die längste Reise beginnt mit dem ersten Schritt." Stärken und Tugenden zu kultivieren ist ein Weg einzelner Schritte: gegenwärtig sein, ein wenig großzügiger und geduldiger sein. Gleichzeitig müssen wir wissen, dass der Buddha aus buddhistischer Sicht natürlicherweise ethisch ist: Er muss keine besonderen Mühen auf sich nehmen. Der Buddha versucht nicht, mitfühlend zu sein; er ist einfach er selbst. Der Buddha ist vollständig erwacht zur Wahrheit der Natur der Dinge. Deshalb bewegen wir uns jedes Mal, wenn wir freundlich sind, etwas lernen oder uns selbst überwinden, in Richtung der Dinge, wie sie wirklich sind.

Fünfte Praxiswoche

Durch die Praxis der Achtsamkeit auf die *dhammas* gehen wir von der Erforschung unseres Erlebens zur bewussten und absichtsvollen Kultivierung unseres Erlebens über, neue, positivere Geisteszustände und Emotionen entstehen zu lassen. Die Samen für authentisches Glück sind bereits da. Sie möchten schon freundlich, liebend und glücklich mit anderen Menschen verbunden sein und sich mutig neuer Erfahrungen bewusst werden. Sie schätzen bereits das Lernen und Wachsen, andernfalls würden Sie dieses Buch nicht lesen. Lassen Sie uns etwas umfassender darauf schauen, wie Sie Achtsamkeit auf die *dhammas* praktizieren können, bevor wir uns den speziellen Übungen zuwenden, die ich für diese Woche empfehle, unsere fünfte Woche des Lebens in voller Achtsamkeit. Lassen Sie uns auf die fünf buddhistischen Vorsätze schauen und wie wir damit beginnen können, Ethik in Handlung umzusetzen.

Die fünf Vorsätze üben

Wenn jemand Buddhist wird, übt er das, was als die fünf Vorsätze (*sīla*) bekannt ist. Das sind keine Regeln oder religiöse Gesetze; sie sind kein Stock, um Menschen zu schlagen oder eine Rute für unseren Rücken. Es sind ethische Leitlinien, Übungsprinzipien. Sie haben einen negativen Aspekt – was wir versuchen zu lassen – und einen positiven Aspekt – was wir zu kultivieren versuchen. Die positive Formulierung dieser Vorsätze wurde von meinem Lehrer Sangharakshita formuliert. Seine Absicht war, den wahren Geist buddhistischer Ethik zu erklären. Nur zu oft glauben Menschen, Ethik bestehe aus einer Liste von „Du sollst nicht ...“ Natürlich *gibt* es Dinge, mit denen wir aufhören sollten. Wenn wir die fünf Vorsätze üben, versuchen wir aber gleichzeitig und vor allem, Tugenden und Stärken wie Güte, Mut, Geduld, Ernsthaftigkeit und die Bereitschaft zum Lernen zu entwickeln.

Die negative und die positive Formulierung der fünf Vorsätze bilden ein Spektrum, das extrem negative und extrem positive Dinge umspannt. Wo immer wir uns in diesem Spektrum befinden, sollten wir uns in eine positive Richtung bewegen. Wir können uns von einer positiven zu einer noch positiveren Position entwickeln oder von einer negativen zu einer weniger negativen. Hier sind die fünf Vorsätze in Ihrer positiven und negativen Formulierung:

Negativ (*was wir zu unterlassen versuchen*)	Positiv (*Tugenden und Stärken, die wir zu kultivieren versuchen*)
Vermeiden, Schaden zu verursachen	Wir kultivieren Liebe
Wir nehmen keine Dinge, die uns nicht gegeben werden	Wir kultivieren Großzügigkeit
Wir vermeiden sexuelles Fehlverhalten	Wir kultivieren Zufriedenheit
Wir vermeiden Lügen	Wir kultivieren Ehrlichkeit
Wir nehmen keine Rauschmittel	Wir kultivieren Bewusstheit

Ich schlage vor, dass Sie diese Woche bewusst die fünf Vorsätze in die Praxis umzusetzen versuchen. Geben Sie ihnen einen Anstoß und achten Sie darauf, wie sie Sie beeinflussen. Im Folgenden sind einige Vorschläge, wie Sie das tun können.

Machen Sie eine mutige Moralinventur Ihres Lebens[24]

Wenn Sie Ihr Tagebuch nutzen und auf die Vorsätze oben schauen, prüfen Sie, in welchen Vorsätzen Sie sich stark fühlen und an welchen Sie arbeiten müssen. Seien Sie konkret, nichts Ungefähres und Allgemeines wie „Ich muss freundlicher werden". Damit es etwas nutzt, muss in Ihrer Bestandsaufnahme so etwas stehen wie: „Ich war barsch und wenig wertschätzend, als

[24] Dies ist der 4. Schritt von 12 des Heilungsprogramms der Anonymen Alkoholiker (AA).

ich meine Eltern letzte Woche besucht habe. Ich muss aufhören, ihnen die Schuld für meine schlechte Laune zu geben und muss mehr Verantwortung für mein Leben übernehmen." Gehen Sie jeden der Vorsätze durch und schreiben Sie Ihre Gedanken auf. Sie könnten sich fragen:

Lasse ich etwas von meinem Arbeitsplatz mitgehen, fahre ich schwarz, frisiere ich meine Steuererklärung oder lasse ich mich krankschreiben, wenn ich in Wahrheit gesund bin? (Zweiter Vorsatz) Habe ich vergessen, Bücher in die Bibliothek zurückzubringen? Habe ich das Fahrrad meines Freundes ausgeliehen, DVDs oder Bücher, ohne ihn zu fragen? Etwas zu nehmen, ohne es zu bekommen, schließt auch die Zeit und die Energie von Menschen ein – es bedeutet, niemanden gegen seinen Willen in Anspruch zu nehmen!

Bin ich häufig betrunken oder nehme ich Drogen? (Fünfter Vorsatz) Die Menschen setzen diesen Vorsatz auf verschiedene Weise um: völlige Abstinenz oder moderates Trinken. Welchen Weg Sie auch wählen, die grundlegende Tatsache ist, dass Sie Achtsamkeit nicht entwickeln können, wenn Sie unter dem Einfluss von Drogen und Alkohol stehen! Und bedenken Sie, dass auch andere Dinge berauschend sein können: Geld, Erfolg, Status oder Einkaufen. Wir können auch einfach durch die Tatsache unserer Jugend und unserer Gesundheit berauscht sein. „Rausch" bedeutet alles, was Achtlosigkeit fördern kann.

Wo stehe ich sexuell? (Dritter Vorsatz) Betrüge ich jemanden? Suche ich nach einer Affäre mit dem Ehemann oder der Ehefrau von jemandem? Sich von sexuellem Fehlverhalten fernzuhalten bedeutet, keinen Schaden zu verursachen, zu lügen, oder nicht das zu nehmen, was nicht gegeben wird, bezogen auf Ihr sexuelles Leben. Das Problem ist hier nicht, mit wem Sie schlafen, sondern wie Sie ihn oder sie behandeln. Für die meisten Menschen kreisen die prinzipiellen ethischen Probleme sexueller Aktivität um neurotische Sehnsucht und ungesunde Abhängigkeit.

Wie kann ich freundlicher und großzügiger sein? (Erster und zweiter Vorsatz) Seien Sie darauf bedacht, sich nicht zu ausschließlich auf die negativen Formulierungen der Vorsätze zu konzentrieren. Fragen Sie sich: „Wie kann ich Güte kultivieren, Großzügigkeit, Ehrlichkeit, Zufriedenheit und Bewusstheit?“ Seien Sie konkret: „Ich könnte herausfinden, ob meine ältere Nachbarin mich braucht und z. B. für sie einkaufen“, „Ich könnte meinem Freund helfen, seinen Computer aufzuräumen“ oder „Ich könnte das Buch zurückgeben“.

Gehen Sie die Vorsätze in dieser Art durch und prüfen Sie, an welchen Sie arbeiten wollen. Seien Sie optimistisch und vollständig aufrichtig mit sich selbst. Wenn Sie nur das tun, werden Sie den vierten Vorsatz schon üben: Sie werden Ehrlichkeit mit sich selbst kultivieren. Und bedenken Sie auch Momente, in denen Sie ethisch gehandelt haben: „Ich habe meine Fassung in der Konferenz nicht verloren“, „Ich habe an den Geburtstag meines Freundes gedacht“, „Ich habe Tee für meinen mürrischen Chef gekocht“. Die grundsätzliche Prämisse buddhistischer Ethik ist, Schaden zu reduzieren und das Gute zu fördern – sowohl für uns selbst als auch für alle Lebewesen.

Und halten Sie Ausschau nach irrationaler Schuld, diesem Gefühl, irgendwie unvermeidlich im Unrecht zu sein. Schuld blockiert Bewusstheit und ethische Empfindsamkeit. Achten Sie auch darauf, sexuelles Fehlverhalten nicht zu stark zu betonen. Ich habe bemerkt, dass viele Leute dazu tendieren, Ethik auf sexuelle Kavaliersdelikte und Untreue zu reduzieren. Es ist oft produktiver zu fragen: „Habe ich aktiv etwas zur Situation beigetragen, in der ich mich vorfinde?“ Auch wenn Sie in anderen Bereichen relativ unhöflich sein mögen: Wenn Sie großzügig handeln, ist das ganze spirituelle Leben für Sie offen.

Sie könnten sich auch mehr bemühen, sich freundlich, hilfreich, ermutigend und großzügig zu zeigen, und dann darauf achten, wie sich das anfühlt. Führen Sie eine Checkliste und schreiben Sie in Ihrem Tagebuch auf, was Sie jeden Tag tun.

Wählen Sie eine Woche lang (oder länger) einen persönlichen Vorsatz

Sie könnten sich entscheiden, keine schlechten Sendungen im Fernsehen zu sehen, keine Aufputschmittel zu nehmen, nicht zu fluchen, kein Junkfood zu essen oder am Computer nach 22 Uhr nicht mehr zu arbeiten. Abgesehen vom Wert, diese Dinge nicht zu tun, sind sie nützlich, um aus der Gewohnheit herauszukommen, immer das zu tun, was gerade am naheliegendsten erscheint. Ein gesunder Mensch hat die mentale Kraft, diesen Dingen zu widerstehen und nicht jedem auftauchenden Bedürfnis nachzugeben.

Oder Sie könnten entscheiden, eine bestimmte Sache eine Woche lang zu tun: Ihren achtsamen Spaziergang zu machen, jeden Tag zu meditieren, gesund zu essen oder mehr Zeit mit den Kindern zu verbringen. Es muss etwas sein, das Sie tun können. Wählen Sie nichts Vages. Wenn es mehr Zeit für die Kinder sein sollte, dann machen Sie das konkret: „Eine Stunde in den Park, sobald ich von der Arbeit zurückgekommen bin." Nutzen Sie Ihr Tagebuch, um aufzuschreiben, ob Sie das getan haben oder nicht.

Die buddhistische Ethik macht deutlich, dass unehrliche, destruktive oder verletzende Handlungen Bewusstheit begrenzen und einschränken, während positive Handlungen sie erweitern und bereichern. Jedes Mal, wenn wir uns z. B. einen Tag ohne guten Grund krankschreiben lassen, begrenzen wir unser Bewusstsein und fühlen uns unwohl in unserer Haut. Wir können nicht ganz wachsam sein, wenn wir ein unruhiges Gewissen haben. Auf der anderen Seite: Wenn wir positiv handeln, werden wir glücklicher und erfüllter. Wir werden jemand, dem sich Menschen zuwenden und dem sie trauen können.

Achtsamkeit und Imagination

Achtsamkeit ist ein Akt der Imagination. Imagination ist nicht das Gleiche wie Fantasie. Fantasie soll grundsätzlich Wünsche erfüllen – wir fantasieren darüber, eine Affäre mit einem Filmstar zu haben oder im Lotto zu gewinnen. Durch die Fantasie bekommt das Ego, was es sich wünscht. Mit unserer Imaginationsfähigkeit dagegen sehen wir hinter unsere augenblicklichen Vorlieben und Abneigungen, hinter den Augenblick und seine Zwänge, auf das Gute, auf das Wahre und das Schöne.

Ein achtsamer Mensch ist imaginativ lebendig ... und stellt sich die Konsequenzen seiner Handlungen vor. Er stellt sich die Realität anderer Menschen vor – was sie brauchen und wie sie fühlen. Er stellt sich die Auswirkungen seiner Handlungen und seines Lebensstils auf die Menschen um ihn herum und auf den Planeten vor. Er sieht unter die Oberfläche des Alltagslebens auf die Bedeutungen und Werte, die darunter liegen. Auf diese Weise sorgt er für sein eigenes Wohlbefinden und trägt zu dem der anderen bei.

Unethische Handlungen entstehen durch Versagen der Imagination. Wenn wir unethisch handeln, versäumen wir, uns die Folgen unserer Handlungen vorzustellen. Zum Beispiel versäumen wir es, uns die Zukunft vorzustellen: Wenn wir heute zu viel trinken, wird es morgen Konsequenzen haben. Wir versäumen es, uns das Leid vorzustellen, das wir mit verursachen, wenn wir einen Hähnchenschenkel essen oder eine Lederjacke tragen. Wir vergessen, uns die Folgen der Verschwendung vorzustellen. Wir vergessen zu bedenken, wie unsere schlechten Stimmungen das Leben für unsere Freunde und unsere geliebten Menschen schwieriger macht. Sogar wenn wir unsere Frühstücksschale in der Spüle lassen, ist dies ein Versagen der Imagination: Wir vergessen, wie es für jemanden ist, sie nach uns abzuwaschen.

Wenn die Praxis der fünf Vorsätze die Teleskopsicht auf das Leben bedeutet – das Leben in seiner breitesten Perspektive zu sehen –, dann ist das Praktizieren der vier Anstrengungen (*padhāna*) die mikroskopische Sicht. Bei den vier Anstrengungen geht es darum, wie wir Achtsamkeit auf die dhammas von Moment zu Moment kultivieren. Wir werden uns für den Rest dieser Woche auf die vier Anstrengungen konzentrieren – bei unserem achtsamen Spaziergang, in unserem achtsamen Moment und während unserer Meditation. Wir wollen uns zunächst mit ihnen und Ihren traditionellen Formulierungen vertraut machen. Sie bedeuten:

- *Aufgeben* bereits entstandener ungeschickter Geisteszustände
- *Verhindern*, dass noch verborgene ungeschickte Geisteszustände entstehen
- *Kultivieren* des Erwachens noch verborgener geschickter Geisteszustände
- *Aufrechterhalten* bereits entstandener geschickter Geisteszustände

Als Erstes müssen wir klären, was mit „geschickt" gemeint ist. Im Buddhismus werden positive Geisteszustände „geschickt" genannt, während negative Geisteszustände „ungeschickt" genannt werden. Das Wort „geschickt" macht deutlich, dass wir während der Praxis der Achtsamkeit auf die *dhammas* ein Handwerk lernen – wie Zimmermannsarbeit oder Töpferei. Wie jedes Handwerk wird die Kunstfertigkeit Zeit brauchen, Ausprobieren und Geduld. Die Arbeit eines jungen Tischlerlehrlings als schlecht zu bezeichnen, wäre sowohl entmutigend als auch unfair: Er hat mit dem Lernen ja gerade erst begonnen. Wenn wir ihn ermuntern, sein Geschick zu entwickeln, Hilfe zu suchen und aus seinen Fehlern zu lernen, wird sich seine Handwerksarbeit verbessern. Das Gleiche gilt für die Achtsamkeit auf die *dhammas* – geschicktes Handeln lernen wir durch andere, erfahrenere Menschen. Wenn wir allzu kritisch mit uns selbst sind, wenn wir leichtfertig allzu hohe Ideale verfolgen, werden wir unsere Fähigkeit, zu lernen, untergraben. Wenn wir uns aber gar nicht bemühen, werden wir auch keinen Fortschritt machen. In mancher Hinsicht ist es hilfreicher, uns den vier Anstrengungen von hinten nach vorne zu nähern. Unser Ziel ist es, in Zuständen von Kreativität, Positivität, Warmherzigkeit und Bewusstheit zu verweilen. Mit anderen Worten: Am besten ist es, bereits erreichte geschickte Geisteszustände zu erhalten. Wenn wir das nicht schaffen, arbeiten wir rückwärts: Wir kultivieren noch brachliegende positive Zustände und vermeiden dann, noch negativere Zustände zu entwickeln als die, in denen wir uns schon befinden. Schließlich versuchen wir, sie abzuschütteln und sie zu überwinden.

Lassen Sie uns zunächst schauen, wie wir mit jedem Aspekt arbeiten können. Ich werde sie in ihrer traditionellen Reihenfolge vorstellen.

Aufgeben bereits entstandener ungeschickter Geisteszustände

Wir sind uns oft nicht bewusst, dass wir uns in einer geistig negativen Verfassung befinden. Dabei ist es eher so, dass eine negative Stimmung in uns hineingerät, als dass wir in eine negative Stimmung gerieten. Deswegen müssen wir zuerst präsent und aufnahmefähig für unsere Erfahrungen sein. Wir müssen „fühlen" und „wissen", was wir erleben. Dies bedeutet die Kultivierung der vorherigen Stufen des Weges. Wenn wir unglücklich sind, tendieren wir dazu, anderen die Schuld zu geben, verfallen in Selbstmitleid oder lenken uns ab. Das bedeutet, dass wir nicht wirklich zugeben, dass wir in einer schlechten Stimmung sind, und deswegen versuchen wir auch nicht, sie zu ändern. Die volle Verantwortung dafür zu übernehmen ist entscheidend. Oft machen wir einfach deswegen keinen Fortschritt, weil wir nicht wirklich und wahrhaftig zu unseren negativen Geisteszuständen stehen. Sobald wir dies tun, in diesem Moment geben wir sie schon auf.

Wir haben viel gelernt. Wir haben gelernt, unsere Geisteszustände zu bemerken und Geschichten zu erkennen, die wir uns selbst erzählen. Wir haben gelernt, uns vom Geist zurück zu den Gefühlen zu orientieren, und wir haben gelernt, wie wir unangenehme Gefühle betrachten, ohne sofort auf sie zu reagieren. Wir wissen, dass Achtsamkeit auf den Körper ein Gegenmittel gegen die Geistesgifte ist. Deswegen können wir uns all diese Dinge in dem Augenblick vergegenwärtigen, wenn wir sie brauchen.

Verhindern, dass noch verborgene ungeschickte Geisteszustände entstehen

Der beste Weg, das Entstehen noch verborgener ungeschickter Geisteszustände zu vermeiden, ist, die positiven Geisteszustände zu genießen! Aufrichtige gute Stimmungen – mehr als bloße Überschwänglichkeit – haben den Effekt, vor negativen geistigen Gewohnheiten und Tendenzen zu schützen. Weiter unten sind einige Vorschläge für diese zweite Anstrengung.

Unsere persönliche Psychologie ist nicht immer der Grund für negative Emotionen. Der Grund kann ganz einfacher und praktischer Art sein: Er kann zu tun haben mit der Art der Probleme, die wir in unserer alltäglichen Achtsamkeit untersucht haben. Wenn Sie sich nicht auf ein Treffen vorbereitet haben, wenn Sie kein gutes Ablagesystem haben, wenn Sie Ihre Fahrkarte vergessen haben, bringen Sie sich wahrscheinlich selbst in eine schlechte Stimmung. Beachten Sie deswegen die Dinge, die Sie brauchen, um sich gut zu fühlen. Beginnen Sie mit praktischen Dingen der alltäglichen Achtsamkeit und arbeiten Sie von dort aus weiter. Stellen Sie sicher, dass Sie genug Zeit für sich allein haben, dass Sie üben oder sich mit etwas Kreativem beschäftigen. Es könnte sein, dass Sie eher regelmäßig tiefere Kommunikation brauchen als eine Vielzahl oberflächlicher Sozialkontakte.

Wir müssen uns selbst kennen. Es ist so, als wären wir komplexe und geheimnisvolle Maschinen. Wir müssen lernen, wie diese Maschinen funktionieren: Was hilft, damit sie geschmeidig laufen und wodurch platzt eine Dichtung? Das ist nicht so leicht, wie es sich anhört. Wir müssen uns tief ergründen. Das bedeutet, die Lektionen, die das Leben uns lehrt, zu lernen – unsere Stimmungen kennenlernen, unser Licht und unsere

Schatten. Bei der Selbstkenntnis geht es besonders um das Wissen unserer Schattenseiten und darum, wie wir vermeiden können, sie aufzusuchen. Und es geht darum, zu wissen, was wir tun müssen, um in positiven Geisteszuständen zu bleiben und uns vor Negativität zu schützen. Es geht um das Ergründen unserer Wünsche und darum, kreative Wege zu finden, mit ihnen umzugehen.

Halten Sie Ausschau nach diesen frühen, verräterischen Zeichen, wenn Sie in eine schlechte Stimmung hineinzukommen drohen: das Abrutschen in Selbstmitleid, der Übergang von effektiver Arbeit zur Überarbeitung und Angst. Halten Sie Ausschau nach Signalen, wenn Ihre Stimmung sich zu verändern beginnt: unvernünftig essen oder Frustessen, ständig E-Mails checken oder den Abwasch lästig finden, Selbstisolation, Dinge nicht genießen, die Sie normalerweise schön finden, Sport aufgeben, Veränderung in Ihrem Schlafverhalten, sich andauernd müde fühlen. Registrieren Sie, wenn Sie in einen Kampfmodus des Denkens geraten oder beginnen, sich gekränkt zu fühlen, missverstanden oder nicht geschätzt. Wir alle haben unsere eigenen speziellen Signale. Deswegen ist Teil der Vermeidung, dass latente ungeschickte Geisteszustände ausbrechen, ihre speziellen Auslöser zu finden und dann daran zu arbeiten, wie Sie darauf antworten können. Wenn Sie frühe Warnsignale bemerken und alternative Möglichkeiten wählen, werden Sie viel wahrscheinlicher Abwärtsspiralen in die Negativität vermeiden. Der Schlüssel dazu ist, schlechte Stimmungen früh abzufangen, bevor sie sich in Ihrem Geist festsetzen.

Kultivieren des Erwachens noch verborgener geschickter Geisteszustände

Dies sind alles Dinge, die Ihnen helfen können, in einen positiven Geisteszustand zu kommen: Altruismus, Kommunikation, Meditation, entspannende Musik hören, einen Spaziergang machen, Marathon laufen, das Schlafzimmer aufräumen, eine To-do-Liste anfertigen, und dann die ersten drei Dinge auf dieser Liste abarbeiten. Das Kultivieren „latenter geschickter Geisteszustände“ bedeutet Leben in voller Achtsamkeit zu praktizieren – Achtsamkeit auf den Körper und auf die Gefühle, unsere inneren Geschichten nicht zu ernst zu nehmen, sich die Lehre in dem Moment vergegenwärtigen, wenn wir sie brauchen. Wir vergessen leicht, Prioritäten zu setzen, die uns helfen, in einen positiven Zustand zu kommen. Ein wenig Zeit freihalten, um Badminton zu spielen, um einen guten Freund zu treffen, um einen Roman zu lesen oder ruhige Zeit zu Hause zu verbringen verkürzt leicht unsere To-do-Liste. Solche Dinge könnten wir als Erstes tun, wenn wir uns angespannt oder überarbeitet fühlen. Manchmal müssen wir uns natürlich auf dringende Aufgaben konzentrieren. Aber wir müssen vorsichtig sein, damit diese Schnellschüsse nicht zu unserer geistigen Grundeinstellung werden. Wichtig ist, sich Zeit zu nehmen für Dinge, die uns in einen guten Geisteszustand versetzen. Ein gut gelebtes Leben ist eines, in dem man sich auf wichtige Dinge konzentrieren kann, nicht nur auf die, die man für unaufschiebbar hält.

Aufrechterhalten bereits entstandener geschickter Geisteszustände

Hierauf wollen wir hinaus: in positiven, kreativen, aktiven und bewussten Geisteszuständen verweilen. Wir versuchen, positive Geisteszustände zu unserer fundamentalen Gewohnheit zu machen – dies ist die natürliche Neigung unseres Seins. Wenn wir uns aber glücklich fühlen, verlieren wir oft unsere Achtsamkeit, wir werden berauscht. Ein großer Teil unseres Glücksgefühls könnte besser als „egoistischer Triumph“ bezeichnet werden oder einfach als „bekommen, was wir uns wünschen.“ Daran ist eigentlich nichts falsch. Es ist angenehm, oft sogar extrem angenehm, erfolgreich zu sein. Um sich glücklich fühlen zu können, brauchen die meisten von uns ein gewisses Gefühl von Erfolg in Ihrem Leben – ob nun bei der Arbeit, zu Hause oder auf dem Sportplatz. Wenn wir aber berauscht sind, vergessen wir die dunklen Seiten des Lebens, unsere

Wahrnehmung wird verzerrt. Wir konzentrieren uns zu stark auf die schönen Seiten, und dies schafft uns Probleme für die Zukunft. Wenn wir in guter Stimmung sind, sind wir geneigt zu denken, dass wir nicht mehr achtsam sein müssen, weil jetzt alles großartig ist! Aber eigentlich wissen wir alle, dass nach dem Rausch der Absturz folgt.

Wir müssen auf einen weiteren Gedanken achten: „Am Ende werde ich Energie haben. Ich bin raus aus der Falle der Hoffnungslosigkeit, der quälenden Zwiespältigkeit. Ich schiebe keine Dinge mehr vor mir her. Jetzt kann ich weitermachen und alles tun!" Auf diese Weise fallen wir von einem Extrem ins andere, ohne zu lernen, dass ein Extrem das nächste schon im Gepäck hat! Wir sind in guter Stimmung, unsere Energie ist zurück, und wir ergreifen die Gelegenheit tatsächlich beim Schopf. Dann werden wir erschöpft, schlecht gelaunt oder wieder depressiv. Zwischen Aufschwung und Zusammenbruch zu wechseln kann eine gewohnheitsmäßige und unterminierende Tendenz werden. Wenn wir für dieses Hin- und Herschwingen anfällig sind, müssen wir besonders wachsam sein, wenn wir in dieser glücklichen „Ich-kann-alles"-Stimmung sind.

Der achtsame Spaziergang

Es könnte genug sein, in dieser Woche mit den fünf Vorsätzen und den vier Anstrengungen zu arbeiten! Aber machen Sie sich nicht zu viele Gedanken darüber, ob Sie für all die unterschiedlichen Übungen genug Zeit haben. Sie nur zu lesen wird schon helfen! Gleichwohl, falls Sie sich Zeit nehmen, eine davon zu erforschen, dann ist es umso besser. Leben ist eine ethische Situation. Wir sind andauernd aufgerufen, moralische Bewertungen abzugeben. Die Kunst der Achtsamkeit auf die *dhammas* besteht darin, bessere, freundlichere und weisere Urteile zu fällen. Wir fahren fort, Tugenden und Stärken in den speziellen Übungen in dieser Woche zu entwickeln und beginnen mit dem achtsamen Spaziergang.

Der achtsame Spaziergang und die vier Anstrengungen

Stellen Sie fest, ob Sie in einer guten Stimmung sind, und schauen Sie, was Sie tun können, um sie zu erhalten. Sie könnten sich auf die angenehmen Gefühle konzentrieren und sie natürlich wachsen lassen, indem Sie ihnen einfach Aufmerksamkeit schenken. Tun Sie das, ohne nach ihnen zu greifen, ohne sie ausdehnen zu wollen, denn dies wäre kontraproduktiv.

Sollten Sie einen positiven Geisteszustand kultivieren? Vielleicht haben Sie festgestellt, dass Sie mit einem speziellen Problem oder einer speziellen Situation beschäftigt sind. Schauen Sie, ob Sie Ihre Aufmerksamkeit zu positiveren Erfahrungen und Empfindungen umlenken können: Sonnenlicht in den Kirschblüten, die Klänge aus irgendeinem Radio. Suchen Sie nach einer erbaulichen, ungewöhnlichen oder lustigen Empfindung. Oder Sie könnten Ihre inneren Geschichten befragen (4. Woche). Alternativ können Sie zu Ihren Gefühlen zurückgehen und beobachten, wie sich Ihr Körper in einem negativen Geisteszustand anfühlt: in Ihrem Bauch, Ihren Schultern und Ihrem Gesicht. Bleiben Sie bei diesen bloßen Empfindungen.

Sollten Sie ungeschickten Geisteszuständen vorbeugen? Manchmal sind wir am Rande einer schlechten Stimmung. Wir können es fühlen, so wie eine große Grube, die sich vor uns öffnet – wir möchten fast hineinspringen. Versuchen Sie, ob Sie irgendwo anders hinsehen können – überreden Sie Ihren Geist, sich in etwas Positiveres zu verwickeln. Beachten Sie auch Auslöser, die Sie für schlechte Stimmungen verletzlich machen – ein scheußlicher Schnupfen, Schlafmangel, eine Verabredung zu viel –, und suchen Sie nach Ausweichmanövern. „Ausweichmanöver" bedeutet, zu bemerken, wohin Ihr Geist sich neigt und angemessen zu antworten. Vielleicht bemerken Sie, dass Sie die Dinge negativ oder sogar zynisch sehen – versuchen Sie, sich etwas Positives und Wertschätzendes bewusst zu machen. Depressive Menschen zum Beispiel haben ein Verhältnis von einem negativen Gedanken zu einem positiven Gedanken. Nicht depressive Menschen habe ein Verhältnis von einem negativen Gedanken zu zwei positiven Gedanken.[25] Ausweichmanöver bedeutet also, dass Sie absichtlich mehr positive Gedanken einbringen.

Sind Sie schon in einer schlechten Stimmung? Versuchen Sie, Ihren Geisteszustand ohne Selbstverurteilung vollständig anzuerkennen. Versuchen Sie es aufrichtig. Ihre Sichtweise mag gerechtfertigt sein, aber Ihr Ärger, Ihr Selbstmitleid und Ihr Groll sind es nicht. Sie müssen entscheiden, wie Sie damit umgehen, und die Negativität darum herum loslassen. Stellen Sie sich auf das unbequeme Gefühl ein. Atmen Sie dort hinein und lassen Sie es los. Lassen Sie in einer freundlichen, nicht wertenden Art los.

Arbeit mit der Angst

Lassen Sie uns näher einen Geisteszustand betrachten, den wir alle kennen: die Angst. Das Wort „Angst" kommt vom lateinischen „*angere*", was so viel wie „fest pressen" bedeutet. Der Begriff ist assoziiert mit „einengen", „zusammenziehen" oder „ersticken". Wenn wir ängstlich sind, fühlt es sich wirklich so an, als würden wir ersticken. Wir fühlen uns unserer Emotionen entfremdet, und es ist schwer, klar zu denken, weil sich unsere Gedanken beschleunigen und fragmentieren. Wir spielen innerlich immer wieder beunruhigende Geschichten durch. Angst bindet eine Menge Energie, und diese Energie hat die Neigung, sich in unserem Kopf herumzuwälzen. Eine Möglichkeit, um mit Angst zu arbeiten, ist die Kultivierung des Gegenteils. Sie können deswegen auf Ihrem achtsamen Spaziergang Folgendes tun, wenn Angst in Ihnen aufsteigt:

Richten Sie Ihre Aufmerksamkeit auf die Sohlen Ihrer Füße. Die Energie unserer Angst geht immer nach oben in unseren aufgeregten Kopf. Wenn wir die Aufmerksamkeit hinunter in den Körper bringen, haben wir ein einfaches Gegenmittel.

---

[25] Seligman, M.E.P., *Authentic Happiness*, Nicholas Brealey Publishing, UK 2003, S. 226.

Entspannen Sie bewusst Ihren Körper. Entweder systematisch – von den Füßen ausgehend bis zum Gesicht – oder einfach durch Entspannung von Schultern und Bauch. Bemerken Sie, ob Sie sich nach vorn beugen, so, als wäre Ihr Geist bereits vor Ihnen. Beachten Sie, ob Sie die Stirn runzeln oder Ihr Gesicht verspannen. Kommen Sie zurück in den Körper und lassen Sie Ihren Bauch weich werden.

Nutzen Sie Ihren Atem. Wenn Sie gehen, zählen Sie Ihre Ausatmungen. Lassen Sie Ihre Einatmung völlig spontan und frei sein, und während Sie ausatmen, zählen Sie gleichzeitig 1, 2, 3, 4, 5. Nach und nach verlängern Sie die Ausatmung, indem Sie eine weitere Zahl bei jeder folgenden Ausatmung hinzuzählen. Versuchen Sie, bis 10 zu kommen. Aber beachten Sie: Strengen Sie sich nicht an und greifen Sie nicht nach der Einatmung – das würde bedeuten, sie erzwingen zu wollen. Die Ausatmung auf diese Weise zu verlängern hat einen beruhigenden und entspannenden Effekt auf den ganzen Körper.

Verwenden Sie Sätze, die die Angst beruhigen. Sie können zu sich sagen: „Ich gehe ruhig, ich gehe friedlich." Kommen Sie zurück zum Körper, und dann wiederholen Sie eventuell Ihren Satz.

Werden Sie langsamer! Angst treibt an. Deswegen ist ein einfacher Weg, mit Angst zu arbeiten, Dinge langsamer zu machen. Wenn Sie Fahrrad fahren, fahren Sie langsamer; lassen Sie die Fahrradkuriere Sie überholen!

Wie üblich nutzen Sie die Tabelle am Ende dieses Kapitels für einen Rückblick, um aufzuschreiben, ob Sie daran gedacht haben, Ihren achtsamen Spaziergang zu machen.

Der achtsame Moment

Nutzen Sie Ihren achtsamen Moment, um Ihren Geisteszustand ganz anzuerkennen. Sind Sie glücklich und entspannt oder unglücklich und gereizt? Machen Sie sich die vier Anstrengungen bewusst. Was müssen Sie tun: erhalten, fördern, vermeiden oder aufgeben? Schreiben Sie in Ihrem Tagebuch auf, in welchem Zustand Sie sich befinden. Es wird helfen, sich selbst besser kennenzulernen. Vielleicht bemerken Sie, dass Sie ärgerlich sind, ängstlich oder einfach nur die Nase voll haben.

Weil Angst ein solch allgemeiner und schmerzhafter Geisteszustand ist, lassen Sie uns dieses Gefühl genauer untersuchen. Das ins Deutsche übersetzte Sanskritwort für Angst ist *kaukṛtya* (Pāli: *kukkucca*). Wörtlich übersetzt heißt *kaukṛtya* so etwas wie „schlecht-getan-sein" oder, „etwas, das nicht hätte getan werden dürfen." Es kann ein ethisches Gefühl sein, das uns sagt, dass sich etwas zusammenbraut: Sie sind z. B. beunruhigt, weil Sie behauptet haben, ein Student zu sein, um eine Studentenermäßigung zu bekommen. Oder das Gefühl kann ganz praktischer Art sein: Sie verlassen das Haus mit einem unguten Gefühl, um dann festzustellen, dass Sie Ihren Hausschlüssel vergessen haben. *Kaukṛtya* ist unser seelischer Alarm. Oft ist unser Leben so schnell und kompliziert, dass wir keine Zeit haben, auf ihn zu hören. Wir haben nur dieses unangenehme Gefühl, etwas nicht getan oder etwas Schlechtes getan zu haben. Wenn der Grund für *kaukṛtya* uns nicht bewusst wird, kann es sich als Geisteszustand verfestigen: Die Alarmbereitschaft bleibt.

Versuchen Sie deswegen, sich in den achtsamen Momenten dieser Woche auf jedes Hintergrundrauschen von *kaukṛtya* zu konzentrieren. Schauen Sie, ob Sie es fühlen können, darüber nachdenken und herausfinden können, was es Ihnen zu erzählen versucht. Versuchen Sie, jedem auftauchenden Gedanken zu erlauben, ganz bewusst zu werden. Registrieren Sie, ob etwas nicht getan wurde: Vielleicht haben Sie Ihren Antrag für das Visum nicht abgeschickt, oder Sie haben diese Gefälligkeit vergessen, die Sie Ihrem Partner versprochen hatten. Oder prüfen Sie, ob Sie etwas schon getan haben, das sich im Nachhinein unangenehm anfühlt. Versuchen Sie zu klären, was es ist. Natürlich kann es sein, dass Sie den Grund nicht finden können. Es könnte einfach ein Zustand des Unbehagens sein. Nutzen Sie *kaukṛtya* als Hinweis, Ihr Bewusstsein zu vertiefen.

Wenn wir etwas getan haben, dessen wir uns schämen oder was uns verlegen macht, haben wir ein starkes Bedürfnis, es geheim zu halten. Das ist ganz natürlich. Wir möchten Unannehmlichkeiten vermeiden. Geheimnisse haben aber die Neigung, spirituelles Wachstum zu beeinträchtigen. Sie berauben uns der Energie und isolieren uns von anderen Menschen. Die Fähigkeit, einem zuverlässigen Freund unser Herz auszuschütten, kann unser Bewusstsein befreien und unsere Energie freisetzen. Dann können wir uns wieder lebendig fühlen. Es ist manchmal nicht die Unruhe, die uns alarmiert, etwas zu tun oder nicht zu tun. Es ist nur dieses andauernde, nagende Gefühl, dass sich etwas zusammenbraut, etwas falsch ist oder fehlt. Das ist eine gute Gelegenheit, um eine Atempause einzulegen:[26]

Werden Sie sich darüber klar, was gerade passiert. Benennen Sie es: „Ich bin wütend auf meinen Freund", „Ich habe Angst, eine neue Arbeit zu beginnen", „Ich fühle mich grundlos schuldig". Versuchen Sie, vollständig anzuerkennen, was in diesem Moment passiert. Fühlen Sie es in Ihrem Körper.

Lenken Sie Ihre Bewusstheit sanft auf Ihren Atem. Sie können Wörter benutzen wie „zurück zum Atmen kommen – einatmen, ausatmen", um sich zu konzentrieren. Oder Sie können am Ende jeder Ausatmung zählen: „ausatmen: 1, einatmen, ausatmen: 2," usw. bis 10.

Erweitern Sie Ihr Bewusstsein. Versuchen Sie, Ihr Bewusstsein auf den ganzen Körper auszudehnen. Erfassen Sie jedes Gefühl von Unwohlsein oder Widerstand. Versuchen Sie, dort hineinzuatmen und die Gefühle loszulassen. Sie könnten sagen: „Es ist in Ordnung. Was immer es ist, lass es mich fühlen."

Wie üblich benutzen Sie Ihre Tabelle am Ende dieses Kapitels, um aufzuschreiben, ob Sie daran gedacht haben, Ihren achtsamen Augenblick zu praktizieren oder nicht.

---

[26] Segal, Williams & Teasdale, *Mindful-Based Cognitive Therapy for Depression*, The Guilford Press, New York, 2002, S. 241.

Die Meditationen dieser Woche

In den Meditationen dieser Woche achten Sie bitte auf Ihren Geisteszustand und wenden Sie die vier Anstrengungen an. Denken Sie daran, dass Sie auf der Suche nach einem positiven Geisteszustand sind. Einige Menschen haben die Vorstellung, dass die Vertiefung der Meditation notwendigerweise bedeutet, sich mit emotionalen Traumata auseinanderzusetzen. Natürlich passiert das manchmal. Aber diese Haltung kann die schwierigen Aspekte Ihrer Erfahrungen noch deutlicher hervorstechen lassen. Wir suchen dann nach beunruhigenden Anzeichen, und dies wird einen verzerrenden Effekt auf unser Bewusstsein haben. Um dieser Tendenz entgegenzuwirken, versuchen Sie sich klarzumachen, dass sich in Ihrem Schatten immer auch positive Geisteszustände verbergen. Wir können in der Meditation sehr kraftvolle positive Geisteszustände erleben: Ekstase, Erregung und Glückseligkeit. Diese beglückenden Geisteszustände können allerdings auch Angst machen. Sie sind ein Hinweis darauf, wie viel Positivität und Energie in uns eingeschlossen und unterdrückt ist. Der Weg, uns positiven Geisteszuständen zu nähern, besteht darin, einen Blick für Freude zu bekommen: sich in die Freude vertiefen und die Samen der Ruhe nähren. Eine einfache Methode, um sich stärker in die Meditation zu vertiefen, ist die Nutzung einer Zähltechnik. Sie können die Achtsamkeit auf den Atem im Anhang 1 benutzen. Sie können in dieser Woche auch öfter einige Minuten damit verbringen, die Ausatmungen zu zählen, nachdem Sie Achtsamkeit auf den Körper und auf die Gefühle geübt haben. Lassen Sie den Atem ganz natürlich kommen und gehen. Am Ende der Ausatmung zählen Sie „1“. Dann lassen Sie den Atem ein- und wieder ausströmen und zählen „2“ usw. bis 10. Wenn Sie bei 10 angekommen sind, beginnen Sie einfach wieder von vorn. Falls Sie das Zählen vergessen oder zu weit zählen, nehmen Sie es mit freundlicher Bewusstheit zur Kenntnis und fangen Sie wieder von vorne an.

1. Tag: *Anerkennung und Akzeptanz.* Konzentrieren Sie sich wieder auf Ihren Körper und fühlen Sie, wie Ihr Atem ein- und ausströmt. Sie können eine der Zähltechniken benutzen. Beachten Sie, was in Ihrem Geist geschieht, wenn Sie den Kontakt zu Ihrem Atem verlieren. Versuchen Sie, alle auftauchenden Gedanken anzuerkennen und zu akzeptieren. Selbstverurteilung oder eine ungeduldige Haltung in der Meditation sind kontraproduktiv. Sehen Sie, was passiert, benennen Sie es und kommen Sie sanft zum Atem zurück.

2. Tag: *Kultivieren des Gegenteils.* Beobachten Sie, wohin Ihr Geist abschweift, wenn Sie in der Meditation sitzen. Wenn Sie einen weniger hilfreichen Geisteszustand bemerken, versuchen Sie, das Gegenteil zu kultivieren. Falls Sie müde sind, öffnen Sie Ihre Augen und richten Sie Ihre Aufmerksamkeit auf Ihren Körper. Arbeiten Sie an der Verbesserung Ihrer Haltung: Heben Sie leicht Ihren Kopf und richten Sie Ihren Rücken auf. Falls Sie ängstlich sind, sitzen Sie ganz still, entspannen Sie sich und bringen Sie Ihr Bewusstsein tief in den Körper. Fühlen Sie das unbehagliche Gefühl und atmen Sie dort hinein. Wenn Sie Hass fühlen, versuchen Sie Geduld zu kultivieren: Machen Sie Ihr Gesicht und Ihren Bauch weicher, verwurzeln Sie Ihre Bewusstheit im Gewicht des Körpers.

3. Tag: *Genießen Sie den Atem.* Konzentrieren Sie sich auf Ihren Atem, vielleicht durch Nutzung einer der genannten Zähltechniken. Suchen Sie nach Freude. Machen Sie sich bewusst, wie der Körper innerlich durch den Atem massiert wird; oder wie der Atem wie eine Brise durch die Zweige eines Baumes streift. Alles, was Sie tun, ist entspannen und den Atem atmen lassen. Wenn Sie abgelenkt werden, ergründen Sie, ob Sie Gefallen an Ihrer Ablenkung finden können. Falls das so ist, versuchen Sie, darunter zu tauchen, um die Freude direkt zu fühlen, unter Umgehung der Bilder oder der Geschichte. Fühlen Sie das Vergnügen im Körper. Denken Sie daran, dass Freude sehr subtil sein kann; es kann lediglich das Gefühl der Behaglichkeit sein, das durch die Wärme Ihres Meditationskissens verursacht wird.

4. Tag: *Reflexion nutzen.* Ruhen Sie in Ihrem Körper. Nachdem Sie sich entspannt haben, beginnen Sie die inneren Empfindungen um Ihr Herz herum zu bemerken, in Ihrer Brust und in Ihrem Bauch. Während Sie diese Gefühle bemerken, versuchen Sie über positive Emotionen zu reflektieren. Sie könnten sich fragen: „Kann ich mich an eine Zeit erinnern, als ich mich wirklich lebendig gefühlt habe, verbunden mit anderen Menschen, oder wirklich vertieft in eine wichtige Tätigkeit? Beachten Sie jede Antwort oder Nichtantwort in Ihrem Herzen, in der Brust und im Bauch. Denken Sie an eine Zeit, als Sie freundlich waren oder großzügig oder sich einfach mit jemandem verbunden gefühlt haben. Bedenken Sie: Sie suchen hier nicht nach großen Emotionen – nur ein kurzes Aufflackern der Antwort in Ihrem Herzen. Alternativ können Sie sich auch sagen: „Möge es mir gut gehen, möge ich glücklich sein", während Sie sich auf die Empfindungen oder deren Fehlen um das Herz herum konzentrieren.

5. Tag: *Nur sitzen.* Sitzen Sie heute nur ganz still. Stellen Sie sich Meditation als etwas gänzlich Rezeptives vor, nicht als etwas, was Sie tun müssen. Beginnen Sie mit der Kultivierung der Achtsamkeit auf Ihren Körper. Versuchen Sie sie zu intensivieren. Wenn Sie sich schwach fühlen, könnten Sie sich einige Minuten sagen: „Möge es mir gut gehen und möge ich glücklich sein." Dann entspannen Sie sich. Schauen Sie, ob Sie in Ihrem Körper ruhen können, wenn der Geist wandert – und das wird er ganz bestimmt. Stellen Sie dies nur fest, seien Sie empfänglich, kommen Sie dann zurück zu Ihrem Körper. Die Haltung ist, wie „einfach im Körper warten." Sie versuchen nicht, irgendetwas zu tun. Es gibt nichts zu verändern.

6. Tag: *Dankbarkeit.* Nachdem Sie die ersten drei Stufen der Achtsamkeit aufgebaut haben – wie Sie in Ihrem Körper sind und in Ihren Gefühlen, und wie sich Ihr Geisteszustand anfühlt –, denken Sie an Menschen, denen Sie dankbar sind. Verbinden Sie Ihren Geist mit Ihrem Atem und vergegenwärtigen Sie sich diese Menschen – Eltern, Lehrer, Partner oder Freunde –, denen Sie sich in Dankbarkeit verbunden fühlen. Registrieren Sie Ihre innere Antwort mit ganzer Offenheit für alles, was auftaucht.

7. Tag: *Wertschätzung.* In dieser Meditation benutzen Sie Ihren Atem, um Ihr Bewusstsein in der Gegenwart zu verankern. Beginnen Sie die Meditation, indem Sie fünf Minuten lang nach jeder Ausatmung zählen. Während Sie noch irgendwie auf Ihren Atem aufmerksam sind, lassen Sie all das, was Sie an Wertvollem haben, in Ihr Bewusstsein aufsteigen: Gesundheit, Sinn für Humor, Freunde und Familie ... Werden Sie sich der Dinge bewusst, die Sie gern tun – ein gutes Buch lesen, mit Ihren Kindern spielen, lustige Geschichten von Ihrem Arbeitsplatz. Dann werden Sie sich Ihrer Freunde bewusst und was Sie an Ihnen schätzen. Versuchen Sie, diesen Sinn für Wertschätzung zu pflegen, während Sie sich noch ein wenig auf Ihren Atem einlassen.

Fünfte Woche
Praktische Rückschau

1. Achtsamer Spaziergang

Haben Sie daran gedacht, den achtsamen Spaziergang zu machen?

	1. Tag	2. Tag	3. Tag	4. Tag	5. Tag	6. Tag	7. Tag
☑ = Ja / ☒ = Nein							

Schreiben Sie hier Ihre Überlegungen auf:

2. Achtsamer Moment

Haben Sie daran gedacht, Ihren achtsamen Moment zu praktizieren?

	1. Tag	2. Tag	3. Tag	4. Tag	5. Tag	6. Tag	7. Tag
☑ = Ja / ☒ = Nein							

Versuchen Sie, sich nicht entmutigen zu lassen, wenn Sie Ihren achtsamen Moment vergessen – jeder tut das. Versuchen Sie einen Weg zu finden, sich selbst zu erinnern: Kleben Sie ein Post-it an Ihren Badezimmerspiegel (wenn Sie sich für den achtsamen Moment während des Zähneputzens entschieden haben) oder stellen Sie eine kleine Buddhafigur in Ihr Auto (wenn Sie die ersten fünf Minuten des Weges zur Arbeit dafür nutzen möchten). Sie könnten die Gelegenheiten für Ihren achtsamen Moment neu bestimmen oder vielleicht einen Wecker stellen, um sich zu bestimmten Zeiten erinnern zu lassen.

Die fünf Vorsätze und die vier Anstrengungen

Wie ging es voran, die fünf Vorsätze und die vier Anstrengungen in die Praxis umzusetzen? Was haben Sie dafür getan, wie haben Sie sie kultiviert? Haben Sie irgendein Problem bemerkt, das in Ihnen aufgestiegen ist – so etwas wie Schuld oder Widerstand? Waren Sie überzeugt davon, dass die Kultivierung positiver Emotionen der Schlüssel zu authentischem Glück ist?

Schreiben Sie hier Ihre Überlegungen auf:

3. Meditation

Wie war Ihre Meditation in dieser Woche? Haben Sie es geschafft, regelmäßig zu meditieren? Wie haben Sie sich nach der Meditation gefühlt? Haben Sie versucht, nach jeder Ausatmung zu zählen?

Schreiben Sie hier Ihre Überlegungen auf:

Achtsamkeit auf die *dhammas* beschließt den Pfad der vollen Achtsamkeit. Wir brauchen nicht noch mehr Stufen; wir brauchen keine fünfte Grundlage der Achtsamkeit. Wir müssen die Lehren so lange bedenken, bis wir Einsicht in sie gewonnen haben – bis wir gesehen haben, dass Hass niemals durch Hass überwunden werden kann. Einsicht ist direktes Wissen. Es ist nicht primär ein intellektuelles Verstehen. Es ist Intuition, Imagination, Gedanke und direkte Wahrnehmung in einem. Wir können nur „direkt wissen", wenn wir die Lehre des Buddha auf unser emotionales Leben anwenden, wenn wir unserem Verständnis erlauben, unsere Herzen zu verwandeln.

Eines gibt es dabei aber noch zu bedenken: Wir glauben vielleicht, dass Achtsamkeit etwas Privates ist – etwas, das wir zu unserem eigenen Nutzen tun. Wenn wir uns der Achtsamkeit in diesem Geist nähern, führt sie vor allem zu Innenschau und Selbstbezogenheit. Wahre Bewusstheit scheint in die Welt und zu anderen Menschen hinaus. Deswegen ist es jetzt Zeit, unsere Aufmerksamkeit auf die schönen Dinge um uns herum zu richten: die Natur, die Erscheinungen und Kunstwerke.

Strandläufer

Das Rauschen neben sich nimmt er einfach hin,
und dass ab und zu die Welt mit Sicherheit bebt.
Er läuft, er läuft Richtung Süden, pedantisch, ungelenk,
in beherrschter Panik, ein Schüler von Blake.

Der Strand zischt wie Fett. Zu seiner Linken
kommt und geht eine weite Fläche störenden Wassers
und überzieht seine dunklen und spröden Füße.
Er läuft, er läuft mitten durch und betrachtet seine Zehen.

Betrachtet vielmehr die Sandstellen zwischen ihnen,
wo (kein Detail zu klein) der Atlantik schnell
rückwärts und abwärts abfließt. Während er läuft,
starrt er auf die schleppenden Körnchen.

Die Welt ist feuchter Dunst. Und dann ist die Welt
winzig klein und unermesslich und klar. Die Flut
kommt oder geht. Er könnte nicht sagen, was.
Sein Schnabel ist konzentriert; er ist gänzlich vertieft,
er sucht irgendwas, irgendwas, irgendwas.
Armer Vogel, er ist besessen!
Die Millionen von Körnchen sind schwarz, weiß, beige und grau,
vermischt mit Quarzkörnchen, rosarot und amethysten.

Elizabeth Bishop[27]

[27] Bishop, E., *Sandpiper* aus: *Complete Poems*, Chatto and Windus, UK, 2004, S. 131. Deutsch in: Bishop, E., *Die Farben des Kartographen – Gedichte*, Residenz Verlag: Salzburg, Wien, Frankfurt/Main, 2001, S. 79.

Sechste Woche: Natur und Kunst

Wertschätzung als Lebensstil

Als der Buddha die vier Grundlagen der Achtsamkeit lehrte, sagte er, dass ein gutes und bedeutungsvoll gelebtes Leben eines in Achtsamkeit ist. Er lehrte den Pfad der Achtsamkeit so, dass wir die Mysterien des Bewusstseins untersuchen und unser Potenzial zur Erleuchtung entdecken können. Aber jedes System spart Dinge aus. Das Leben ist zu komplex. Unser Leben ist zu unordentlich, unvorhersehbar und voller Facetten, um in irgendeiner Lehre oder Philosophie vollständig eingebunden werden zu können.

Wenn wir also auf die vier Grundlagen sehen, fehlen zwei Dinge: die Umwelt und andere Menschen. Mit „Umwelt" meine ich ländliche Umgebungen ebenso wie die Stadtzentren, Cockerspaniel und Silbermöwen, Blumen und Artischocken ebenso wie Dinge – der Laptop, mit dem ich arbeite, und der Bleistift auf dem Schreibtisch. Ebenso wie die Achtsamkeit auf den Körper bedeutet, für den Körper zu sorgen – zum Schwimmen gehen, Gemüse essen –, schließt die Achtsamkeit auf die Umwelt auch den sorgfältigen Umgang mit ihr ein: das Auto in der Garage lassen, den Wasserhahn zudrehen während des Zähneputzens. Zur Umwelt gehören auch Kunstwerke und Architektur: das Schallloch in einer Gitarre, das Fortissimo eines Tenors, das rosa Dreieck auf einem blauen Quadrat auf einem Bild von Kandinsky.

Deswegen möchte ich in diesem Kapitel den Wert untersuchen, Dinge zu sehen, zu berühren, zu schmecken, zu riechen und zu lesen. Ich möchte den Wert von Kunst und Poesie untersuchen. Ich möchte die Notwendigkeit betonen, die natürliche Umwelt zu erhalten. Sich der Umwelt bewusst zu sein ist ein lebenswichtiger Teil des Lebens in voller Aufmerksamkeit.

Das zu Beginn des Kapitels zitierte Gedicht von Elizabeth Bishop, „Strandläufer", ist ein wunderschönes Beispiel für

Achtsamkeit auf die natürliche Umwelt. Sie beschreibt einen Strandläufer, der an der Küste nach Nahrung sucht. Dieser Anblick ist vertraut – vielleicht von einem Urlaub an der See oder vom flüchtigen Blick aus einem fahrenden Zug. Aber wie bewegt sind wir bei solchen Anblicken tatsächlich? Sehen wir sie wirklich? Wir sind üblicherweise so in unsere eigenen Geschichten verwickelt – unsere inneren Gespräche und unser Gerede –, dass wir die Natur nur unscharf am Rande unseres Bewusstseins wahrnehmen.

Elizabeth Bishop sieht mit außerordentlicher Klarheit, Gefühl und Spürsinn. Ihr Gedicht erinnert mich daran, dass wahre Achtsamkeit lebendig und mitfühlend ist, konkret und imaginativ, intelligent und emotional. Mit anderen Worten, Achtsamkeit ist integrierte Wahrnehmung. Es ist die ganze vollständig präsente Person.

Das erhellende Detail:

Zu seiner Linken
kommt und geht eine weite Fläche störenden Wassers
und überzieht seine dunklen und spröden Füße

verbindet sich mit einem sanften Gespür für Komödiantisches:

Er läuft, er läuft mitten durch und betrachtet seine Zehen.
(...) *Armer Vogel, er ist besessen!*

Wie viele von uns können die Natur mit solchen begeisterten, großen, warmen Augen sehen? „Strandläufer" spricht auch von Verbundenheit und Intimität. Der Vogel wird nicht als etwas draußen Existierendes gesehen, ein simples ornithologisches Exemplar; in den Zeilen liegt Begeisterung und Identifikation. Bishops Gedicht beginnt mit:

Das Rauschen neben sich nimmt er einfach hin,
und dass ab und zu die Welt mit Sicherheit bebt.

Dieses Rauschen ist auch das Rauschen der Welt – die Geräusche des 20. Jahrhunderts, von Krieg und Elend. Die Dichterin weiß nur zu gut, dass die Welt beben muss. Aber sie weiß auch, dass diese Bereitschaft zum Beben für ihr eigenes Leben gilt – von der Krankheit ihrer Mutter bis hin zum Suizid ihres Lebensgefährten.[28] Das ganze Gedicht hindurch spüren wir eine tiefe Verbindung zwischen dem Vogel und der Dichterin. Aber diese Identifikation sieht nach draußen und ist dankbar und wertschätzend. Sie benutzt den Vogel nicht als Vorwand, um von sich selbst zu reden. Das Gespür für den Vogel als Gefährten entsteht aus einem lebendigen Einlassen auf das Gesehene. In diesem wahren Anblick beginnt die Trennung zwischen „Selbst" und „Welt" zu zerfließen – Dinge werden belebt mit Geist. Beides wird als bedeutungsvoller und lebendiger erlebt.

Bishop beschreibt den Strandläufer als „Schüler von Blake". Sie dachte an Blake und seine berühmte Zeile: „Sieh eine Welt in einem Körnchen Sand." Dies ist unser Achtsamkeitsziel für die natürliche Welt: alles in allem reflektiert zu sehen – „Die Welt in einem Körnchen Sand." Und das ist genau das, was der Strandläufer sieht:

Die Welt ist feuchter Dunst. Und dann ist die Welt
winzig klein und unermesslich und klar.

Der „Strandläufer" erinnert mich an eine Qualität, die im Sanskrit als *vidyā* bezeichnet wird. *Vidyā* kann übersetzt werden als „analytisch wertschätzendes Verständnis." Es ist eine Art „Begeisterung für die Dinge", ein reines Gespür von Wertschätzung ohne jeden Hang von Gier. *Vidyā* ist auch die „Weisheit in wahrer Wertschätzung." Wenn wir mit *vidyā* sehen, erkennen wir, dass die Welt nicht eine Folge getrennter materieller Dinge ist, die außerhalb von uns existiert. Wir sehen, dass alles mit allem verschmilzt, teilhat an allem anderen, dass außerhalb der Grenzen und Begrenzungen des Selbst alles miteinander verbunden ist.

Ich möchte betonen, dass Wertschätzung ein Lebensstil ist. Damit meine ich nicht, dass wir so zart sind wie Gewächshauspflanzen, dass wir nicht hart arbeiten, Gräben graben oder zum Bus laufen können. Aber ich meine auch kein Leben mit reser-

[28] Heaney, S., *The Redress of Poetry*, Faber, UK, 1995, S. 176.

vierten Nachmittagen, um ab und zu eine DVD zu sehen oder ein Ballett zu besuchen. Ich meine Wertschätzung als absolut zentrale Lebenshaltung. Unser Ziel sollte es sein, Leben einfach zu würdigen, sich zurückzunehmen und alles zu genießen. Ja, wir müssen arbeiten und planen. Manchmal müssen wir uns aus der Bequemlichkeit hinausschubsen, um zu wachsen, um alles zu tun, um anderen zu helfen oder Projekte und Verantwortung zu übernehmen. Aber wir sollten all dies nicht zu ernst nehmen. Wir brauchen eine gewisse Verspieltheit, einen Hauch von Leichtigkeit. Wenn wir alles aus bestimmten Gründen tun – weil es gut für uns ist, weil es uns hilft, Freunde zu gewinnen und Menschen zu beeinflussen, weil der Planet unsere Hilfe braucht –, dann werden wir uns aller Freude und Spontaneität im Leben berauben. Wir sollten Dinge genießen. Unsere Grundhaltung dem Leben gegenüber sollte ästhetisch sein. Dieser „Wertschätzungsmodus" hat radikale Folgen: Wir beschäftigen uns weniger mit weltlichen Belangen. Wir tun, was wir tun müssen, um zu leben und einen Beitrag zum Leben anderer zu leisten. Aber wir entscheiden uns, ein einfaches, menschenwürdiges Leben zu führen. Wertschätzung braucht Stille, um sich zu entwickeln. Es bedarf einer gewissen Weiträumigkeit, einer Freiheit von Komplexität und Überregulierung. Aus diesem Grund ist es so viel leichter, Wertschätzung auf einem Retreat zu erleben. Dort leben wir ohne viele Dinge. Wir stellen unser Telefon aus und stellen unseren Laptop weg. Jeder Tag folgt einem einfachen Programm aus Meditation, Gespräch und freier Zeit, sodass wir keine Zeit und Energie verschwenden, um ständig Entscheidungen zu treffen. Wir leben ein einfaches Leben – gemeinschaftlich, unkompliziert, in Berührung mit der natürlichen Umgebung –, um uns einfacher Dinge zu erfreuen: unser Atem während der Meditation, der Anblick einer Amsel oder die Gedichte von Elisabeth Bishop.

Der spirituelle Wert dieser Art ist ihre offene, nicht gierige Natur. Wertschätzung ist Selbstzweck. Sie ist ihre eigene Belohnung. Soweit wir diesen Wertschätzungsmodus entwickeln, werden wir sensibilisiert für die vielen Hässlichkeiten im modernen Leben. Wir bemerken, wie banal die Medien sein können, wie unangenehm grobe Sprache, zynische Ideen und abfällige Bemerkungen. Wir erkennen, dass Selbstgefälligkeit, in all ihren unzähligen Facetten, nicht sehr produktiv ist, sondern unkreativ, grob und vorhersehbar. Wahre Wertschätzung bedeutet, das Selbst und die Selbstgefälligkeit loszulassen. Wenn wir vertieft sind in die wertschätzende Betrachtung eines Baumes, eines Gedichts oder eines Strandläufers, vergessen wir uns selbst, und indem wir das tun, gehen wir über uns selbst hinaus. Mit anderen Worten: In unseren Momenten tiefer Wertschätzung wird unser Selbst relational. Statt eng verwurzelt, wiederholend und habituell zu sein, wird das Selbst offen, spontan und kreativ. In Elizabeth Bishops „Strandläufer" modifizieren sich das Selbst und die Welt und beleben einander.

Die Natur würdigen

Wir müssen die Fähigkeit entwickeln, an Dingen Gefallen zu finden, die Dinge zu lassen, wie sie sind, und uns an ihnen zu erfreuen. Es ist so verlockend, uns auf das zu konzentrieren, was wir nicht bekommen: den Urlaub, den wir uns nicht leisten können, den Freund, der uns verlassen hat, die Freizeit, von der wir gerne mehr hätten. Wir können unser Selbstgefühl darum herum aufbauen, übersehen oder ungerecht behandelt worden zu sein. Um dem entgegenzuwirken, müssen wir Interesse und Wertschätzung für das kultivieren, was direkt vor uns liegt, genau jetzt. Und wir können mit der Natur beginnen.

Die Begegnung mit anderen Lebewesen ist gut für uns. Haustierbesitzer zeigen weniger Anzeichen für Stress als solche Menschen, die keine haben. Sie erleben weniger leichte Krankheiten und haben einen niedrigeren Blutdruck. Nach der American Heart Foundation erleben Patienten mit Herzinsuffizienz nach einem zwölfminütigen Besuch von einem Hund einen signifikant niedrigeren Angstpegel, reduzierten Blutdruck, verminderte

Ausschüttung gesundheitsschädlicher Hormone.[29] Die Therapie wurde benutzt, um Menschen mit seelischen Problemen zu helfen, gewalttätigen Gefangenen und problematischen Teenagern. Es scheint so zu sein, dass jeder Kontakt mit einem anderen Wesen einen positiven Effekt haben kann, ob man nun eine Sumpfschildkröte oder Koikarpfen hält oder ob man Vögel beobachtet.

Studien haben gezeigt, dass sich Krankenhauspatienten mit Blick in einen Garten schneller erholen als solche, die auf eine Wand sehen müssen. Ähnlich werden Sie sich wahrscheinlich von Krankheiten schneller erholen und weniger Begleiterscheinungen haben, wenn Sie von Ihrem Zimmer aus einen Baum sehen können. Das Gärtnern wird zunehmend als etwas erkannt, das auf vielerlei Weise psychologischen und körperlichen Nutzen birgt. Selbst Zimmerpflanzen sind gut für uns: Sie helfen uns, ruhiger und optimistischer zu werden und, nach Untersuchungen aus Norwegen, verringern sie Ermüdung, Husten, Halsschmerzen und schnupfenartige Erkrankungen.[30]

Wenn wir das Leben in voller Aufmerksamkeit kultivieren, beginnen wir die Natur als etwas zu erleben, das in sich selbst und durch sich selbst wertvoll ist. Dieses echte Gefühl für die Natur braucht Zeit, um sich zu entwickeln. Er ist nicht primär ideologisch. Es ist keine „Umweltsentimentalität“ aus politischen Gründen – wie nötig das auch immer sein mag. Diese Art der Aufmerksamkeit ist eher verwandt mit der Liebe.

Ich kann mich noch gut daran erinnern, als ich zum ersten Mal zu einem Retreat aufs Land fuhr. Ich habe versucht, mich über den Anblick eines Zaunkönigs zu freuen oder über das blutrote und goldene Farbenspiel des Sonnenuntergangs. Aber um es ganz ehrlich zu sagen, fand ich alles ziemlich langweilig. Ich bevorzugte Sex und Kino. Erst nach einigen Jahren Achtsamkeitspraxis begann ich zu spüren, dass ungezwungene und

---

[29] www.pet-educationresources.co.uk

[30] www.sixwise.com/newsletters/05/02/01/the_health-benefits_of_house-plants_including_the_top_nine_healthiest_plants.htm.

echte Freude an der Natur Kennzeichen wahrer Wertschätzung sind. Als ich mein Bewusstsein entwickelt und vertieft hatte, spürte ich ein gewisses Echo von den Dingen – vom Sonnenlicht, das auf Weidenblättern funkelte oder vom Flug einer Ringeltaube. Diese Resonanz wurde nicht durch Denken bewirkt (auch wenn Reflexion eine Rolle spielte) – es war mehr die Bereitschaft, der Natur zu erlauben, mein Bewusstsein zu bereichern und zu verändern. Ich kann mich nicht daran erinnern, wann mein Gefühl für die Landschaft sich veränderte, aber nach und nach begann ich, ein neues Gespür für die Verbundenheit zu entdecken. Nach und nach fühlte ich mich eher als Teil der Natur denn als gelangweilter oder pflichtbewusster Beobachter. Diese Art des Gefühls für die natürliche Umwelt ist von wesentlicher Bedeutung. Wenn es erst entwickelt und etabliert ist, ist es ein Kennzeichen spiritueller Reife. Immanuel Kant sagte, dass „ein unmittelbares Interesse an der Schönheit der Natur (...) jederzeit ein Kennzeichen einer guten Seele sei".[31] Das Entscheidende ist also: „unmittelbares Interesse".

Gleichzeitig müssen wir unsere Resonanz, die wir der Natur gegenüber entwickeln, mit einer Bereitschaft verbinden, auf jene Dinge zu verzichten, die zu ihrer Zerstörung beitragen. Wir müssen ernsthaft unsere Begehrlichkeiten untersuchen, unsere Verschwendungssucht und Selbstgerechtigkeit in Bezug auf den Planeten und sehen, was wir tun können, um unsere negativen Auswirkungen auf ihn zu reduzieren. Mehr denn je ist offensichtlich, dass unsere habgierige Lebensweise – unser „bekommen und ausgeben" wie Wordsworth es sagte –, unsere Welt zerstört.[32] Wir müssen unbedingt den Wert selbstloser Wertschätzung erkennen. Ein Leben in voller Aufmerksamkeit ist ein Leben, in dem wir weniger brauchen, um uns glücklich zu machen.

---

[31] Kant, I., *Kritik der Urteilskraft*, hrsg. von Karl Vorländer, Hamburg 1990, S. 150.

[32] Wordsworth, W., Sonnet: *The World is Too Much With Us*, The Collected Poems of William Wordsworth, Wordsworth Editions Limited, UK, 1994.

Die Kunst würdigen

Eine der Möglichkeiten, die Wertschätzung für die Natur zu kultivieren, ist die Würdigung der Kunst. Zypressen haben nie wieder so ausgesehen, wie van Gogh sie gemalt hat; Monet half uns, Schattenfarben zu sehen; und Rembrandt hat uns den Geschmack von glühenden Hautfarben nahegebracht. Maler können uns helfen, die Muster und Verbindungen, Neigungen und Vieldeutigkeiten, Feinheiten und Nuancen zu entdecken. Wir sprechen vom „Auge des Malers" – das Drama, das John Constable in den Sturmwolken über der Kathedrale von Salisbury genießt oder die fremde Schönheit, die Morandi in seiner Kollektion staubiger alter Flaschen findet. Wir müssen dieses „Auge des Malers" entwickeln, wenn wir Achtsamkeit auf unsere Umgebung kultivieren wollen.

Dichtung ist ebenfalls sehr hilfreich. Mithilfe eines guten Gedichts können wir mit neuer Klarheit mit unserem geistigen Auge sehen. Die „pedantischen" und „ungelenken" Bewegungen des Strandläufers, die von Elisabeth Bishop beschrieben werden, lassen uns denken: „Ja, ich habe das gesehen; ich habe es zwar nicht gemerkt, dass ich es gesehen habe, aber jetzt kann ich es in meinem Geist erkennen." Durch einfache Verknüpfung einer Sache mit einer anderen – wie eine Metapher grundsätzlich arbeitet – können wir Dinge plötzlich mit ganz neuen Augen sehen.

Um gesunde Menschen zu sein, müssen wir uns zwischen zwei Welten bewegen. Die erste Welt ist unser Lebensbereich der Arbeit und des Ausruhens, des Geldverdienens und -ausgebens. Die zweite Welt entspricht der ersten, außer dass sie durch die Vorstellungskraft des Schriftstellers, Dichters oder Dramatikers verklärt wird. Diese zweite Welt ist ein Gegengewicht zur ersten. Sie enthält den Ausgleich für das Chaos, die Banalität, die Langeweile und den Schmerz im Leben vieler von uns.[33] Diese zweite Welt der Imaginationen drängt unsere

[33] Heaney, S., *The Redress of Poetry*, Faber, UK, 1995.

alltägliche Realität der ersten Welt zurück und tröstet und erfrischt uns. Der spirituelle Wert von Kunst findet sich in der Freude, die sie uns geben kann. Diese Freude ist von besonderer Qualität. Sie kann unschuldig sein. Ich meine damit, dass sie nicht in egoistischem Begehren oder Hass begründet ist. Wir können ein Gedicht lesen oder uns ein Bild ansehen und uns aufgehoben fühlen. Wir können aus einer Vorstellung von *Macbeth* oder *Der Kirschgarten*[34] kommen und spüren, dass wir ein tieferes Verständnis der Bedeutung von Menschlichkeit gewonnen haben. Das ist das, was Seamus Heaney „die Wiedergutmachung durch die Dichtung" nennt: Dass die Künste uns unser Leben zurückgeben können, geläutert und freigesprochen durch die imaginative Vision des Künstlers. Es ist eine seltene Form der Freude, aber es gibt sie. Bestenfalls kann die Kunst uns zu einer besonderen Form der Zufriedenheit führen, die Freude mit Bedeutung vereint. Wenn wir sagen, dass etwas „schön" ist, meinen wir damit, dass es gleichzeitig sowohl erfreulich als auch bedeutungsvoll sein kann.

Das Gesehene soll lediglich ein Gesehenes sein …

Der Weg der Wertschätzung ist ein Gegenmittel zur vorherrschenden Art im Westen, dem Weg der Gier. Wir können dies sofort praktizieren, indem wir einen Hund streicheln oder die Forsythie beschneiden. Wir können Liebe zur Natur und die Bereitschaft entwickeln, alles Mögliche zu ihrer Bewahrung zu tun. Wir können genießen, was wir haben, statt uns nach dem zu sehnen, was wir nicht haben. Wir können auf ein Retreat gehen. Wir können einen Spaziergang machen. Wir können solche Schriftsteller lesen, die uns in diese andere Welt der imaginativen Verehrung begleiten.

Und wir können in Richtung *vidyā* gehen. Es gibt einen berühmten buddhistischen Text, in dem der Buddha das Wesentliche des spirituellen Weges erklärt: die wachsende Einsicht in

[34] Ein Schauspiel von Anton Cechov. Anm. d. Ü.

ein Leben voller Achtsamkeit. Die Lehre ist ziemlich einfach, zumindest intellektuell. Sie besagt: „Wenn etwas gesehen wird, soll es nur Gesehenes sein, wenn etwas gehört wird, soll es nur Gehörtes sein.“[35] Das ist eine Erfahrung, ohne dass etwas übrig bleibt, ohne dass etwas von „mir“ hinzugefügt wird. Es ist reine, selbstlose Wertschätzung. Wenn wir Dinge auf diese Weise sehen – ohne Beschreibung, ohne Ergreifen oder irgendeinen Bezug zu mir, mir, mir herzustellen –, sehen wir mit *vidyā*. Und wenn wir mit *vidyā* sehen, beginnt die Welt zu leuchten. Wir sehen ein Gebäude, einen Eimer mit Wischwasser oder eine Brombeerhecke, und es scheint noch etwas *mehr* da zu sein, es scheint lebendig in einer Art zu sein, die wir nicht festhalten können. Das Leben in der Welt „da draußen“ scheint mit dem Leben „hier drinnen“ verbunden zu sein – beide erscheinen lebendiger und gleichzeitig mysteriöser. Die Kluft zwischen der Welt und dem Selbst beginnt zu verschwinden. Wir wissen, zumindest theoretisch, dass Materie nicht tot oder inaktiver Stoff ist. Wenn wir mit gesteigertem Bewusstsein sehen, beginnen wir das Mysterium des Lebens zu erkennen. Das ist Leben, volles Erleben, aber es ist ungreifbar, unsagbar und unbenennbar. In solchen Momenten erkennen wir intuitiv einen ganz neuen Weg, die Welt zu erleben. Wir bewegen uns in Richtung Weisheit.

Sechste Praxiswoche

Ich möchte unsere Woche der Achtsamkeit gern mit einem Vorschlag über allgemeine Wege beginnen, damit wir uns unserer Umwelt bewusster werden können. Danach richten wir unsere Aufmerksamkeit auf unseren täglichen achtsamen Spaziergang, den achtsamen Moment und die Sitzmeditation. Aber vorher lassen Sie uns einen Blick auf eine buddhistische Lehre werfen, die besonders wichtig für diese Praxiswoche ist.

---

[35] Ud. I 10. „Bahiya“. In: Udāna – Verse zum Aufatmen. Die Sammlung Udāna und andere Strophen des Buddha und seiner erlösten Nachfolger. Verlag Beyerlein & Steinschulte.

Weise und unweise Aufmerksamkeit

Ich habe schon angedeutet, dass es manchmal am besten ist, sich abzulenken, wenn man in eine schlechte Stimmung hineinrutscht. Aber was wir „Ablenkung“ nennen, ist eigentlich etwas Negatives – so als ob die wirkliche Sache die schlechte Stimmung wäre und sich davon abzulenken lediglich eine Vermeidung derselben. Natürlich ist Ablenkung oft eine Vermeidung: Wir essen zu viele Kekse, weil wir deprimiert oder einsam sind, oder wir kaufen uns für unseren Computer neue Software, um schreckliche Leeregefühle loszuwerden. Das ist aber nicht die ganze Geschichte. Manchmal ist Ablenkung – oder die Verschiebung der Achtsamkeit – genau das, was wir tun sollten, vor allem als kurzfristige Lösung. Wir lenken üblicherweise kleine Kinder ab, wenn sie zu weinen beginnen, weil ihre Eltern ausgegangen sind. Wir benutzen Ablenkung als absichtliche, kurzzeitige Strategie, weil wir wissen, dass das Kind in keiner realen Gefahr ist und dass seine Tränen, obwohl sie ganz echt sind, nicht zu ernst genommen werden müssen. Wir sind gar nicht so anders. Mit Absicht unsere Aufmerksamkeit auf etwas Konstruktiveres zu verschieben kann eine wertvolle Strategie sein, um mit unserem Geist zu arbeiten. Die Frage ist: Woher wissen wir, wann wir Tatsachen ins Gesicht sehen müssen und wann wir unsere Aufmerksamkeit auf etwas anderes richten sollten? Diese Frage wird durch die Lehre von der weisen und unweisen Aufmerksamkeit beantwortet.

Wenn wir nochmals einen Augenblick an die vier Anstrengungen zurückdenken, erinnern wir uns, dass unweise Aufmerksamkeit negative Geisteszustände verursacht und jede negative Stimmung, in der wir schon sind, nur noch schlimmer macht. Wenn wir grübeln, gewähren wir unseren Gedanken unweise Aufmerksamkeit – wir graben in Schuld, in Kindheitstraumata, wiederholen leidvolle innere Geschichten. Wenn der Fokus unserer Aufmerksamkeit uns ärgerlicher macht, depressiver oder verdrießlicher, wurde unser Geisteszustand Gegenstand unweiser Aufmerksamkeit.

Unweise Aufmerksamkeit bezieht sich auch auf unsere Umgebung. Wir können sie auf verführerische Werbung richten, zynische Talkshows, tratschende Arbeitskollegen oder sensationshungrige Zeitungen. Eine Menge der Dinge, denen wir im modernen Leben unsere Aufmerksamkeit widmen, wird negative Geisteszustände provozieren und sogar ermuntern. Die Frage, die wir uns stellen müssen, ist: Führt unsere Aufmerksamkeit zu einem Anwachsen oder zu einer Minderung des Leidens?

Wenn wir einer Sache weise Aufmerksamkeit schenken, entstehen keine negativen Geisteszustände, und schlechte Stimmungen verschwinden. Nebenbei gesagt mag dies einer der Verdienste verschiedener Arten von Psychotherapie sein: Ein guter Therapeut wird Ihre weise Aufmerksamkeit unterstützen, indem er Sie ermuntert, schwierige Emotionen zu erleben, ohne sie gleichzeitig zu verstärken. Wir werden noch sehen, dass dies gewiss auch ein Aspekt von Freundschaft ist.

Die Kunst, glücklich zu sein, bedeutet zu lernen, wie man weise Aufmerksamkeit erwecken und unweise vermeiden kann. Das ist genau das, wozu Sie dieser Kurs in den letzten Wochen ermuntern wollte. Wenn wir während der Meditation mit der Beobachtung unseres Atems beschäftigt sind, verweilen wir in weiser Aufmerksamkeit. Eine stilvolle Unterhaltung, ein Strandspaziergang oder Singen in einem Chor – dies alles können Aspekte weiser Aufmerksamkeit sein. Einer der Gründe, in schlechte Stimmungen zu geraten, ist es, dass wir oft nicht genug positive Ventile für unsere Energie haben. Deswegen ist die Kultivierung stabiler Interessen für unsere psychologische Gesundheit so wichtig. Ob wir uns einer Laientheatergruppe anschließen, Tango lernen oder Bücher über Quantenphysik lesen, wir müssen positive Ventile für unsere Energien und Interessen finden. Wenn wir keine positiven finden, werden wir negative finden. Hauptsächlich sollten wir versuchen, in unserem Leben Interesse an allem zu bekommen, was uns voranbringt, was zu unserem eigenen Wohl und zu dem anderer beiträgt.

Die wertschätzende Aufmerksamkeit, die wir der Welt um uns herum widmen – Musik hören, Mountainbike fahren, eine Graffitiwand genießen –, schützt uns vor unseren Gewohnheiten unweiser Aufmerksamkeit. Wir können von Darleen Cohen lernen, die Menschen mit chronischen Schmerzen behandelt. Sie sagt: „Wenn Sie chronische Schmerzen haben, ist es Ihre Aufgabe, (1) die Schmerzen und das Leid anzuerkennen und (2) Ihr Leben exponentiell zu bereichern. Falls der Umgang mit Ihrem Schmerz eine Sache von fünf Dingen in Ihrem Leben ist, von fünf großen Themen, werden Sie in Schwierigkeiten geraten. Das heißt, es sollte eines von mindestens zehn sein. Mit Schmerz umgehen zu können ist nur ein Teil vom Umgang mit Schmerz. Die anderen neun Anteile sind Dinge, die wir tun müssen, um unser Denken anzuregen, unsere Emotionen zu bereichern und unsere Imagination freizusetzen. Wir müssen unser Leben so reich machen, dass kein Schmerz uns beherrschen kann."[36]

Einige Ideen, um weise Aufmerksamkeit zu kultivieren

Eine Umweltwoche

Sie könnten diese Woche benutzen, um zu helfen, die Umwelt zu schützen. Sie könnten sich entscheiden, das Auto stehen zu lassen. Sie könnten etwas reparieren, statt es wegzuwerfen und etwas Neues zu kaufen. Sie könnten Flaschen zum Container bringen, die Heizung runter drehen oder zu umweltfreundlichen Lampen wechseln. Sie könnten Pappschachteln recyceln und das Kompostieren beginnen. Sie könnten mit dem Fahrrad zur Arbeit fahren. Und warum nicht die elektronischen Geräte ausschalten, wenn Sie sie nicht benutzen? Wenn wir alle dies täten, würden wir Tausende Kilogramm an Kohlendioxid jedes

---

[36] Cohen, D., *Finding a Joyful Life in the Heart of Pain*; Shambala Publications, 2000.

Jahr sparen.[37] Sie könnten einen Baum pflanzen (ein einziger Baum absorbiert eine Tonne Kohlendioxid während seiner Lebenszeit) oder einen Urlaub planen, ohne fliegen zu müssen. Das sind kleine Dinge. Sie allein werden den Planeten nicht retten, aber sie können etwas tun. Natürlich könnten Sie noch weitergehen und z. B. teilen: mit anderen ein Haus und die Waschmaschine, den Trockner, den Kühlschrank, den Staubsauger und den Rasenmäher oder das Auto.

Versuchen Sie, diese Woche dazu zu benutzen, positive Gewohnheiten einzuüben, die in die Zukunft weisen. Die übliche Anleitung für diese Dinge sind die drei Rs: reduce, re-use, recycle, (reduzieren, wiederverwenden, recyceln). Tun Sie, was Sie können, um Ihren Konsum zu reduzieren: Benutzen Sie Dinge mehrfach, statt sie wegzuwerfen; recyceln Sie so viel wie möglich.

Verbessern Sie Ihre „kulturelle Ernährung“

Ebenso wie viele von uns Ihre Ernährung verbessern müssen – auf Fast Food verzichten zugunsten von Gemüse und Mineralwasser –, müssen viele von uns ebenso ihre „kulturelle Ernährung“ verbessern. Die Qualität dessen, was wir in unseren Geist aufnehmen, ist genauso wichtig wie die Qualität dessen, was wir essen.

Werfen Sie deswegen diese Woche einen Blick auf die Dinge, die Sie für Ihre Entspannung und Unterhaltung tun. Fragen Sie sich ernsthaft: „Haben sie irgendeinen ‚Ernährungswert‘? Helfen sie oder behindern sie den Weg zur vollen Achtsamkeit? Wie viel Zeit verbringe ich beim Internetsurfen? Verbringe ich meine Freizeit mit dem Lesen kostenloser Zeitungen oder dem Spielen auf meinem Handy? Wenn ich nach Hause komme, sehe ich dann irgendeinen Unsinn im Fernsehen?“ Fragen Sie sich, wann Sie zum letzten Mal einen vernünftigen Roman gelesen oder eine Kunstgalerie besucht haben. Sie können den

[37] www.climatecrisis.net.

„Ernährungswert" von etwas durch das Gefühl beurteilen, dass Sie am Ende haben: aufgebläht oder befriedigt, eingeschränkt oder erweitert, gröber oder differenzierter.

Hier sind einige Vorschläge: Sagen Sie Nein zu dem Mann, der an der U-Bahn-Station steht und Ihnen kostenlose Zeitungen anbietet.[38] Nehmen Sie stattdessen ein kleines Heftchen mit Gedichten mit. Lesen Sie ein oder zwei Gedichte, wenn Sie unterwegs sind. Lesen Sie jedes Gedicht mehrmals. Gute Gedichte brauchen Zeit und Raum, um gewürdigt zu werden; sie können nicht schnell gelesen werden. Gedichte sind wie diese Verkehrsschilder, die auf Landstraßen aufleuchten, wenn Sie sich einem Dorf nähern – diejenigen, die Ihnen sagen, dass Sie langsamer fahren sollen! Gedichte machen Sie langsamer und helfen Ihnen, innezuhalten und Dinge zu würdigen. Und es ist egal, welches Sie wählen. Es gibt eine Menge guter Anthologien. Suchen Sie sich etwas aus, das Ihnen entspricht.

Wenn Sie nicht arbeiten müssen, versuchen Sie, jeden Abend ein Gedicht zu lesen, bevor Sie zu Bett gehen, oder als Erstes am Morgen, bevor Sie meditieren.

Ich gehe oft in die Nationalgalerie in London und sehe mir mein Lieblingsbild an: „Eine Herbstlandschaft mit Blick auf Het Steen am frühen Morgen" von Rubens. Es ist nicht besonders populär, sodass ich immer direkt vor dem Bild auf einer Bank einen Platz finde. Ich schaue und schaue und warte. Manchmal warte ich solange, bis die Wärter unruhig werden. Ich warte darauf, dass das Bild lebendig wird. Es ist nicht schwer. Ich richte einfach meine ganze Aufmerksamkeit darauf. Es ist wie Meditation; alles, was ich tun muss, ist, immer wieder zum Objekt der Aufmerksamkeit zurückzukehren. Wenn ich das tue, bemerke ich, wie Rubens die glitzernden, silbernen Birkenblätter oder die entfernte Sicht feuchter Felder eingefangen hat. Ich brauche nicht viel zu wissen über barocke Kunst. Ich brauche nicht zu wissen, wann Rubens das Bild gemalt hat oder warum

[38] Das ist in London so üblich. Anm. d. Ü.

(obwohl das natürlich auch interessant wäre). Ich warte einfach, bis ich eine Verbundenheit mit dem Bild vor mir empfinde.

Einige Menschen finden Kunstgalerien einschüchternd und haben das Gefühl, dass Kunst zu intellektuell und schwierig sei. Trotzdem kann man sich an vielem erfreuen. Wir müssen nur daran denken, dass die Künstler für uns malen, um Ihnen und mir Freude zu schenken. Also besuchen Sie diese Woche einmal eine Kunstgalerie: Falls es bei Ihnen in der Nähe keine gibt, planen Sie einen Tagesausflug zu einer Galerie. Werfen Sie einen Blick auf deren Website. Schauen Sie, ob Sie ein oder zwei Gemälde aussuchen können, die Ihnen gefallen und die Sie ansprechen. Sie brauchen nichts darüber zu wissen – Sie können später etwas über sie herausfinden, falls Sie das möchten. Wenn Sie sich nicht entscheiden können, welche Bilder Sie sich anschauen wollen, wählen Sie einfach ein oder zwei der am besten bekannten Arbeiten der Galerie. Wählen Sie ein Bild, zwei oder höchstens drei. Für jede Form von Kunst braucht man „schöne Momente". Kunst kann nicht gedankenlos konsumiert werden. Sie können sich nicht zwingen, Kunst zu mögen, aber Sie können sich wenigstens Zeit dafür nehmen.

Bildbetrachtung

Gehen Sie zuerst in ein Cafe. Tun Sie dies, um von Ihrer Welt des Alltags auf die Welt der Imagination umzuschalten. Sehen Sie das Café als Chance zum Entspannen – lassen Sie Ihren Bauch weich werden und lassen Sie Ihre Schultern fallen, lassen Sie Ihren Geist zur Ruhe kommen. Sie können einen Drei-Minuten-Atemraum einlegen. Dies wird Ihnen helfen, den richtigen Geisteszustand für eine freundliche Würdigung zu schaffen.

Wählen Sie ein oder zwei Bilder. Schauen Sie sich jedes Bild mindestens zehn Minuten lang an, oder sehen Sie sich ein Bild zwanzig Minuten lang an. Sie könnten ein Bild wählen, vor dem eine Bank steht!

Stellen Sie sich ein wenig weiter weg und kommen Sie dann näher. Stellen Sie sich ein wenig weiter weg vom

Bild, sodass Sie das ganze Gemälde im Blick haben. Nehmen Sie sich auch ein wenig Zeit, um näher dranzustehen, damit Sie die Details genießen können. Dann gehen Sie einige Male vor und zurück.

Schauen Sie auf die abstrakten Elemente. Alle Gemälde, von Giotto bis Picasso, sind aus formalen, abstrakten Elementen aufgebaut – die Form, die durch eine Figur, ein Pferd oder eine Baumgruppe gestaltet wird. Betrachten Sie, wie diese abstrakten Elemente harmonisch mit der Oberfläche des Bildes in Beziehung stehen. Beachten Sie, wie diese abstrakten Beziehungen zwischen Vordergrund und Hintergrund, kleineren und größeren Formen Muster schaffen, Reime und Spiegelungen.

Entdecken Sie die Bedeutung des Bildes. Maler benutzen diese formalen, abstrakten Elemente, um die Bedeutung, die Botschaft und den Fokus des Bildes zu ergänzen. Die Hanglage mit der Madonna im Bild von Rafael zu verknüpfen schafft ein freundliches Gefühl von Harmonie und Ruhe, das Teil der Bedeutung dieses Bildes ist. Es gibt der Madonna auch eine monumentale Qualität – es stattet sie mit Stabilität, Sicherheit und Erhabenheit aus.

Beachten Sie die Bearbeitung und die Farbe. Betrachten Sie, wie die Farbe verwendet wird – ist sie in dicken Schichten aufgetragen (wie bei van Gogh) oder in dünnen Schleiern (wie bei Turner)? Ist die Anwendung der Farbe breit und unharmonisch oder weich und strahlend? Gibt es eine bestimmte „Farbwelt“ – bläulich-grau oder braun? Wie ist die Farbe über das Bild verteilt? Beobachten Sie, wie diese Dinge zur Bedeutung und Atmosphäre des Bildes beitragen. Jedes Element eines Bildes ergänzt die Wirkung zum Ganzen.

Spielen Sie mit den Bedeutungen. Aber alles sollte im Geist des Spiels untersucht werden. Wenn Sie Bilder in einer Galerie betrachten, möchten Sie sich fühlen, als würden Sie in Hausschuhen dort stehen – ganz wie zu Hause, zwanglos und entspannt. Spielen Sie mit den Bedeutungen: Woran erinnern Sie die Formen, Farben und Texturen? Welche Assoziationen fallen Ihnen dazu ein? Zum Beispiel trägt die Madonna in Raffaels Bild ein warmes rotes Kleid, das ihre Brust und ihr Herz bedeckt, wodurch ihre emotionale Liebe und Freundlichkeit angedeutet wird.

Finden Sie die eigene Bedeutung in Ihrem Erleben. Das ist ganz wichtig. Finden Sie eine persönliche Verbindung zu dem Werk. Was bedeutet es für Sie? Verkörpert es Werte, die für Sie von Bedeutung sind? Bedenken Sie: Dieses Gespür für Wert impliziert keinen Glauben – ich kann Madonnas Sanftmut genießen, ihre Gnade und Wärme, ohne zu glauben, dass sie die Muttergottes ist. Spielen Sie mit den Metaphern des Bildes, sehen Sie, wie sie mit Ihrem Leben verbunden werden können. Es braucht Zeit und Empfindsamkeit, den Gefühlen zu folgen, die das Bild in Ihnen auslöst, und was es in Ihrem Geist entzündet. Jeder Aspekt kann helfen: Die blühende Wiese erinnert Sie an ein Picknick, der Anblick eines Bildes von Rubens erinnert Sie an Ihr Bergwandern. Finden Sie vertraute Verbindungen, Bedeutungen und Resonanzen.

Versuchen Sie ein anderes Bild oder einen anderen Tag. Natürlich können Sie all das tun und noch kein verbindendes Gefühl empfinden. Wichtige ästhetische Erfahrungen werden durch verborgene Interaktionen zwischen der Qualität des Objekts (in diesem Falle ein Bild), der Qualität Ihrer Aufmerksamkeit und der besonderen Struktur Ihrer Lebensgeschichte und Ihrer Werte geschaffen. Niemand findet jedes Bild bewegend. Selbst große Meisterwerke können langweilig sein. So können Sie ein anderes Bild betrachten oder an einem anderen Tag zurückkommen, wenn Sie in einer anderen Gemütsverfassung sind. Und wenn Sie vertrauter werden mit Bildern, schauen Sie, ob Sie Ihre Interessen erweitern können. Bleiben Sie nicht nur bei den Impressionisten stehen.

Versuchen Sie, in dieser Woche wenigstens einen Nachmittag zu reservieren, an dem Sie nur ein Buch lesen. Widerstehen Sie dem Fernseher! Der Trick ist, ihn einfach nicht anzustellen. Ist er erst eingeschaltet, ist es viel schwerer, ihn wieder auszustellen! Lassen Sie keine Musik im Hintergrund laufen und schalten Sie Ihr Handy aus. Versuchen Sie, eine Stunde oder länger zu lesen, ohne aufzustehen, um irgendetwas anderes zu tun, wie zum Beispiel Tee kochen oder Ihre E-Mails checken. Mehr Zeit mit einem Buch zu verbringen bedeutet weniger Zeit für eine andere Freizeitgestaltung. Legen Sie deswegen Ihre Hochglanzmagazine beiseite, Ihre Sonntagszeitung, Ihre Computerspiele oder Ähnliches. Die Idee ist, eine konzentrierte Phase ununterbrochener Zeit zu schaffen, um sich am Lesen zu erfreuen. Und wichtig ist natürlich: Vergewissern Sie sich der Unterstützung Ihres Partners oder Ihrer Partnerin. Jemand aus den Kursen im Londoner Buddhistischen Zentrum beschloss, seinem Partner vorzuschlagen, einmal in der Woche einen Nachmittag im Schweigen zu verbringen, sodass sie lesen und entspannen konnten. Das können Sie auch versuchen.

Erstausstattung eines Lesers

Als ich jung war, wollte ich mich an Gedichten und Literatur erfreuen, aber ich hatte keine Idee, womit ich beginnen sollte. Meine Erziehung war ziemlich rückständig, sodass ich meinte, die „höheren Künste" lägen jenseits meiner Fähigkeiten. Wenn ich auf diese Zeit zurückblicke, hätte ich gut eine Anfangsausstattung als Leser brauchen können, damit ich die Bücher und Gedichte kennenlernen konnte, die meine Interessen wecken konnten, um mich weiter zu bringen. Selbst auf die Gefahr hin, anmaßend zu erscheinen oder Ihnen als Leser/in meinen eigenen speziellen Geschmack aufzudrängen, dachte ich, es könnte hilfreich sein, wenn ich Ihnen einige Dinge vorschlage, die mich erfreuten. Ich versuche nicht, vollständig oder objektiv zu sein. Diese Anfangsausstattung besteht aus Arbeiten imaginativer Lebendigkeit und intellektuellem Gewicht. Die Grundlage sind Bücher, auf die ich zufällig gestoßen bin und die ich schätzen gelernt habe. Wer weiß, vielleicht mögen Sie sie ja auch!

Gedichte:

John Keats: *Ausgewählte Werke. Lyrik*, Reclam 1995
W.H. Auden: *The Mask of Achilles*
Elizabeth Bishop: *The Moose*
Seamus Heaney: *District and Circle*

Romane:

Tolstoi: *Krieg und Frieden*
Emily Brontë: *Sturmhöhe*
Vikram Seth: *Eine gute Partie*
Kazuo Ishiguro: *Alles, was wir geben mussten*

Sachbücher:

Bryan Magee: *Bekenntnisse eines Philosophen*
Simon Schama: *Rembrandts Augen*
Martin E.P. Seligman: *Der Glücksfaktor. Warum Optimisten länger leben*
Sangharakshita: *Who is the Buddha?*

Viele Menschen meinen, dass es am besten ist, sich von seinem Interesse leiten zu lassen, wenn man sich mit Kunst beschäftigt. Zum Beispiel führte mich die Lektüre von Auden zu Marianne Moore (sie waren Freunde), was mich wiederum zur Literatur von Elizabeth Bishop führte (Moore fungierte eine Weile als Mentorin für Bishop). Van Gogh führte mich zu Cezanne, der mich wiederum zum Renaissance-Maler Pierre della Francesca führte, dessen Malstil fast schon Cezannes Stil ankündigt. Der Faden braucht kein intellektueller zu sein. Ich ging erst in die Oper, nachdem ich Malcolm McLarens Post-Punk-Kombination von Madame Butterfly und den Blues der 1980er Jahre gehört hatte. Finden Sie deswegen Ihren eigenen Interessensfaden. Folgen Sie ihm, wohin er Sie auch führt. Er könnte Sie dazu führen, Biografien zu lesen. Immerhin sind die Kunstwerke am besten innerhalb des Lebenskontextes des Künstlers und seiner Zeit zu verstehen. Aber denken Sie daran: Die Hauptsache ist, spirituell gesehen, ernsthafte Freude zu entdecken, tiefes Interesse, greifbare Freude. Das könnte einige Anstrengung bedeuten, aber es wird sich am Ende als wertvoll erweisen.

Machen Sie einen achtsamen Tagesausflug

Tragen Sie sich einen Termin für einen Tagesausflug (oder eine „Pilgerfahrt“, wie ich es nenne) in Ihren Kalender ein – auch wenn das einigen Leuten zu religiös und zu streng klingen mag. Wenn Sie auf eine Pilgerfahrt gehen, besuchen Sie einen heiligen Platz wie Bodhgayā, Lourdes, Santiago de Compostela oder Mekka. Jeder Ort offenbart seinen Wert – der Schrein eines Heiligen, der Geburtsort des Buddha –, und jede Pilgerschaft findet auf zwei verschiedenen Ebenen statt: äußerlich und innerlich. Christliche Pilger werden auf einem speziellen Pilgerweg wandern, an einer Kirche oder in einer Kapelle eine Pause machen, um zu beten. Während einer Pilgerfahrt sind innere Läuterung und äußere Reise vereint.

Deswegen wählen Sie Ihren „heiligen Ort“. Sie könnten sich entschließen, ein Vogelschutzgebiet zu besuchen. Sie könnten Ihren Feldstecher mitnehmen und versuchen, einen Säbelschnäbler zu beobachten. Diese spezielle Vogelart war einst in Großbritannien ausgestorben, aber jetzt, merkwürdigerweise, ist er zurück! Einen Säbelschnäbler beobachten, eine Gruppe Kiebitze oder arktische Schwalben, die in der Luft kreisen und landen: Es ist ein heiliger Anblick, solange Sie ihm ungeteilte Aufmerksamkeit schenken. Vogelschutzgebiete drücken Werte aus: das Wunder der Natur, ihre endlose Vielfalt und Schönheit.[39] Oder Sie könnten eine der großen Kathedralen besuchen, einen altertümlichen Steinring oder ein berühmtes Museum. Denken Sie an einen Ort, der Ihnen einen Wert vermittelt.

Ich versuche, auf meinem Weg zur U-Bahn-Station achtsam zu sein. Ich versuche, die feinen Details aufzunehmen, die ich so oft verpasse – das Schattenspiel von Blattmustern auf einem weißen Auto, der blaue Wirbel eines Tattoos auf dem Arm eines Fremden. Im Zug registriere ich das Gewicht meines Körpers, ich lasse meinen Bauch weicher werden. Ich werde der anderen

---

[39] Barnes, S.; *How to be a Bad Bird watcher,* Short Books, USA, 2005, S. 132-150

Passagiere gewahr, der Zeitungen, die auf freien Sitzen liegen, der leeren Milchshakebecher, die auf dem Boden herumrollen. Wenn ich in die Stadt gehe, esse ich einen Croissant und trinke einen Cappuccino. Ich koste den Kaffee. Ich genieße es, den letzten Rest Schaum mit einem Plastiklöffel herauszukratzen. Und in mein Notizheftchen schreibe ich die Dinge, die mich berührt haben – zwei Terrier, die sich in ihren Hundeleinen verfangen haben, ein Obdachloser, der einen Schlafsack und einige Kartons mit sich herumträgt, chinesische Schulkinder, die sich in Zweierreihen auf den Weg zur Nationalgalerie machen. Wenn ich dann meine Achtsamkeit aufgebaut habe, gehe ich in die Galerie und sehe mir ein Bild an.

Sie alle werden Ihre eigenen heiligen Orte haben. Was immer dieser Ort ist: Gehen Sie allein oder mit einem Pilgerfreund, mit dem Sie Ihre Erlebnisse teilen können. Nehmen Sie Ihr Notizheft mit. Gehen Sie im Geiste der Pilgerschaft, d. h., dass Ihre Reise und Ihre Ankunft, die innere Reise und die äußere Zugfahrt, alle gleichermaßen Gültigkeit besitzen. Sie könnten auch beschließen – wenn Sie in einem Café Ihres Lieblingsmuseums sitzen oder versteckt hinter einem Busch in einem Vogelschutzgebiet –, darüber ein Gedicht zu schreiben oder eine Kurzgeschichte. Betrachten Sie es als einen Tag voller Aufmerksamkeit. Schließlich ist es die Qualität der Aufmerksamkeit, die etwas heilig macht.

Der achtsame Spaziergang

All die Dinge, die ich oben erwähnt habe, können Sie diese Woche tun oder zumindest planen. Natürlich können Sie auch einfach mehr Zeit in Ihrem Garten verbringen, nach Ihren Tropenfischen schauen, mit dem Hund Gassi gehen oder Ihre Yuccapalme umtopfen. Wie immer Sie es anfangen, tragen Sie Ihre Bewusstheit in die Welt um Sie herum. Freuen Sie sich über Dinge. Kultivieren Sie weise Aufmerksamkeit.

Wir vergessen leicht, auf das achtzugeben, was uns umgibt. Wir fühlen uns zum Beispiel in der Stadt gestresst, überreizt oder abgehoben – aber oft hören wir nicht wirklich, sehen nicht wirklich, berühren nicht wirklich oder hören nicht wirklich zu. Wir sind oft genervt von Dingen – die brechend volle Versammlung, die schmutzigen Straßen, der peitschende Regen –, und merken gar nicht, wie sehr wir deswegen verspannt sind oder innerlich stöhnen und klagen.

Führen Sie Ihre tägliche Praxis weiter wie bisher (Sie könnten noch einmal auf Ihre Listen schauen, um ihr Gedächtnis aufzufrischen, wie Sie Ihre tägliche Praxis bisher geübt haben); und während Sie sich Ihres Körpers und seiner Bewegungen bewusst bleiben, versuchen Sie, nun auch mehr Aufmerksamkeit auf Ihre Umgebung zu richten.

Versuchen Sie, die Dinge zu sehen, wie sie sind. Bemerken Sie die Bushaltestellen, die Schaufensterfronten oder den Abfall, ohne auf die Beobachtungen zu reagieren. Nur bemerken. Schließen Sie auch Geräusche in Ihre Bewusstheit ein: Vogelgesang, ein Lastwagen, der an der Ampel losfährt, ein Baby, das in seinem Buggy weint. Bringen Sie beim Gehen mehr Bewusstheit zu dem, was Sie sehen und hören. Versuchen Sie, mit dem Gewicht und den Bewegungen Ihres Körpers gleichzeitig Kontakt zu halten.

Wechselseitige Konditionierung. Versuchen Sie, herauszufinden, in welchem Ausmaß die Umweltbedingungen Ihren Geisteszustand beeinflussen – wie Sie vielleicht vergnügt sind, wenn die Sonne scheint; wie miserabel Sie sich fühlen können, wenn es andauernd regnet. Beachten Sie, wie Werbung Ihre Unzufriedenheit aktiviert und wie sie Sie verführt. Seien Sie achtsam auf die Wirkung einer Polizeisirene oder eines Plakats für Unterwäsche. Registrieren Sie, wie die Umwelt Ihren Körper beeinflusst – ziehen Sie Ihren Bauch zusammen, ziehen Sie die Schultern hoch oder kneifen Sie Ihre Augen zu? Ebenso beachten Sie, wie Ihre Stimmung Ihre Wahrnehmung beeinflusst. Wir haben eine ausgeprägte Tendenz, unsere Geisteszustände in die Welt um uns herum zu projizieren. Wenn wir mürrisch sind, sehen die

Dinge hässlich aus. Wenn wir in Eile sind, scheinen die Ampeln immer auf Rot zu stehen und die Verkäufer besonders langsam zu sein!

Besucher aus einem anderen Land. Setzen Sie Ihre normale Gehmeditation fort, aber versuchen Sie, Dinge aufzunehmen, die Sie üblicherweise nicht bemerken, Dinge, für die Sie blind geworden sind – das könnte die Architektur oberhalb der Schaufenster sein oder der schillernde Hals einer Straßentaube. Sie könnten sich vorstellen, dass Sie Besucher aus einem anderen Land oder von einem anderen Planeten sind. Sehen Sie mit dem „Auge des Dichters oder des Malers". Letztlich geht es bei der Achtsamkeit um die Verbesserung Ihrer Sinne, um die Welt mit mehr Lebendigkeit zu erleben. Vergessen Sie nicht, dass Sie versuchen wollen, Ihre Umwelt auf integrierte Art und Weise wahrzunehmen – zu Hause in Ihrem Körper, Ihrer Gefühle bewusster, empfindsamer für das, was Sie sehen, hören, schmecken oder berühren. Erweitern Sie den Spielraum Ihres Bewusstseins unter Einschluss der inneren und äußeren Welt. Benutzen Sie wie üblich die Tabelle am Ende dieses Kapitels, um aufzuschreiben, ob Sie den achtsamen Spaziergang gemacht haben oder nicht.

Der achtsame Moment

Nutzen Sie den achtsamen Moment als Schlüssel, um sich Ihrer Umgebung bewusst zu werden. Versuchen Sie, Ihre Bewusstheit der Dinge, mit denen Sie leben, zu intensivieren. Wenn Sie Ihre Abendverrichtungen als achtsamen Moment benutzen, schmecken Sie wirklich Ihre Zahnpasta und spüren Sie die Seife in Ihren Händen. Wenn es der erste Augenblick ist, nachdem Sie Ihren Computer hochgefahren haben, beachten Sie die Dinge auf Ihrem Schreibtisch: das Klebeband, den Leuchtmarker oder die ineinander verhakten Büroklammern. Nichts ist unbedeutend im Angesicht der Achtsamkeit.

Und benutzen Sie Ihre Imagination. Sie werden wahrscheinlich Wege finden müssen, um das Interesse an Ihrer Achtsamkeitspraxis aufrechtzuerhalten. Sie könnten Ihren achtsamen Moment verändern oder neue Auslöser finden, um daran zu denken. Sie könnten eine kleine Geschichte über Ihre Zahnpasta oder die Symbole auf Ihrem Computer schreiben, sodass Sie jedes Mal, wenn Sie sie sehen, sich ihrer ein wenig bewusster werden. Skizzieren Sie die Dinge auf Ihrem Schreibtisch oder beschreiben Sie sie in Ihrem Tagebuch; dies könnte helfen, Ihrer Bewusstheit zu folgen.

Beobachten Sie zehn bis fünfzehn Minuten Ihre Umgebung. Sie könnten einfach nur aus Ihrem Fenster sehen. Ich tue das manchmal als Erstes, wenn ich morgens aufgestanden bin. Oder Sie könnten im Park sitzen und den Eichhörnchen nachschauen. Wenn Sie ein eifriger Gärtner sind, könnten Sie einfach für eine Weile im Garten sitzen. Widerstehen Sie dem Drang, das letzte bisschen Unkraut jäten zu wollen. Kochen Sie sich eine Tasse Tee, halten Sie inne, sehen und hören Sie. Tun Sie nichts. Werden Sie sich nur sanft der Dinge um Sie herum bewusst.

Wir versuchen, in einen Zustand der Träumerei hinein zu sinken, in dem wir die Dinge ruhen lassen, keine Menschen sehen, keinen Geschäften nachgehen. Denken Sie deswegen daran, Ihr Handy auszustellen. Wenn Sie es anlassen, sind Sie sich unterschwellig immer bewusst, dass jemand anrufen könnte, um Sie zu bitten, eine bestimmte Aufgabe zu erledigen oder über etwas nachzudenken, was Ihren Geist davon abhält, sich zu öffnen und zu entspannen. Teil des Reifens ist zu lernen, wie man beginnt – wie man sich über den ersten Widerstand hinwegsetzt und sich für eine Aufgabe einsetzt –, aber es geht auch darum, zu lernen, wie man aufhört.

Und falls Sie sich entscheiden, Musik zu hören, wählen Sie eine CD, die Sie schön finden, und hören Sie einfach nur zu, ohne abzuwaschen, zu bügeln oder Papiere zu sortieren. Versuchen Sie, tief und unabgelenkt zuzuhören.

Meditation – einen Schrein bauen

Es ist wichtig, einen geeigneten Platz zum Meditieren zu haben. Sie brauchen einen ruhigen Ort – ohne Fernsehen oder leise Jazzmusik aus dem Nebenzimmer. Er sollte angenehm sein, nicht zu kalt, aber auch nicht heiß und stickig. Außerdem sollte er ästhetisch ansprechend sein. Der große Schreinraum im Londoner Buddhistischen Zentrum hat einen leuchtenden Ahornfußboden. Die Lampen können gedimmt werden, wir zünden Kerzen an und verbrennen Räucherstäbchen. Der Raum ist ordentlich und geräumig mit einem Schrein, vor dem man sitzen kann. Das Wort „Schrein" bedeutet „Ort des Friedens". Es ist ein Ort, der Ihre Werte verkörpert. Sie können diese Woche deswegen entscheiden, sich zu Hause einen kleinen Ort des Friedens zu bauen. Säubern Sie Ihren Raum, und schaffen Sie einen Platz, wo Sie sitzen und meditieren können. Sorgen Sie für frische Luft im Raum. Sie könnten sich ein Meditationskissen zum Sitzen kaufen, und vielleicht haben Sie auch Lust, sich einen kleinen Schrein oder Altar zu bauen.

Als ich Student war, habe ich mir einen etwas schäbigen Schrein aus einem Kasten gebaut, um den herum ich einen Behang geschlungen habe. Ich habe gern Kerzen angezündet und Räucherstäbchen verbrannt – es wurde mein kleines Ritual, um mich auf die Meditation vorzubereiten. Warum bauen Sie keinen Schrein für sich selbst? Sie könnten ihn mit Dingen schmücken, die für Sie wichtig sind – eine Postkarte von jemandem, den Sie mögen, einige Rosen aus dem Garten, ein Bild, das Sie inspiriert. Oder Sie könnten auch einen Schrein mit traditionellen Objekten ausstatten:

Kerzen	- symbolisieren das Licht der Weisheit des Buddha
Blumen	- symbolisieren Vergänglichkeit, den Kern der buddhistischen Lehre
Räucherstäbchen	- symbolisieren den positiven Einfluss, den Menschen, die Leben in voller Achtsamkeit praktizieren, auf der Welt haben können

Einen Schrein vor der Meditation vorzubereiten ist eine gute Art, in eine andere Verfassung zu kommen, sich von der äußeren Welt der Aktivität zur inneren Welt der Empfänglichkeit und Betrachtung zu bewegen. Kerzen und Räucherstäbchen anzuzünden hilft uns, langsamer zu werden. Das signalisiert einen Übergang. Und es hilft uns, Meditation zu schätzen. Einen Schrein herzustellen bedeutet: „Dies ist wichtig für mich, dies ist ein heiliger Ort." Viele Menschen stellen eine Buddhastatue auf ihren Schrein. Der Buddha wird üblicherweise in Meditationshaltung dargestellt. Blumen und Kerzen um ihn herum aufzubauen ist eine Möglichkeit, uns zu sagen: Dies ist die Art von Ruhe und Lebendigkeit, die ich anstrebe.

Die Meditationen dieser Woche

Wie ist es mit der Meditation vorangegangen? Haben Sie geübt, oder haben Sie aufgegeben? Haben Sie eine passende und regelmäßige Zeit zum Meditieren gefunden? Oder haben Sie das Meditieren immer wieder verschoben und gedacht, Sie würden es später tun, sind dann aber nicht mehr dazu gekommen? Versuchen Sie, diese Woche ein bisschen mehr zu meditieren. Falls Sie es letzte Woche einmal geschafft haben, versuchen Sie, ob Sie diese Woche zwei- oder dreimal meditieren können. Wenn Sie jeden Tag zwanzig Minuten meditiert haben, versuchen Sie, ob Sie ein wenig länger sitzen können (ohne sich zu zwingen). Und denken Sie daran: Wenn Sie Zeit haben, schreiben Sie eine kurze Notiz in Ihr Tagebuch, wie die Meditation verlaufen ist.

1. Tag: *Achtsamkeit auf Geräusche.* Beginnen Sie mit der Entwicklung von Gewahrsein für Ihren Körper. Arbeiten Sie sich systematisch von den Zehen bis zu Ihrem Kopf hoch. Bleiben Sie in Kontakt mit Ihrem Körper und lauschen Sie auf die Geräusche um Sie herum. Geräusche haben kein Etikett, so wie „Musik aus einem Autoradio", „Vogelgesang". Es sind nur Geräusche. Versuchen Sie deshalb, Geräusche zu bemerken, ohne ihnen ein Etikett zu geben, ohne sie zu beschreiben und in Ihrem Geist zu benennen. Nur entspannen. Seien Sie sich Ihres Körpers bewusst und lassen Sie Geräusche um Sie herum das sein, was sie sind: Das Gehörte ist lediglich ein Gehörtes.

2. Tag: *Anblick und Geräusch.* Beginnen Sie Ihre Praxis mit geöffneten Augen. Richten Sie Ihren Blick etwa einen Meter vor Ihnen sanft auf den Boden. Werden Sie gewahr, was durch Ihren Augensinn in Sie hineinkommt, aber ohne umherzublicken oder zu versuchen, irgendetwas zu erhaschen. Versuchen Sie, alles Benennen und Beschreiben loszulassen. Lassen Sie das Gesehene nur ein Gesehenes sein. Lassen Sie die Dinge sozusagen einfach hinter Ihr Auge fallen. Dann schließen Sie Ihre Augen und werden Sie sich der Geräusche um Sie herum bewusst. Schließen Sie Ihr Körperbewusstsein mit ein, und schließlich beobachten Sie Ihren Atem. Spüren Sie den Atem in Ihrem Körper. Zum Ende der Praxis kommen Sie zurück zu den Geräuschen und sitzen Sie mit geöffneten Augen etwa eine Minute ganz still.

3. Tag: *Einfach gewahr sein.* Beginnen Sie mit Gewahrsein dessen, was Sie sehen, so wie Sie es gestern geübt haben. Dann schließen Sie Ihre Augen und nehmen Sie die Geräusche wahr. Sitzen Sie einige Minuten im Gewahrsein der Geräusche. Achten Sie auf Ihre Annahme, dass Geräusche von außen kommen. Ist Ihnen das bewusst? Oder gibt es etwas, das Sie Ihrer Bewusstheit hinzufügen? Vorstellungen wie „innen“ und „außen“ sind Gedanken: Sie entstammen nicht der direkten Wahrnehmung. Dann bringen Sie Ihre Aufmerksamkeit zu Ihren anderen Sinnen. Können Sie etwas riechen? Die Blumen auf Ihrem Schrein, jemand, der unten Toast macht? Gibt es irgendeinen unbestimmten Geschmack in Ihrem Mund? Und wie ist es mit den Tastempfindungen? Die Wärme Ihrer Beine, vielleicht die Kühle auf Ihrer Stirn? Dann schauen Sie, ob Sie Gefühlstönungen (*vedanā*) bemerken können oder Ihre inneren Geschichten (*citta*). Abschließend sitzen Sie nur und entspannen Sie sich in voller Aufmerksamkeit.

4. Tag: *Den Atem erforschen.* In der heutigen Meditation versuchen Sie, die Feinheit und die Nuancen des Atems zu erforschen. Beginnen Sie wie gewöhnlich mit der Entwicklung von Körperbewusstsein. Ziehen Sie sich von Ihrer Stirnseite zurück. Entspannen Sie Ihre Augen. Machen Sie Ihren Gesichtsausdruck weicher. Schwingen Sie sich in das Gewicht Ihres Körpers ein, auf dem Stuhl oder auf dem Kissen. Dann erforschen Sie Ihren Atem. Wo fühlen Sie den Atem am stärksten: in der Brust, im Bauchraum, in den Nasenöffnungen? Fühlt sich der Atem rau oder weich an, tief oder flach, schnell oder langsam? Können Sie den Atem unten in der Beckenregion fühlen, in Ihrem unteren Rücken, an den Seiten? Wenn Sie tiefer entspannt sind, untersuchen Sie die Feinheiten Ihres Atems. Versuchen Sie, den Atem hinten in Ihrem Hals zu spüren oder sogar in Ihren Händen und Füßen.

5. Tag: *Gefallen an der Welt finden.* Beginnen Sie wieder mit geöffneten Augen. Dann schließen Sie Ihre Augen und schwingen sich in die Geräusche um Sie herum ein – ein Auto, das auf der Straße beschleunigt, das Geräusch eines Flugzeugs am Himmel, Schulkinder, die draußen kreischen. Versuchen Sie, ein wertschätzendes Bewusstsein für all das zu haben – so als ob Sie Musik hören würden. Spüren Sie die Nachwirkung der Geräusche in Ihrem Körper. Dann bleiben Sie bei dieser weiten Bewusstheit und schließen Sie den Körper und die Empfindungen des Atems mit ein. Versuchen Sie wieder, ausdrücklich wohlwollendes Bewusstsein zu kultivieren. Reagieren Sie weder auf unangenehme Empfindungen negativ noch greifen Sie nach angenehmen Empfindungen. Versuchen Sie, sich in einem entspannten wohlwollenden Bewusstsein einzurichten.

6. Tag: *Weise Aufmerksamkeit kultivieren.* Kultivieren Sie wieder Bewusstheit des Sehens, dann der Geräusche, des Geschmacks, der Berührung, des Gefühls und des Atems. Wenn Sie die umfassendste und größtmögliche Bewusstheit erreicht haben, konzentrieren Sie sich nach und nach jeweils auf einen Teil des Atemzyklus. Sie könnten sich auf den Atem an der Spitze

Ihrer Nase konzentrieren oder unten in der Magengrube. Denken Sie daran: Wenn Sie sich konzentrieren, brauchen Sie die Breite des Gewahrseins nicht gewaltsam zu ignorieren. Erlauben Sie dem Fokus, ganz natürlich aus dem Hintergrund heraus aufzutauchen. Dann versuchen Sie, mit wohlwollender Aufmerksamkeit bei dem gewählten Aspekt Ihres Atems zu verweilen. Wenn Sie abgelenkt werden, wenden Sie Ihre Aufmerksamkeit bewusst auf das, was Sie ablenkt. Versuchen Sie, weise Aufmerksamkeit zu kultivieren: Warum sind diese Gedanken für Sie interessant? Was möchten Sie? Können Sie die inneren Gefühle der Erzählungen in Ihrem Geist spüren? Achten Sie darauf, wenn Sie von weiser in unweise Aufmerksamkeit abgleiten. Beachten Sie, wohin der Geist wandert und kultivieren Sie weise Aufmerksamkeit. Dann kommen Sie zurück zum Atem.

7. Tag: *Der wunderbare Moment.* Stellen Sie wieder Ihre Achtsamkeit auf die Sinne ein: Was können Sie sehen, hören, schmecken, berühren oder riechen? Schließen Sie Ihre Augen und entspannen Sie in Ihren Körper hinein. Erden Sie sich im ersten Bereich der Achtsamkeit und wenden Sie sich Ihrem Atem zu. Benutzen Sie die Zähltechnik und zählen Sie am Ende jeder Ausatmung. Üben Sie dies etwa 5 Minuten. Beginnen Sie jedes Mal wieder bei 1, wenn Sie das Zählen vergessen oder zu weit zählen. Beenden Sie dann das Zählen und fühlen Sie den ganzen Atem im Körper. Wenn Sie abgelenkt werden, registrieren Sie den Moment, wenn Sie die Ablenkung bemerken: Das ist der „wunderbare Moment". Es ist der Moment reinen Bewusstseins. Wenn Sie ihn direkt bemerken können, ohne darüber frustriert zu sein, dass Sie abgelenkt wurden, wird er Sie tiefer in die Meditation hineinführen. Alles, was Sie tun müssen, ist immer öfter solche „wunderbaren Momente" zu haben. Sie können sogar zu sich sagen: „Es ist gut, abgelenkt zu werden: Es bedeutet, dass ich mehr wunderbare Momente erleben kann!"

Sechste Woche
Praktische Rückschau

1. Achtsamer Spaziergang

Haben Sie daran gedacht, den achtsamen Spaziergang zu machen?

	1. Tag	2. Tag	3. Tag	4. Tag	5. Tag	6. Tag	7. Tag
☑ = Ja / ☒ = Nein							

2. Achtsamer Moment

Haben Sie daran gedacht, den achtsamen Moment zu praktizieren?

	1. Tag	2. Tag	3. Tag	4. Tag	5. Tag	6. Tag	7. Tag
☑ = Ja / ☒ = Nein							

Haben Sie es geschafft, den achtsamen Moment auszudehnen und ein wenig Zeit damit zu verbringen, aus dem Fenster zu schauen, im Park zu sitzen oder Musik zu hören? Falls, ja, wie ist es gegangen?

Schreiben Sie hier Ihre Überlegungen auf:

3. Schreibübungen

Ohne zu sehr darüber nachzudenken, schreiben Sie hier fünf Aspekte Ihrer Umgebung auf – Dinge, Natur, Kunst –, die Sie in dieser Woche besonders bemerkt haben:

Mir fiel insbesondere auf …

4. Meditation

Sind während Ihrer Praxis irgendwelche Muster aufgetaucht? Waren Sie schnell von sich gelangweilt oder frustriert? Müssen Sie mehr tun, um Ihre Konzentration zu verbessern, z. B. am Ende jedes Ausatmens zählen – oder zwingen Sie Ihren Geist, bei der Meditation zu bleiben? Denken Sie über die Trends nach, denen Sie in Ihrer Meditation begegnen.

Schreiben Sie hier Ihre Überlegungen auf:

Wir haben der Wert schätzender Bewusstheit für das spirituelle Leben erfahren und gelernt, uns an den Dingen zu erfreuen, so wie sie sind, ohne sie ergreifen und haben zu wollen und sie auszubeuten. Das ist der Weg zur Weisheit. Ich hatte schon erwähnt, dass die vier Grundlagen der Achtsamkeit das Gewahrsein der Umwelt nicht explizit erwähnen. Wahrscheinlich war dies für den Buddha und seine Schüler selbstverständlich und musste nicht besonders erwähnt werden. Ein zweiter Bereich des Gewahrseins scheint ebenfalls zu fehlen: der der anderen Menschen. Diesem wollen wir uns nun zuwenden.

Siebte Woche – Andere Menschen

Liebe ist Achtsamkeit für einen anderen Menschen

Unser Leben ist unlösbar mit anderen Menschen verbunden. Unsere Eltern und Großeltern, Brüder und Schwestern, Lehrer, Arbeitskollegen, Lebensgefährten und Freunde haben unauslöschliche Eindrücke in uns hinterlassen, und sie tun dies auch weiterhin. Sie prägen unsere emotionalen Haltungen, unsere Glaubensmuster und unsere positiven oder negativen Einstellungen. Alles, was wir tun, beeinflusst andere Menschen. Wenn wir über „Erfahrungen" sprechen, über „Leben" oder „die Welt", meinen wir meistens andere Menschen. Wenn wir unser Leben verstehen und verändern möchten, müssen wir unsere Beziehungen zu anderen Menschen verstehen und verändern.

Doch dies schloss der Buddha nicht in seine vier Grundlagen der Achtsamkeit mit ein. Er sah dafür wahrscheinlich keine Notwendigkeit. Immerhin war das alte Indien kein Wohlfahrtsstaat; es gab weder Gesundheitsvorsorge noch Polizei, Renten, Krankenhäuser oder Schulen, zumindest nicht in der Art, wie wir sie heute kennen. Die grundsätzliche Fähigkeit, zu überleben, hing von einem ausgedehnten Netz aus Familie, Freunden und sozialen Verpflichtungen ab. Während der Buddha lehrte, dass Freundschaft sich über wechselseitige Hilfsbereitschaft hinaus in Liebe zur Tugend entwickeln könne, sah er das fortwährende soziale Miteinander, Freundlichkeit und Positivität als selbstverständlich an. Er wird sich nicht vorgestellt haben können, wie isoliert wir heute leben – wie Milliarden von Menschen in großen anonymen Städten, in getrennten Räumen leben und ununterbrochen für viele Stunden gebeugt über Computermonitoren sitzen.

Der Buddha nahm an, dass jede Art spirituellen Lebens Freundschaften mit einbezieht. Er ging sogar so weit zu sagen, dass „das ganze spirituelle Leben Freundschaft *ist*."[40] Aber Freundschaft ist nicht das, was wir normalerweise mit Buddhismus assoziieren. Buddhismus ist verknüpft mit Meditation, etwas, das wir für uns selbst tun, mit geschlossenen Augen. Deswegen kann man leicht annehmen, dass Buddhismus der Erforschung der Subjektivität dient – eine Reise innerer Abenteuer, eine private Angelegenheit. Aber das ist einseitig. Buddhismus beginnt mit unserem Geist. Er gibt uns Werkzeuge an die Hand, um unseren Geist zu verstehen und ihn zu verändern. Aber es hört nicht mit unserem Geist auf, jedenfalls nicht in dem persönlichen, subjektiven Sinn. Sein höchstes Ziel ist Erleuchtung zum Wohle aller Lebewesen; sein Ziel ist selbstlose Liebe.

Ob wir nun unser Leben in voller Aufmerksamkeit kultiviert haben oder nicht, wir alle haben eine Reise der Bewusstwerdung durchgemacht. Als wir Babys waren, gab es keine Unterscheidung zwischen unserer Mutter und uns selbst. Als heranwachsende Kinder sahen wir die Welt notwendigerweise aus unserer eigenen Perspektive, unfähig, uns die andere Welt der Erwachsenen vorzustellen. Aber dann begannen wir die lange Reise von der Vorstellung unserer Eltern als Autoritätsfiguren und Taschengeldgebern bis hin zur Entwicklung, uns auf sie als unsere menschlichen Begleiter zu beziehen. Aufwachsen bedeutet deswegen, hinauszuwachsen aus der Selbstbezogenheit hin in harmonische, erwachsene Beziehungen. Wenn Selbstbezogenheit das primäre Symptom für Unreife ist, dann ist Selbstlosigkeit ein Zeichen menschlicher Reife. Liebe ist das Heranreifen von Gewahrsein. Gewahrsein für andere bedeutet, sich auf die einzigartige Individualität einer Person zu beziehen – nicht auf ihren sozialen Status, ihre Rasse oder ihr Geschlecht, ihren Geldbeutel oder ihren Unterhaltungswert. Wenn wir dieses Bewusstsein praktizieren, nutzen wir die innere Erfahrung, die

---

[40] Saṃyutta Nikāya V 45:2. *Maggasaṃyutta*, in: Bhikkhu Bodhi (trans.), *The Connected Discourses of the Buddha: A translation of the Saṃyutta Nikāya*, Wisdom Publications, Boston 2000, S. 1524.

wir in den vier Grundlagen der Achtsamkeit entwickelt haben, um uns das innere Leben anderer Menschen vorzustellen – wie sie fühlen, was sie brauchen und was sie schätzen. Wenn wir uns einer anderen Person vollständig und tief bewusst sind, können wir nicht anders, als sie zu lieben. Liebe ist die Bewusstheit für einen anderen Menschen.

Sind wir weniger selbstsüchtig geworden?

Um herauszufinden, ob wir auf dem Weg der vollen Achtsamkeit Fortschritte gemacht haben, müssen wir uns fragen, ob wir weniger selbstsüchtig geworden sind. Sind wir freundlicher und rücksichtsvoller geworden? In den letzten Wochen haben wir vielleicht manchmal vergessen zu meditieren, versäumt, unseren achtsamen Spaziergang zu machen, wurden ärgerlich, dass wir den achtsamen Moment praktizieren sollten, entdeckten, dass unser ethisches Leben noch nicht unseren Anforderungen entspricht – aber wenn wir sagen können, dass wir ein bisschen weniger selbstsüchtig geworden sind, dann haben wir einen Fortschritt gemacht. Der Rest ist zweitrangig.

Nebenbei gesagt kann es eine berechtigte Zeit verstärkter Selbstbezogenheit, ja sogar Selbstsucht, in den Anfangszeiten der Achtsamkeitspraxis geben. So war es sicherlich bei mir. Wie viele Menschen kam auch ich zum Buddhismus, als ich ziemlich wenig in Kontakt mit mir selbst war. Ich war 24 Jahre alt und aufgewühlt. Ich hatte alle möglichen Vorstellungen darüber, wer ich als Person war, die aber nicht wirklich einer Überprüfung hätten standhalten können. Achtsamkeit und Meditation haben das bald aufgedeckt. Deswegen wandte ich mich mir selbst zu. Ich hatte das Gefühl, dass die Menschen um mich herum mich zur Unterhaltung brauchten. Deswegen hörte ich auf, Witze zu erzählen. Ich hörte auf, Menschen gefallen zu wollen. Ich wurde furchtbar ernsthaft, was für eine Weile gut war, weil es eine notwendige Etappe war, eine wichtige Korrektur.

Aber es gibt einige Gefahren, die überall dort auftauchen, wo Introspektion gefördert wird: Es ist die Gefahr spiritueller

Selbstsucht, die sich durch bestimmte Symptome manifestiert. Sie betont Introspektion auf Kosten der Aktivität und tendiert dazu, Erreichtes als zu weltlich und nicht dem Ziel dienend zu sehen. Menschen, die in spiritualisierte Selbstsucht hineingerutscht sind, erzählen oft eine Menge über „Tiefe“. Sie benutzen einen spirituell oder psychotherapeutisch orientierten Jargon. Sie neigen zu Empfindlichkeit und dazu, ihren Humor zu verlieren. Wir sollten alle, die wir auf dem Weg der Achtsamkeit sind, auf dieses Abgleiten achtgeben. Das Problem spiritueller Selbstsucht ist – im Gegensatz zur üblichen Selbstsucht – die Tendenz zur spirituellen Rationalisierung durch Benutzung eines Jargons. Wir werden eine Sprache benutzen wie „mit uns selbst in Kontakt sein“, „für uns selbst sorgen“, „uns nicht selbst geißeln“ – aber wir werden diese Wörter benutzen, um unsere Selbstbezogenheit zu festigen, statt uns von ihr zu lösen. Es kann schwer sein, von sich aus darüber zu sprechen, ob man dort hineingerutscht ist. Wir sollten Freunde fragen, eine zweite Meinung hören und Ausschau halten nach den Symptomen, die ich beschrieben habe. Natürlich ist es am besten, die Selbstbezogenheit dadurch zu vermeiden, dass wir unsere Achtsamkeit anderen Menschen zuwenden.

Von der Orientierung auf sich selbst zur Orientierung auf die Realität

Wenn wir uns durch die vier Grundlagen der Achtsamkeit bewegen, bewegen wir uns von einem psychologisch orientierten Zugang zum spirituellen Leben zu einem transzendentalen Ansatz. In den frühen Stadien des spirituellen Lebens sind wir wahrscheinlich motiviert durch die Bedürfnisse nach persönlichem Glück und Freiheit von Schmerz, insbesondere emotionalem und sozialem. Wir sehen Achtsamkeit als Weg, uns in unserer Haut glücklicher und in unserer Welt heimischer zu fühlen. Die Praxis der Achtsamkeit wird uns dazu verhelfen, diese Ziele zu erreichen, soweit wir sorgfältig lernen und regelmäßig praktizieren.

Aber unsere Motivationen können sich verändern. Wir könnten entdecken, dass unsere Suche nach persönlichem Glück begrenzt ist und ab einem bestimmten Punkt hinderlich. Wir könnten beginnen, durch das Leid anderer Menschen stärker motiviert zu werden als durch unser eigenes. Wir könnten erkennen, dass der einzige Weg zu wahrem Glück bedeutet, das Selbst überhaupt zu überwinden. Das ist die transzendentale Orientierung des Buddhismus. Ein buddhistischer Ansatz zur Achtsamkeit berücksichtigt eine psychologische Orientierung, wird uns aber immer in eine transzendentale Richtung führen. Der Buddhismus sagt nachdrücklich, dass nur die Befreiung vom Glauben an ein separates Selbst, abgetrennt von anderen Menschen und von der Welt, uns letzten Endes glücklich machen kann.

Vielleicht möchten Sie hier innehalten, um nachzudenken. Möchten Sie sich in Richtung eines spirituellen Ansatzes für Ihre Praxis bewegen? Ich frage das nicht, um in irgendeiner Art einen psychologischen Ansatz abzuwerten, sondern weil der Buddhismus eine selbst-transzendierende Haltung bezüglich der spirituellen Praxis voraussetzt. Nicht dass Sie im wörtlichen Sinne von einer Orientierung zur anderen wechseln könnten – so wie Sie von einem Bus in einen anderen umsteigen. Eine Umorientierung ist eher eine schrittweise Verschiebung der Betonung, eine Bereitschaft, auf Ihr Leben aus einer anderen Perspektive zu schauen, ein größeres Bedürfnis zu entwickeln, sich auf das Wohlergehen anderer Menschen zu konzentrieren. Immerhin ist der Königsweg zur Selbstlosigkeit Altruismus. Der Weg zum Altruismus aber führt zu anderen Menschen.

Konzentration auf Dankbarkeit

Wir können positive Emotionen über die Vergangenheit, die Gegenwart und die Zukunft erfühlen. Positive Emotionen über die Vergangenheit schließen Befriedigung, Zufriedenheit, Erfüllung und Gelassenheit ein. Mangel an Anerkennung in der Vergangenheit gepaart mit einer Überbetonung schlimmer Erlebnisse (zum Beispiel Kindheitstraumata) untergräbt unsere Fähigkeit, uns zufrieden zu fühlen. Die Möglichkeit, positive Emotionen über die Vergangenheit zu entwickeln, ist die Konzentration auf Dankbarkeit und Vergebung. Dankbarkeit verstärkt die positiven Erlebnisse, die wir gehabt haben, baut ihren Reichtum im Geist auf und vergrößert die Zahl angenehmer Erinnerungen. Vergebung bewahrt uns davor, über die schlechten Erlebnisse verbittert zu sein. Hier sind drei Vorschläge, um Dankbarkeit zu kultivieren:

Fünf am Tag. Nehmen Sie sich einige Minuten Zeit, bevor Sie zu Bett gehen, um darüber nachzudenken, ob es irgendetwas an diesem Tag gegeben hat, wofür Sie dankbar sein können. Versuchen Sie, fünf Dinge aufzuschreiben. Sie könnten Dinge über die Familie oder Freunde, ästhetische Würdigung oder Ihre gute Gesundheit einbeziehen.

Das Dankbarkeitsbuch. Nutzen Sie Ihr Tagebuch, um etwas über Dankbarkeit zu schreiben. Schreiben Sie 15 Dinge auf, für die Sie dankbar sind. Tun Sie es sofort, falls Sie können. Schließen Sie alles ein, was Ihnen ins Bewusstsein kommt, alles, was Sie sich denken können. Und versuchen Sie, so genau zu sein wie möglich, wenn Sie die Gründe für die Dankbarkeit bezüglich einer bestimmten Person aufschreiben. Für den Rest der Woche versuchen Sie, die Liste dann zu ergänzen. Sie könnten insbesondere an Ihre Eltern denken, Ihre Lehrer oder Ihre Mentoren, an alle Menschen, die Ihnen auf die eine oder andere Weise geholfen haben. Am Ende der Woche lesen Sie noch einmal alles durch. Lesen Sie langsam und bringen Sie jede einzelne Eintragung ins Bewusstsein.

Dankbarkeit ausdrücken. Finden Sie eine Möglichkeit, Ihre Dankbarkeit auszudrücken. Sie könnten Ihren Eltern einen Brief schreiben oder einen Freund zum Essen einladen und irgendjemandem danken. Sie könnten einem Ihrer Lehrer einen Brief schreiben. Sie könnten fünf Postkarten an Menschen schreiben, mit denen Sie länger nicht in Kontakt waren, aber für die Sie Dankbarkeit empfinden. Wenn der Hochzeitstag Ihrer Eltern naht, könnten Sie ein „Dankbarkeitsbuch" mit anerkennenden Briefen von all ihren Kindern und Freunden basteln. Oder Sie könnten eine Rede schreiben, in der Sie ihre Qualitäten auflisten und Ihnen erzählen, wie sehr Sie sie schätzen.[41]

Alle Lebewesen lieben und mit uns selbst beginnen

Lassen Sie uns untersuchen, wie wir Achtsamkeit für andere Menschen praktizieren können; dann können wir uns in der siebten Woche wie üblich der vollen Achtsamkeit widmen. Aber bevor wir über andere Menschen nachdenken, sollten wir vielleicht mit uns selbst beginnen. Ich sage „vielleicht", weil der Glaube, wir sollten lernen, uns selbst zu lieben, bevor wir andere lieben können, oft kontraproduktiv sein kann. Es ist wahr, dass wir andere nur wahrhaftig lieben können, wenn wir uns selbst lieben können, aber normalerweise müssen wir beides tun.

Viele Menschen haben Probleme mit ihrer Selbstachtung. Ein Symptom dafür ist Komplexität. Wenn Sie sich in sich selbst nicht glücklich fühlen, wird das Leben kompliziert – insbesondere werden Ihre Beziehungen mit anderen Menschen kompliziert. Sie werden dazu neigen, Situationen falsch zu deuten. Sie werden eine ausgeprägte Tendenz haben, sich selbst mit anderen zu vergleichen, Bedrohungen wahrzunehmen, Kritik, mangelnden Respekt oder mangelnde Liebe. Sie werden diese Dinge ganz leicht fühlen. Sie werden für sie sensibilisiert und auf der Suche nach ihnen sein. Wenn sich Ihre Beziehungen mit anderen Menschen andauernd schwierig anfühlen, ist es wahrscheinlich, dass Sie ein Problem mit Ihrer Selbstachtung haben. Man-

[41] Seligman, M.E.P., *Authentic Happiness*, Nicholas Brealey Publishing, UK, 2003, S. 70-75.

gelnde Selbstachtung verschwindet nicht so leicht. Tatsächlich macht der Versuch, sich rasch Selbstachtung zu verschaffen, normalerweise alles noch schlimmer. Ich vermute, dass ein Mangel an Selbstliebe eine Haltung ist, für die die meisten Menschen sehr anfällig sind. Wir müssen lernen, damit umzugehen, ebenso wie wir lernen müssen, mit Süchten umzugehen. Natürlich ist die Frage: wie? Eine Antwort ist, die vier Grundlagen der Achtsamkeit zu praktizieren.

Mangelnde Selbstachtung ist eine Selbstgeschichte, ein Narrativ, sehr oft ein Symptom, das uns einen Gedanken für eine Tatsache vorgaukelt. So müssen wir wieder einen Schritt zurücktreten, ein Gespür für unsere Möglichkeiten wiedergewinnen und achtsam untersuchen, wie wir Gefangene unserer Geschichten geworden sind: Mit anderen Worten müssen wir die Achtsamkeit auf den Körper, auf die Gefühle, auf den Geist und auf die *dhammas* kultivieren. Mangelnde Selbstachtung ist eine von diesen „Ab-in-den-Abfluss“-Geisteszuständen (eigentlich: „alles für die Katz“ Anm. d. Ü.): Fast alles kann in diesen Abfluss hineingezogen werden. Sogar der Versuch, Selbstliebe zu kultivieren, kann Teil des Problems werden, so als ob es tatsächlich irgendwo in unserer Seele einen leeren „Selbstliebetank“ gäbe, der gefüllt werden müsste. Es kann damit enden, dass wir unsere Geschichten über Selbstmissachtung zu ernst nehmen, zu wörtlich, was sie natürlich verschlimmert.

Diese Woche werde ich eine Meditation vorstellen, die direkt mit Selbstachtung arbeitet. Aber in der Zwischenzeit ist es am besten, alles darüber zu vergessen. Vertiefen Sie sich in etwas anderes. Richten Sie Ihre Aufmerksamkeit auf irgendetwas, das Sie genießen können, das Ihr Leben bereichert und erweitert. Wenn Sie sich auf Ihre mangelnde Selbstachtung konzentrieren, ohne eine kraftvolle Anstrengung zu unternehmen, sich Ihrer inneren Geschichten bewusst zu werden (wie ich in der vierten Woche vorgeschlagen habe), machen Sie die Sache wahrscheinlich noch schlimmer. Das wäre das „Ab-in-den-Abfluss“-Szenario. Nehmen Sie sich deswegen Zeit für Dinge, die Sie lieben: Für jemanden oder etwas sorgen – eine Katze, eine Topfpflanze, einen Freund –, wird den Spürsinn für Ihren Selbstwert beeinflussen. Wie der Dichter John Burnside sagt: „... wir lieben uns selbst als Liebende."[42] Unsere Momente, in denen wir etwas genießen, etwas oder jemanden schätzen, ändern nach und nach auch, was wir über uns selbst fühlen.

Natürlich ist der andere besonders wichtige Aspekt bei der Liebe für uns selbst die Tatsache, uns von anderen geliebt zu wissen.[43] Wir müssen uns mit Freunden umgeben, die für uns sorgen und die emotional positiv gestimmt sind.

Freundschaft kultivieren

Freundschaft bedeutet, jemandem die volle Aufmerksamkeit zu schenken. Die erste Regel für Freundschaften ist: Wenn Sie einen Freund haben möchten, seien Sie ein Freund. Nach der buddhistischen Überlieferung war der Buddha immer der Erste, der gelächelt hat, wenn er jemandem begegnet ist. Üblicherweise überprüfen wir den anderen in sozialen Situationen zunächst. Wir entscheiden, ob wir den anderen mögen oder ob der andere uns mag. Wir geben uns selten einfach hin. Wir lächeln selten zuerst. Deswegen müssen wir aufbrechen und Freunde finden.

Wenn ich zwei Bedingungen nennen sollte, die entscheidend sind, um Freundschaften zu kultivieren, würde ich Zeit und Aufmerksamkeit wählen. Freundschaft wächst langsam. Sie braucht Zeit, um zu reifen. Finden Sie deswegen Gelegenheiten, um mit Ihrem Freund oder Ihrer Freundin zusammen zu sein: Leben Sie zusammen, arbeiten Sie zusammen, fahren Sie gemeinsam in Urlaub oder auf ein Retreat, gehen Sie gemeinsam ins Kino oder irgendwo spazieren. Schenken Sie Ihre Zeit und

---

[42] Burnside, J., *A Lie about My Father*, Jonathan Cape, London, 2006, S. 252, Dt: *Die Lügen meines Vaters*, Knaur 2006, S. 297.

[43] Sangharakshita, *Wisdom beyond Words*, Windhorse Publications, Birmingham, 1998, S. 83.

Ihre Aufmerksamkeit. Wenn Sie das tun, wird Ihre Freundschaft blühen.

Und versuchen Sie, Freundschaften vor allem mit Menschen zu entwickeln, die wie Sie Stärken und Tugenden entwickeln möchten. Aristoteles sagte, dass Freundschaft auf einem von drei Pfeilern basiert: Nützlichkeit, Freude oder das Gute.[44] Die Freundschaften, die in Nützlichkeitserwägungen ihre Grundlage haben, sind Arbeitsbeziehungen. In ihnen entsteht der Zusammenhang aus allgemeiner Nützlichkeit und Zielsetzung. Wenn die Nützlichkeit aufhört, schwindet auch die Freundschaft. Freundschaften, die in Freude begründet sind, sind solche der sozialen, scherzhaften Freundschaften, die primär mit Spaß am Zusammensein zu tun haben. Sie bleiben üblicherweise auf einer bestimmten Ebene. Schlimmstenfalls sind sie Gutwetterfreundschaften, die nur so lange überleben, wie der Spaß anhält.

Aber dann gibt es noch Freundschaften, die im Tugendhaften begründet sind. Sie mögen wohl freudig und sogar nützlich sein, aber sie finden dort nicht ihre Grundlage oder sind nicht durch Nützlichkeit und Lust definiert. Freundschaften, die im Guten begründet sind, sind durch gemeinsames Streben nach Tugenden und Stärken definiert. Freundschaften dieser Art werden Sie in Ihren Versuchen unterstützen, zu wachsen und sich zu verändern. Ein guter Freund wird Sie in Ihren Bemühungen ermuntern, oder sogar herausfordern, falls notwendig. Freundschaften, die im Guten begründet sind, sind die beste Unterstützung, wenn Sie Ihr Leben in voller Achtsamkeit praktizieren wollen.

[44] Aristoteles, *Ethics*, Book Eight, *The Kinds of Friendship*, Penguin Classics, London, 1976. Dt.: *Nikomachische Ethik*, Kapitel 3 und 4, Quelle: http://www.textlog.de/33523.html

Menschen, denen gegenüber wir neutral empfinden

Natürlich stammen die meisten Menschen, mit denen wir in Kontakt kommen, weder aus der Familie noch aus dem Freundeskreis, sind weder Feinde noch Arbeitskollegen, weder Kumpel noch Liebhaber. Die meisten Menschen sind einfach Menschen – Menschen im Gedränge, in geschäftigen Einkaufszentren oder in florierenden Cafés. Wenn wir in der Stadt leben, sind die meisten der Menschen, die wir in den Geschäften treffen, die in den Zug einsteigen oder eine Kaffeepause machen, Menschen, die wir nie vorher gesehen haben, Menschen, denen gegenüber wir neutral empfinden. Es sei denn, jemand stößt uns an, weigert sich, uns zu bedienen oder läuft uns über den Weg. Oder wir finden ihn oder sie sexuell attraktiv.

Auden spricht über unsere „Freundlichkeit für zehn Personen". Das ist ungefähr richtig – zwei Eltern, einige Geschwister, unser Partner, ein paar Freunde und unsere Kinder. Aber wenn wir Achtsamkeit für andere praktizieren möchten, versuchen wir ausdrücklich die Reichweite unseres Gewahrseins zu erweitern: über unsere Freundlichkeit für zehn Menschen hinaus. Achtsamkeit für andere bedeutet, die *Person* zu sehen, nicht die „Leute". Leute gibt es nicht. Es gibt nur einzigartige Individuen mit Hoffnungen und Ängsten, Wünschen und Sehnsüchten, Gefühlen und Werten. Achtsamkeit für andere bedeutet, dies zu sehen, und zwar nicht nur als nette Idee oder Klischee, sondern als gefühlte Realität.

Dieser Gefühlsrealität entsprechend muss man handeln. Das bedeutet, freundlich zum Bankangestellten zu sein, nicht die Fassung der Politesse gegenüber zu verlieren oder denen gegenüber, die unsere Windschutzscheibe zu reinigen versuchen, während wir an der Ampel stehen. Natürlich impliziert dies nicht, leichtgläubig oder naiv zu sein. Es bedeutet, sich mit einer Person als Person in Beziehung zu setzen, egal, welches Alter, Geschlecht, welche Hautfarbe oder Sexualität sie haben mag. Das bedeutet, freundlich zu sein, unabhängig von unseren eigenen Gefühlen, ob wir einen guten Tag haben oder einen schlechten.

Hass überwinden

Aber dann gibt es da noch die Menschen, die wir nicht mögen. Manchmal, wenn wir das Leben in voller Achtsamkeit praktizieren, merken wir, wie wir regelmäßig mit Gereiztheit, Ärger oder Hass reagieren. Das kann sogar ein Zeichen für Fortschritt sein, denn oft unterdrücken wir unsere dunklen Gefühle. Wir möchten glauben, dass wir ein freundlicher, vernünftiger Mensch sind. Deswegen neigen wir dazu, Gefühle zu ignorieren, die nicht in unser Selbstbild passen. Aber wenn unsere Achtsamkeit sich weiter entwickelt, schwächt sich unsere Fähigkeit ab, unsere Erfahrungen auszublenden, sie zu unterdrücken oder unsere schlechten Seiten zu leugnen. Das Licht der Bewusstheit hält uns einen Spiegel vor. Das kann ein ganz schöner Schreck werden. Wir müssen das anerkennen. Wenn wir unsere aggressiven Gefühle internalisieren, werden wir wahrscheinlich depressiv. Unser Bedürfnis, positive Emotionen zu kultivieren, resultiert dann schließlich in der Dämpfung unserer Energien. Wir werden vorschnell weich und schmiegsam, weil wir uns wegen unserer dunkleren Aspekte schuldig fühlen. Achtsam auf Menschen zu sein, die wir nicht mögen, bedeutet deswegen, unseren Aversionen und Hassgefühlen mit offenen Augen entgegenzutreten, sie zu fühlen und zu besitzen. Achtsamkeit bedeutet, für unsere negativen Emotionen wach zu werden, ohne von ihnen verzehrt zu werden. Oft erleben wir etwas ohne Wachheit. Wir sind ärgerlich oder voller Selbstmitleid, ohne besonders wach zu sein für das, was wir gerade fühlen – unsere Stimmungen und Reaktionen treiben uns einfach vor sich her. Oder wir heizen unsere schlechten Stimmungen an, indem wir uns negative Geschichten erzählen. Wenn wir Achtsamkeit entwickeln, fühlen wir die Dinge direkt und bewusst – einschließlich der dunkleren Seiten unserer Natur. Das bedeutet nicht, in hilflose Grübelei zu fallen oder in schädliche

Selbstbeschäftigung. Aber es bedeutet auch nicht, so zu tun, als wären wir freundlicher, als wir in Wirklichkeit sind. Den Ärger und Hass zu fühlen ist nicht das Gleiche wie diese Gefühle auszuleben oder sie zu unterdrücken. Sobald wir Hassgefühle ausleben, haben wir in dem Moment auf das Leben in Achtsamkeit verzichtet. Wir sind unannehmbar geworden. Wenn wir gerade dabei sind, unsere Fassung zu verlieren, jemanden auf der Arbeit zu tyrannisieren oder etwas Gemeines zu sagen, sollten wir zuerst dafür sorgen, uns von der Gefahrenquelle zu entfernen, vielleicht einen Spaziergang machen, ruhiger werden und bewusst atmen. Wenn wir den Hass ausleben, machen wir das Leben für uns und andere noch schlimmer. Natürlich gibt es eine ganze Bandbreite von Möglichkeiten, wie wir Hass ausdrücken: von stiller Feindseligkeit und passiven Aggressionen bis hin zur physischen Gewalt. Aber sie alle untergraben unsere Tugenden und Stärken ebenso wie unsere Hoffnungen auf authentisches Glück.

Es gibt eine wunderbare Zen-Geschichte, die die Auswirkungen positiver und negativer Emotionen illustriert. Nach dieser Geschichte besuchte ein Samurai-Krieger einen Zen-Meister. Er wollte wissen, was Himmel und was Hölle sei. Der Meister sagte: "Wie kannst Du das wohl wissen, großer Ochse? Das ist viel zu kompliziert für einen Dummkopf wie dich, um das zu begreifen." Er beleidigte den Samurai in dieser Art weiter, bis dieser so wütend geworden war, dass er sein Schwert hob, um dem Meister den Kopf abzuschlagen. „Jetzt öffnet sich das Tor zur Hölle“, sagte der Meister. Der Samurai, der die Bedeutung dieser Worte verstand, steckte sein Schwert langsam wieder in die Scheide. „Jetzt öffnet sich das Tor zum Himmel."

Wie wir Hassgefühle am Entstehen hindern, wie wir eher im Himmel bleiben als zur Hölle zu fahren, ist eine der feinen Künste der Achtsamkeit. Noch einmal: Wir müssen unsere Geisteszustände früh bemerken und das bedeutet, den Mut zu finden, zu sprechen, anstatt in Feindseligkeit zu schmoren. Manchmal entstehen Konflikte später, wenn man sie aus Angst nicht anspricht. Wir müssen Wege finden, die ehrlich und freundlich sind, die unseren eigenen Gefühlen ebenso Gerechtigkeit widerfahren lassen wie den Gefühlen der anderen. Wir brauchen einen Kommunikationsansatz im Geiste des Forschens statt im Geiste der Anklage. Wenn wir uns erst in einem Streit befinden, lernen wir gar nichts mehr – ganz im Unterschied zu einem Gespräch. Beide Parteien verschanzen sich einfach. Ärger kann nützlich sein, er kann eine Möglichkeit sein, in Kommunikation zu kommen, aber wir müssen sehr achtsam und emotional positiv sein, um ihn in dieser Weise nutzen zu können. Wie mein Lehrer es einmal gesagt hat: „Die einzige Möglichkeit, seinen Mitmenschen nicht zu hassen, ist, ihn zu lieben."[45] Liebe bedeutet nicht „mögen", noch weniger „zustimmen"; es bedeutet vielmehr, über unsere Reaktionsmuster hinaus auf ein tieferes Gefühl von gemeinsamer Menschlichkeit zu schauen.

Besinnung auf Vergebung

Wenn wir über „die Vergangenheit" reden, sprechen wir über *Erinnerungen*. Wie wir über die Vergangenheit fühlen, hängt ganz und gar von unseren Erinnerungen ab. So wie angenehme Ereignisse in der Vergangenheit Gefühle von Befriedigung und Glück hervorrufen, so ruft das Grübeln über reale oder fantasierte Missstände Zorn und Bitterkeit hervor. Andauernde und intensive negative Gedanken über die Vergangenheit blockieren Glück in der Gegenwart. Was immer die objektive Wahrheit in unserem Bedrohungsgefühl sein mag – entwertet, betrogen oder übersehen worden zu sein –, wenn wir glücklich werden wollen, müssen wir vergeben. Vergebung ist der einzige Weg, uns von den giftigen Auswirkungen von Feindseligkeit und Bitterkeit zu heilen. Mir ist bewusst, dass einige Menschen furchtbare Grausamkeiten und Gewalt erlebt haben und dass in solchen Situationen Vergebung unmöglich sein könnte. Der bedeutende amerikanische Psychologe Everett Worthington entwickelte

[45] Sangharakshita, *A Stream of Stars*, Windhorse Publications, Birmingham, 1998, S. 46.

einen 5-Schritte-Prozess der Vergebung für diejenigen, die vergeben möchten, es aber nicht können. Seine eigene Mutter wurde grausam ermordet. Deswegen sind ihm die Kämpfe, in die man verwickelt sein kann, wenn man vergeben möchte, nur allzu klar. Ihm ist bewusst, dass Vergebung weder leicht noch schnell geschieht. Er nennt seinen 5-Schritte-Prozess REACH:[46]

R steht für erinnern (Recall). Versuchen Sie, sich das Ereignis in einer Art in Erinnerung zu rufen, die so ausführlich und objektiv wie möglich ist. Sie könnten die Übung des Atemraumes dieser Überlegung voranstellen, um Ruhe und Perspektive zu schaffen. Seien Sie vorsichtig, damit Sie nicht in Selbstmitleid oder selbstgerechten Zorn verfallen. Versuchen Sie, sich klar zu werden über das, was geschehen ist.

E steht für Einfühlung (Empathy). Versuchen Sie, zu verstehen, was aus der Sicht der anderen Person passiert ist: Warum hat sie Sie verletzt, was ging in ihr vor? Vielleicht müssen Sie sich daran erinnern, dass Menschen um sich schlagen, wenn sie sich bedroht fühlen, und dass schlechte Bedingungen oft negatives Verhalten hervorrufen.

A steht für Altruismus (Altruism). Rufen Sie sich Gelegenheiten ins Gedächtnis, als Sie jemanden schlecht behandelt haben und andere Ihnen vergeben haben. Denken Sie daran, welche Gnade diese Vergebung darstellte, wie sehr Sie sie gebraucht haben. Versuchen Sie, Vergebung zu üben, nicht damit Sie sich besser fühlen, sondern zum Wohle der anderen Person. Geben Sie die Vergebung ganz, nicht widerwillig.

C steht für Verpflichtung (Commitment). Vergeben Sie gewissermaßen öffentlich. Sie könnten Ihre Vergebung in Ihrem Tagebuch aufschreiben, einem Freund davon erzählen oder einen Brief schreiben (Sie können ihn abschicken oder auch nicht). Im Buddhismus führen wir manchmal Rituale durch, in denen wir nach Vergebung fragen und Vergebung erhalten. Sie können sich Ihr eigenes Vergebungsritual schaffen.

---

[46] Seligman, M.E.P., *Authentic Happiness*, Nicholas Brealey Publishing, UK, 2003, S. 79-81.

H steht für (er-)halten (Hold). Schmerzhafte Erinnerungen pflegen sich zu wiederholen. Sie werden sich Ihr Bedürfnis, zu vergeben, erhalten müssen, um weiterhin vergeben zu können. Wenn die unglücklichen Erinnerungen wiederkehren, passen Sie auf, nicht in Zorn oder in den Erinnerungen zu schwelgen. Erinnern Sie sich selbst daran, dass Sie vergeben haben. Wie Isa Dora Duncan sagt: „Die beste Rache ist ein glückliches Leben." Sie können nur ein glückliches Leben haben, wenn Sie Ihre Bitterkeit und Ihren Wunsch nach Rache loslassen.

Eine Studie zum Thema Vergebung[47] hat gezeigt, dass diejenigen Menschen, die weniger gekränkt und verletzt waren und ihren Kummer anhand der 5 Punkte überprüften, weniger Ärger, weniger Stress und mehr Optimismus erfuhren und gesünder waren. Im Grunde ist Vergebung ein spiritueller Akt, ein freiwilliges Loslassen des Selbst, ein Verzicht auf Rache und Vergeltung.

Alle Lebewesen

Alle unsere Beziehungen – zu unserer Familie, zu Freunden, Gefährten oder Verkäufern – fallen in eine dieser drei Kategorien: Wir mögen sie, wir mögen sie nicht oder wir fühlen uns ihnen gegenüber neutral. Dies bringt uns zurück zu dem, was wir über Gefühle gelernt haben. Unsere Fähigkeit, nicht auf Gefühle zu reagieren, kommt vor allem in unseren Beziehungen mit anderen Menschen zur Geltung, denn auf Menschen reagieren wir mit Sehnsucht, Abneigung oder Gleichgültigkeit. In der vierten Woche haben wir gelernt, dass wir unser Erleben verzerren, wenn wir Dinge unter dem Aspekt von Sehnsucht oder Hass sehen, also entweder durch Überbetonung der positiven Seiten, wenn wir etwas wollen, oder durch Bekräftigung der negativen Seiten, wenn wir etwas nicht wollen. All dies ist besonders wichtig für unsere Beziehungen zu anderen Menschen. Vieles, was wir in diesem Kurs gelernt haben, hat weitreichende

[47] Seligman, M.E.P., *Authentic Happiness*, Nicholas Brealey Publishing, UK, 2003, S. 81.

Folgen für unsere Beziehungen zu anderen Menschen.

Volles Bewusstsein ist untrennbar von Liebe. Wenn wir unsere vollständige Aufmerksamkeit auf eine Blume richten, einen Vogel, einen Bergrücken oder auf einen Menschen, fließt unser ganzes Herz dorthin. Volle Aufmerksamkeit schließt Kopf und Herz ein, Sympathie ebenso wie Einsicht. Liebe ist das Bewusstsein für eine andere Person. Unser Ziel bei der Kultivierung von Achtsamkeit ist die Ausweitung unserer Liebe über zehn Personen hinaus. Wir entwickeln Gefühle liebender Güte für alle Lebewesen: jung und alt, glücklich und unglücklich, geborene und sterbende. Wir kultivieren ein allumfassendes Herz, das unparteiisch gegenüber allen Menschen ist und hineinreicht ins Tierreich, zu Vögeln, Fischen, Insekten und der natürlichen Umwelt. Achtsamkeit für andere bedeutet, ein allumfassendes Herz zu entwickeln. Das ist das Ziel des Lebens in voller Aufmerksamkeit.

Siebte Praxiswoche

Achtsamkeit auf andere

Achtsamkeit auf andere bedeutet, bewusste Anstrengungen zu unternehmen, die Dinge aus der Sicht des anderen Menschen zu sehen. Es ist eine Art stellvertretende Introspektion. Wir beziehen uns auf Menschen oft oberflächlich. Wir nehmen sie nicht wirklich in uns hinein, sehen sie nicht wirklich, hören nicht richtig zu oder haben unsere Schwierigkeiten, sie zu verstehen. Wenn wir uns einer anderen Person als Person bewusst werden, werden wir herausfinden, dass Gefühle der Verbindung und Wertschätzung auf ganz natürliche Weise entstehen. Ich schlage vor, dass Sie diese Woche achtsam auf zwei Menschen werden: auf jemanden, den Sie mögen (einen Freund/eine Freundin), und auf jemanden, den Sie nicht mögen. Vorher lassen Sie uns aber auf die Beziehungen zu Ihren Eltern und Partnern schauen.

Achtsamer auf Ihre Eltern werden

Es mag seltsam klingen, aber unsere Eltern kennen wir oft sehr wenig. Was wir kennen, sind unsere Reaktionen auf sie. Wir besuchen sie am Wochenende, und sobald wir über die Schwelle treten, ist es so, als würden wir wieder in die gleichen Auseinandersetzungen geraten wie damals. Um Achtsamkeit für Ihre Eltern zu entwickeln, müssen Sie deswegen Ihre gewohnheitsmäßigen Reaktionen bemerken und daran arbeiten, sie zu überwinden:

Achten Sie auf Ihre Hintergedanken. Versuchen Sie, Ihre Eltern in irgendeiner Art zu kritisieren, wenn Sie bei ihnen sind? Richten Sie sich auf einen Kampf ein oder hegen Sie irgendeinen Groll? Haben Sie vor, fernzusehen und Ihrer Mutter den Abwasch und das Kochen zu überlassen?

Entstehen durch Ihre Erwartungen Probleme? Falls Sie vorhaben, sich auszuruhen, bedeutet dies, dass Sie gereizt werden, wenn Ihre Mutter Sie bittet, im Haushalt mitzuhelfen? Nutzen Sie Ihr Zuhause als Basis, nur um Ihre Koffer abzustellen und all die Zeit mit Freunden zu verbringen? Beachten Sie, wie Ihre Absichten, Erwartungen und Annahmen zur Spannung zwischen Ihnen und Ihren Eltern beitragen.

Konzentrieren Sie sich darauf, Ihre Eltern zu verstehen. Achten Sie darauf, über Ihre Eltern nicht auf selbstbezogene Art zu denken: dass sie Sie nicht verstehen, Sie nicht schätzen oder nicht genügend Interesse an Ihnen zeigen. Verändern Sie den Schwerpunkt Ihrer Beziehung zu ihnen, sehen Sie Ihre Mutter oder Ihren Vater als eigenständige Personen, die Sie kennenlernen können und für die Sie Interesse entwickeln können.

Verbringen Sie Zeit mit Ihren beiden Elternteilen allein. Familientreffen sind üblicherweise nicht förderlich, um das Gewahrsein für Ihre Eltern zu vertiefen. Versuchen Sie deswegen, Zeit mit Ihrer Mutter oder mit Ihrem Vater allein zu verbringen.

Drücken Sie Dankbarkeit aus. Eltern sind nicht perfekt, aber sie haben uns sehr viel gegeben. Sie verdienen unsere Dankbarkeit. Versuchen Sie, das auszudrücken. Seien Sie aber vorsichtig, wenn Sie achtsam mit Ihnen umgehen. Einige Eltern empfinden Liebesbeteuerungen und Dankbarkeit irritierend, werden verlegen oder peinlich berührt. Wir sollten dies nicht einfach beiseiteschieben, nur weil wir es wunderbar finden, was wir fühlen. Es ist natürlich schön, wenn wir unsere Dankbarkeit in Worten ausdrücken können. Die Hauptsache aber ist, dass wir überhaupt unsere Dankbarkeit zeigen.

Werden Sie in dieser Woche deswegen achtsamer auf die Beziehungen zwischen Ihnen und Ihren Eltern. Wenn Sie sie anrufen – vergewissern Sie sich, dass Sie das auch tun –, achten Sie auf automatische Reaktionen ihnen gegenüber und versuchen Sie, geduldiger und verständnisvoller zu werden. Wenn Sie sie demnächst besuchen, versuchen Sie, es im Geiste voller Achtsamkeit zu tun. Schenken Sie ihnen Ihre Zeit und Ihre Aufmerksamkeit. Leisten Sie Ihren Beitrag.

Mir ist klar, dass manche von Ihnen vielleicht eine schwierige Beziehung zu Ihren Eltern haben. Ihre Eltern mögen unfreundlich zu Ihnen als Kind gewesen sein oder sogar grausam. Aber eine positive, gesunde Beziehung zu Ihren Eltern ist ein wesentlicher Aspekt des Wohlbefindens. Wer Sie jetzt sind – biologisch und psychologisch –, folgt aus dem, wer Ihre Eltern sind. Und eine negative Beziehung zu den Eltern zu haben ist gleichbedeutend mit einer negativen Beziehung zu sich selbst. Wie immer Sie sich ihnen gegenüber in der Vergangenheit verhalten haben: Falls Sie gut und glücklich leben möchten, müssen Sie Ihnen vergeben (falls notwendig) und lernen, wie Sie sie lieben können und Dankbarkeit ausdrücken können. Das bedeutet nicht, sie zu vergöttern. Es bedeutet aber, keine Mühen zu scheuen, um die bestmögliche Beziehung aufzubauen.

Das bleibt auch wahr, wenn Ihre Eltern schon gestorben sind. Das Gedächtnis neigt zu hoher Selektivität. Versuchen Sie deswegen, sich der Dinge bewusst zu werden, die Sie normalerweise ausblenden, zum Beispiel, wie Sie sich in der Beziehung zu ihnen verhalten haben. Versuchen Sie, eine tiefere Einsicht darüber zu gewinnen, warum sie so gehandelt haben, wie sie es getan haben. Wenn Sie die Realität Ihrer Vergangenheit akzeptiert haben, werden Sie mit den Erinnerungen daran arbeiten müssen. Wenn Sie sich bei realen oder fantasierten Verletzungen aufhalten, schaffen Sie lediglich Passivität und Bitterkeit, und dies wird Ihr Bedürfnis nach Glück unterminieren.

Werden Sie achtsamer auf Ihren Partner

Viele der genannten Punkte gelten auch für Ihren Ehemann, Ihre Ehefrau oder Ihren Partner. Ebenso wie unsere Eltern geraten wir oft in gewohnheitsmäßige Reaktionen auf das Verhalten unseres Partners, insbesondere in lang andauernden Beziehungen. Oft ist es nötig, die Dinge aus ihrer Perspektive zu sehen, statt darauf zu bestehen, dass sie unsere Belange anerkennen. Die buddhistische Haltung sexuellen Beziehungen gegenüber ist pragmatisch. Sie werden vor allem als soziale Verträge gesehen, die Pflichten und Verantwortlichkeiten beinhalten. Buddhisten leben zölibatär, sind verheiratet, monogam oder polygam. Sie haben wie alle verschiedene Optionen: Sie müssen entscheiden, ob Sie eine sexuelle Beziehung möchten, und sich dann über die Grundregeln klar werden. Auch auf die Gefahr hin, wie eine alte Tante zu klingen, gebe ich Ihnen hier einige Hinweise auf nützliche Möglichkeiten, auf Ihre sexuellen Beziehungen achtsam zu werden:

Redlichkeit kultivieren. Versuchen Sie, sich die Natur Ihrer Beziehung bewusst zu machen und diskutieren Sie, was Sie voneinander erwarten. Vergewissern Sie sich, dass Sie die Beziehung freiwillig eingehen. Wenn Sie monogam sein möchten, vergewissern Sie sich, dass beide Seiten aufrichtig zustimmen. Dann bleiben Sie in der Beziehung, der Sie zugestimmt haben. Dies bedeutet dann, absichtlich Ihre Wahlmöglichkeiten zu begrenzen: Entscheiden, sich nicht nach jemand anders umzusehen, nicht auf Betriebsfeiern zu flirten oder jemanden im

Hintergrund als möglichen Ersatz zu haben. Bleiben Sie bei der Beziehung und arbeiten Sie Schwierigkeiten durch.

Betonen Sie, dass Sie einander mögen. Es kann zu Beginn einer Beziehung eine wunderbare Zeit des Verliebtseins geben. Genießen Sie das. Wenn sich das mit der Zeit legt, bemühen Sie sich, dass Sie gut miteinander auskommen, einander im ganz gewöhnlichen Alltag mögen. Sich zu verlieben ist aufregend, aber es ist auch unbeständig. Freud nannte dies „die Psychose der normalen Leute."[48] Verliebtheit reicht meistens nicht aus, um Beziehungen aufrechtzuerhalten.

Zeit zusammen, allein und mit anderen. Sie werden Zeit miteinander verbringen wollen, damit Sie die Gesellschaft anderer genießen können. Gleichzeitig brauchen Sie Zeit für sich allein und für Freunde außerhalb Ihrer Beziehung. Es kann verführerisch sein, all Ihre Zeit als Paar zu verbringen, aber das übt enormen Druck auf die Beziehung aus. Passen Sie auf, dass Sie nicht nur Paare treffen, weil dies tiefere Kommunikation oft beeinträchtigt.

Hören Sie zu und prüfen Sie. Paare missverstehen sich oft, weil sie einander nicht sorgfältig genug zuhören. Abwehrhaltung, rasche Schuldzuweisungen und Fehlersuche sind fatal für Beziehungen. Der Schlüssel zur Kommunikation ist Prüfung. Vergewissern Sie sich, dass sich die andere Person von Ihnen verstanden fühlt. Das bedeutet nicht nur, auf den Inhalt zu hören, sondern hinter den Inhalt auf die Bedürfnisse und die Werte zu hören, die der andere ausdrückt. Vergewissern Sie sich, dass Sie Dinge sagen, wie: „Ich kann verstehen, was du meinst", „Ja das ist wahr", „Das muss schwierig für dich gewesen sein." Falls notwendig, paraphrasieren Sie, was die Person gerade gesagt hat, um Verständnis zu zeigen, und dass Sie ihre Sichtweise aufgenommen haben – insbesondere, wenn das Gespräch in einen Bereich kommt, in dem Sie anderer Meinung sind.

---

[48] Freud, S., zitiert bei Bryan Magee in *The Philosophy of Schopenhauer*, Oxford, Oxford University Press, 1983, S. 217.

Praktizieren Sie die „Herrschaft über die Zunge“.[49] Das bedeutet, Schwierigkeiten durchzuarbeiten, der Versuchung zu widerstehen, den anderen zu beschuldigen oder scharf anzusprechen, sondern zu versuchen, ein tieferes Verständnis zu gewinnen. Gleichzeitig seien Sie sich klar darüber, dass Männer und Frauen im Allgemeinen in dieser Hinsicht verschiedene Bedürfnisse haben: Frauen tendieren dazu, durch Gespräche Informationen zu gewinnen; Männer tendieren dazu, still zu sein und auf das Beste zu hoffen. Passen Sie auf, wenn Sie Ihren Ansatz, die Schwierigkeiten durchzuarbeiten, für den richtigen halten. Die „Herrschaft über die Zunge“ bedeutet auch, nicht in Nörgelei und Schuldzuweisungen abzurutschen, den Partner auf Festen nicht zu demütigen und Geheimnisse auszuplaudern, wenn die Beziehung vorbei ist.

Kultivieren Sie Freundschaften. Beziehungen funktionieren am besten, wenn beide Partner unabhängig sind und ihre eigenen Freunde und Interessen haben. Vergewissern Sie sich deswegen, dass Sie sich Zeit und Aufmerksamkeit für die Entwicklung äußerer und innerer Unterstützung nehmen. Äußere Unterstützung schließt Freundschaften mit anderen Menschen ein, insbesondere desselben Geschlechts, damit Sie andere engagierte Beziehungen haben, in denen Sie miteinander reden und Verständnis gewinnen können. Innere Unterstützungsmöglichkeiten schließen die Kultivierung von Interessen und Vorlieben ein, die außerhalb der Beziehung stehen.

Werden Sie sich in dieser Woche Ihrer sexuellen Beziehung bewusster. Schauen Sie auf die obigen Vorschläge und überlegen Sie, woran Sie arbeiten müssen. Drängen Sie Ihren Partner dazu, Ihnen seine/ihre Liebe zu gestehen? Werden Sie einsilbig oder weigern Sie sich zu sagen, was los ist? Können Sie offen über den sexuellen Aspekt Ihrer Beziehung sprechen? Und funktioniert es für Sie beide? Investieren Sie zu viel in Ihre Beziehung? Wann haben Sie zum letzten Mal einen Freund gesehen?

---

[49] Heaney, S., *The Government of the Tongue*, Faber, London, 1998

Wann sind Sie zum letzten Mal ohne die Kinder im Schlepptau ausgegangen?

Konzentrieren Sie sich auf Großzügigkeit.

Der Buddha sagte, dass das ganze spirituelle Leben für Sie offen ist, wenn Sie großzügig sind. Sie können viele Fehler und Unzulänglichkeiten haben, aber wenn Sie großzügig sind, ist alles möglich. Großzügigkeit ist eine praktische und direkte Möglichkeit, Ihre Selbstachtung zu verbessern. Wenn wir uns schlecht fühlen, werden wir selbstbezogen. Selbstbezogenheit ist eine der mächtigeren Symptome der Depression. Ein einfaches Gegenmittel gegen diese Selbstbeschäftigung ist Großzügigkeit.

Großzügigkeit können Sie in jedem Geisteszustand praktizieren. Sie müssen nicht in guter Stimmung sein, wenn Sie einem Arbeitskollegen beim Umzug helfen, Ihren Neffen bei seiner Hausarbeit unterstützen oder Ihrer Mutter ein Essen zubereiten. Wenn wir geben, bekommen wir eine sofortige Rückmeldung darüber, dass wir etwas zu geben haben. Negative Geisteszustände sind unfruchtbar – Sie geben uns das Gefühl, dass uns etwas fehlt und dass wir von anderen Menschen etwas haben möchten, was wiederum die Passivität fördert. Wenn wir etwas geben können, auch auf unscheinbare Weise, schaffen wir ein Gefühl innerer Erfülltheit und Freude. Großzügigkeit entwickelt positive Beziehungen mit anderen und ist für unser Glück lebenswichtig. Hier sind einige Vorschläge, um Großzügigkeit in dieser Woche zu praktizieren:

Interessieren Sie sich für jemanden. Nehmen Sie sich für jemanden ein wenig mehr Zeit, als Sie das normalerweise tun. Interessieren Sie sich für ihn, hören Sie ihm zu und erkundigen Sie sich ehrlich nach seinem Befinden.

Zuneigung und Ermunterung. Bemühen Sie sich, Ihre Zuneigung auszudrücken. Sie mag einfach im Ton Ihrer Stimme liegen oder sich in Ihren Augen widerspiegeln. Der Buddha sprach davon, Menschen „mit freundlichen Augen anzusehen". Berühren Sie Menschen. Ältere Menschen leiden oft an Berührungsmangel. Deswegen umarmen Sie Ihren Vater, wenn Sie ihn das nächste Mal sehen. Selbst ein warmer Händedruck kann Zuneigung ausdrücken und ermuntern. Versuchen Sie, sich für die Ziele und Interessen ihrer Freunde zu begeistern.

Geben Sie etwas an einem anstrengenden Tag. Wenn wir beschäftigt sind, haben wir die Neigung, übermäßig aufgabenorientiert zu werden, sodass unsere Konzentration auf unsere Aufmerksamkeit abnimmt. Wir werden angespannt, verkrampft, reizbar. Versuchen Sie, sich ein wenig umzusehen. Bieten Sie an, Tee zu kochen oder Brötchen zu holen. Tun Sie irgendetwas für irgendjemanden. Wahrscheinlich sind die anderen genauso beschäftigt und gestresst und deswegen ebenso isoliert wie Sie.

Heißen Sie jemanden willkommen. Wenn jemand bei Ihnen auf der Arbeit neu anfängt, kaufen Sie ihm eine Karte und ein wenig Schokolade. Legen Sie sie auf seinen Schreibtisch, damit er sie sehen kann, wenn er zur Arbeit erscheint. Wenn Sie jemanden zum Essen einladen, seien Sie ein guter Gastgeber, kochen Sie gutes Essen und seien Sie bereit, ihn willkommen zu heißen. Kultivieren Sie eine Haltung des Willkommens, wenn Ihr Ehepartner von der Arbeit zurückkommt, wenn Ihre Kinder von der Universität zurückkommen oder wenn Ihr Freund aus dem Urlaub zurückkommt.

Hilfe anbieten. Bieten Sie der örtlichen Schule Hilfe an, helfen Sie im örtlichen Hospiz, machen Sie den Abwasch oder erledigen Sie das Recycling. Freiwillige und ehrenamtliche Arbeit geschieht zum Wohle anderer Menschen. Denken Sie in Begriffen des Zurückgebens.

Geben Sie einfach! Wenn Ihr Freund in Verlegenheit ist, geben Sie ihm etwas Geld. Wenn Ihr Ehepartner erschöpft von der Arbeit nach Hause kommt, verwöhnen Sie ihn ein bisschen – lassen Sie ihm ein Bad ein, kochen Sie etwas – und erklären Sie ihm nicht, wie beschäftigt Sie selbst waren. Finden Sie eine Möglichkeit, um Geld zu geben, Bücher zu empfehlen oder für das Kino zu bezahlen.

Achtsamkeit zwischen zwei Menschen

Nachdem wir uns die Beziehungen zu Ihren Eltern und Ihrem Partner angesehen haben, lassen Sie uns nun weitergehen zur besonderen Praxis für diese Woche. Mein Vorschlag ist, dass Sie sich auf die Entwicklung von Achtsamkeit auf einen Freund oder eine Freundin und auf eine schwierige Person konzentrieren. Passen Sie auf, dass Sie dies nicht zu unverblümt tun: Es fühlt sich nicht sehr freundlich an, wenn sich jemand als Versuchsobjekt erlebt!

Wählen Sie einen Freund, mit dem Sie diese Woche verbringen möchten. Falls das nicht möglich ist, wählen Sie jemanden, mit dem Sie regelmäßig Kontakt haben, eher übers Telefon als über E-Mail. Die Person sollte in etwa in Ihrem Alter sein – nicht so alt, dass sie Ihre Mutter oder Ihr Vater sein könnte und nicht so jung, um Ihr Kind sein zu können. Es sollte jemand sein, der für Sie nicht sexuell attraktiv ist oder mit dem/der Sie eine Beziehung haben. Und falls möglich, wählen Sie jemanden gleichen Geschlechts. Die Idee dabei ist, jemanden zu wählen, der Ihnen so ähnlich wie möglich ist: ein Freund desselben Geschlechts und desselben Alters.

Wählen Sie auch eine schwierige Person. Diese Person sollten Sie tatsächlich kennen, keine öffentliche Figur, die Sie gern hassen möchten. Wählen Sie nicht jemanden, den Sie wirklich verachten, das wäre zu schwierig. Wählen Sie jemanden, mit dem Sie direkten, regelmäßigen Kontakt haben, oder falls das nicht möglich sein sollte, mit dem Sie telefonisch oder per E-Mail in Kontakt sein können. Falls Sie sich niemanden vorstellen können, den Sie nicht mögen, ist mein Rat: Denken Sie nochmals nach. Denken Sie an jemanden, dem Sie lieber aus dem Wege gehen möchten oder neben dem Sie nicht gern in der Kantine sitzen würden. Falls Sie sich wirklich niemanden vorstellen können, überlegen Sie sich jemanden in Ihrer unmittelbaren Familie (dort finden Sie üblicherweise immer jemanden!). Die schwierige Person kann auch ein Freund sein, mit dem Sie zurzeit Probleme haben. Finden Sie einen Weg, sich ihn vorzustellen und im Geist lebendig werden zu lassen. Sie können für jede Person einen Eintrag in Ihrem Tagebuch machen und sich ihren Alltag vorstellen. Sie könnten jeden Bereich der Achtsamkeit mit einschließen:

- Wie fühlt sich wohl ihr Körper an?
- Sind sie wohl angespannt oder entspannt, regelmäßig müde oder überanstrengt?
- Welche Gefühle erleben sie womöglich?
- Welche Geisteszustände sind ihnen vertraut?
- Welche Werte versuchen sie auszudrücken?

Wenn Ihnen die Übung zu schwer vorkommt, schreiben Sie einfach auf, was sie tun, wohin sie gehen, wie sie fühlen und mit wem sie in Beziehung sind. Schreiben Sie in der ersten Person, als wären Sie selbst der Freund oder die schwierige Person. Versuchen Sie auch, daran zu denken, wie diese Person über Sie fühlen könnte. Das wird Ihnen helfen, achtsam zu sein, wenn Sie sich treffen. Nutzen Sie das Treffen mit Ihrem Freund oder mit der schwierigen Person als Möglichkeit, volle Achtsamkeit zu üben. Wenn Sie in Kontakt kommen, werden Sie sich Ihrer selbst in der Beziehung bewusster. Sie werden wahrscheinlich diese Bewusstheit eher spüren können, wenn Sie sich ein wenig Zeit lassen und sie in sich lebendig werden lassen. Dann versuchen Sie, Folgendes in die Praxis umzusetzen:

Schauen Sie die Person an. Viele von uns haben die Angewohnheit, den anderen während des Gesprächs nicht anzusehen. Prüfen Sie, ob auch Sie das tun und falls ja, sehen Sie Ihren Freund an und nehmen Sie ihn in sich auf, wenn Sie ihn diese Woche treffen. Lassen Sie Ihre Zuneigung sich in den Augen des Freundes widerspiegeln. Vergewissern Sie sich, dass Sie auch die schwierige Person ansehen. Wenn wir mit jemandem ein andauerndes Problem haben, neigen wir dazu, seinem festen Blick auszuweichen, was der andere natürlich bemerkt. Versuchen

Sie, den Blick deswegen nicht zu vermeiden; versuchen Sie, den anderen anzusehen und zu verstehen und lassen Sie ihn den Blick erwidern.

Hören Sie zu. Leider ist „Konversation“ oft nur ein wechselseitiger Monolog – wir warten ständig darauf, selbst sprechen zu können. Versuchen Sie, ob Sie wirklich zuhören können, statt Ihre Entgegnung schon vorzuformulieren. Zuhören bedeutet die Vertiefung Ihrer Achtsamkeit für eine andere Person, ihre Gedanken bemerken, ihre Gefühle, Werte und Bedürfnisse, die in ihren Worten verborgen sind. Und es bedeutet, die persönlichen Belange und Interessen zur Seite zu stellen, um dem anderen die volle Aufmerksamkeit zuteilwerden zu lassen. Wenn Sie das tun, wird alles, was Sie sagen, aus echter Bewusstheit heraus für den anderen entstehen.

Bekunden Sie Interesse. Versuchen Sie, sich für die schwierige Person besonders anzustrengen, um nicht in den üblicherweise gereizten, abweisenden oder ängstlichen Ton zu verfallen. Wir machen Situationen oft schlimmer, indem wir automatisch auf das reagieren, was wir nicht mögen oder nicht billigen. Nehmen Sie diese Woche als Chance, Ihre eigene Perspektive zurückzuhalten. Versuchen Sie, wenigstens eine Sache von der schwierigen Person zu lernen. In der Kommunikation mit Ihrem Freund versuchen Sie, der Versuchung zu widerstehen, die Unterhaltung auf sich selbst zurückzulenken. Finden Sie einen Weg, Ihre Kommunikation zu vertiefen und noch mehr Interesse zu zeigen.

Tun Sie etwas. Falls möglich und ohne viel Aufhebens darum zu machen, schauen Sie, ob Sie etwas für die Person tun können. Echtes Gewahrsein führt zu Handlungen. Ihnen wird nicht nur klar, dass jemand durstig ist: Sie gehen und holen ihm ein Glas Wasser! Versuchen Sie, für jede Person wenigstens eine Sache zu tun. Wenn Ihr Freund oder die schwierige Person sich mit einem Koffer quält oder mit einer Online-Bewerbung, versuchen Sie, ihm dabei zu helfen. So könnten Sie die Patrone im Drucker Ihres Chefs wechseln oder ein kleines Geschenk mitnehmen, wenn Sie Ihren Freund treffen. Machen Sie keine große Sache daraus; finden Sie einen stillen Weg, ihnen etwas zu geben.

Versuchen Sie, Ihr Gewahrsein für diese zwei Menschen über die Woche hinweg aufrechtzuerhalten. Sie könnten ein Foto Ihres Freundes auf Ihrem Schrein aufstellen, oder Sie könnten den Namen auf eine Karte schreiben und in Ihrer Brieftasche bei sich tragen. Wie immer Sie es machen, finden Sie Wege, um sich an die Person zu erinnern. Und am Ende der Woche schauen Sie zurück, wie es gegangen ist, und notieren Sie es am Ende dieses Kapitels in der Tabelle.

Mit einer schwierigen Situation arbeiten

Vielleicht haben Sie das Gefühl, dass die obigen Vorschläge zu viel Arbeit machen. Eine andere Möglichkeit, achtsam für einen anderen Menschen zu werden, ist, dass Sie sich auf eine möglicherweise schwierige Begegnung konzentrieren, zum Beispiel ein Arbeitstreffen oder wenn Sie Zeit mit einem Freund verbringen, mit dem Sie gerade Probleme haben. Schwierige Situationen haben drei Aspekte:

Antizipation	- Über die Schwierigkeiten schon im Voraus nachzudenken ist oft wenig hilfreich
Begegnung	- Spontan reagieren, indem man körperlich angespannt oder emotional defensiv ist
sich in Erinnerung rufen	- Immer wieder darüber nachdenken, was gesagt oder getan worden ist, oder der zwanghafte Gedanke, was Sie hätten tun oder sagen sollen

Auf diese Weise kann sich eine Schwierigkeit mit einem anderen Menschen vergrößern und allmählich immer mehr Aspekte Ihres Lebens betreffen. Versuchen Sie, mit dem schmerzhaften Gefühl im jetzigen Moment zu arbeiten, ohne darauf zu reagieren und sich nicht vorher oder hinterher damit auf fruchtlose Weise zu beschäftigen. Hier ist ein kurzer Leitfaden:

Antizipation

Seien Sie gegenwärtig und aufnahmefähig. Beachten Sie, wie sich Ihr Körper anfühlt, und erkennen Sie Ihre Gefühle.

Werden Sie sich Ihrer inneren Gespräche bewusst. Fragen Sie sich, ob das, was Sie denken, wahr ist. Und falls es so ist, wie können Sie es effektiv mitteilen? Was ist subjektive Reaktion und was objektive Wahrheit?

Probieren Sie eine kreativere Strategie aus. Denken Sie kreativer darüber nach, wie Sie mit der Situation arbeiten oder wie Sie Ihre Sichtweise passender mitteilen können. Wechseln Sie die Perspektive und versuchen Sie, das Problem von einer anderen Seite aus zu sehen.

Begegnung

Seien Sie ganz da und aufnahmefähig. Konzentrieren Sie sich auf jede körperliche oder geistige Unbehaglichkeit. Versuchen Sie, aus dieser Stimmung heraus nicht negativ zu reagieren. Entspannen Sie bewusst Ihren Körper, vor allem die Schultern und den Bauch. Manchmal ist das alles, was Sie tun können.

Bleiben Sie in der Beziehung. Es ist in schwierigen Situationen verlockend, anderen Menschen auszuweichen. Dies vermindert die Bewusstheit und verursacht noch mehr Leid. Bemühen Sie sich deswegen bewusst darum, zuzuhören und zu verstehen. Versichern Sie sich, ob Sie die andere Person richtig verstanden haben. Beruhigen Sie das Gespräch. Seien Sie nicht gekränkt oder verletzt.

Sich in Erinnerung rufen

Seien Sie ganz da und aufnahmefähig. Prüfen Sie, wie es sich anfühlt, eine Streitfrage immer wieder im Kopf durchzuspielen. Verurteilen Sie sich nicht dafür. Aber versuchen Sie, jede Rechtfertigung zu bemerken, und lassen Sie sie bewusst los, indem Sie sich absichtlich ablenken oder mit anderen Gedanken herausfordern.

Werden Sie sich Ihrer Selbstgespräche bewusst. Ist das, was Sie denken, hilfreich, führt es Sie irgendwohin? Haben Sie genug darüber nachgedacht?

Entscheiden Sie, was Sie tun möchten. Wenn Sie sich über jemanden ärgern, müssen Sie den Ärger entweder loslassen (und das auch weiterhin tun) oder eine kreative Kommunikationsstrategie entwickeln, um das Problem zu lösen. Entscheiden Sie ein für alle Mal, was Sie tun wollen.

Der achtsame Spaziergang

Fahren Sie mit Ihrem täglichen Spaziergang wie gewöhnlich fort. Kultivieren Sie die vier Grundlagen der Achtsamkeit und versuchen Sie gleichzeitig, ob Sie den Menschen in Ihrer Umgebung mehr Aufmerksamkeit entgegenbringen können. Vergewissern Sie sich, dass Sie beim Gehen in Kontakt mit Ihrem Körper sind.

Achten Sie auf Menschen, die Sie üblicherweise nicht beachten, oder auf die, die Sie nicht mögen. Wir haben die Neigung, auf die Menschen zu achten, die wir anziehend finden, aber diejenigen zu ignorieren, die wir nicht anziehend finden. Bemühen Sie sich deswegen auf Ihrem Spaziergang, Menschen zu sehen, denen Sie normalerweise keine Aufmerksamkeit schenken. Wenden Sie Ihre Aufmerksamkeit auch Menschen zu, denen Sie abgeneigt sind oder vor denen Sie Angst haben: Teenager mit Kapuzen oder Alkoholiker auf einer Parkbank.

Würdigen Sie die Vielfalt. Bleiben Sie beim Gehen in Kontakt mit Ihrem Körper und Ihren Gefühlen. Beachten Sie all die verschiedenen Menschentypen. Achten Sie auf die unterschiedlichen Ethnien und Altersgruppen und darauf, womit die Menschen beschäftigt sind. Sie könnten sogar versuchen, sich auf ihre Stimmen einzustellen, wenn Sie an ihnen vorübergehen.

Wie sind sie? Schauen Sie, wie die Menschen sich zu fühlen scheinen. Sehen Sie glücklich aus, angestrengt oder gut aufgelegt? Sind sie gestresst, aufgedreht oder beunruhigt? Nehmen Sie einfach während Ihres achtsamen Spaziergangs Menschen in sich auf und beobachten Sie ihre Haltung, wie sie sich bewegen und wie sie blicken.

Kultivieren Sie liebevolle Güte. Versuchen Sie, ihnen alles Gute zu wünschen. So wie auch Sie einen angenehmen Tag haben möchten, so möchten die anderen das auch. So wie Sie von anderen Menschen gemocht werden wollen und sich freuen, wenn Sie gesehen werden, so geht es auch anderen. Deswegen wünschen Sie ihnen alles Gute. Bleiben Sie in Kontakt mit Ihrem Körper, und wenn Sie jemand sehen, nehmen Sie ihn in sich auf und sagen Sie still zu sich: „Möge es Ihnen gut gehen, mögen Sie glücklich sein."

Der achtsame Moment

Ich schlage vor, dass Sie den achtsamen Moment in dieser Woche dafür nutzen, um sich Ihres Freundes, auf den Sie sich in dieser Woche konzentrieren, bewusster zu werden. Zuerst stimmen Sie sich in die Körperachtsamkeit ein: Nehmen Sie Gewicht und Wärme wahr, spüren Sie die Empfindungen Ihrer Kleidung auf der Haut. Diese Art des generellen Körperbewusstseins hilft Ihnen, im Gegenwartsbewusstsein verwurzelt zu bleiben. Versuchen Sie, jede Spannung loszulassen, und beachten Sie dabei besonders den Nacken, den Bauch und die Schultern. Dann lassen Sie Ihren Freund in sich lebendig werden. Sie brauchen jetzt kein besonderes Gefühl für ihn zu kultivieren – schauen Sie ihn nur vor Ihrem geistigen Auge an. Sie könnten sich an eine Zeit erinnern, als Sie mit ihm zusammen waren, sich vorstellen, was er jetzt gerade tut, oder daran denken, wie er geht, an den Klang seines Lachens oder an den alten Mantel, den er trägt. Versuchen Sie, ihn so jeden Tag ins Gedächtnis zu rufen. Sie können das während Ihres Zähneputzens tun oder während Sie sich auf Ihre Arbeit vorbereiten – welche Aktivität

Sie sich auch für Ihren achtsamen Moment gewählt haben. Wenn Sie es zu schwer finden, sich an den achtsamen Moment zu erinnern, könnten Sie den Wecker an Ihrem Telefon oder auf Ihrem Computer einstellen. Sie könnten versuchen, den achtsamen Moment auf etwas zu verschieben, das Sie sich leichter merken können: Vielleicht eine angenehmere Aktivität wie zum Beispiel das Duschen.

Die Meditationen dieser Woche

Für diese Woche schlage ich vor, dass Sie die Betonung auf die Kultivierung positiver Emotionen legen, insbesondere für die zwei Menschen, auf die Sie sich konzentrieren: den Freund und die schwierige Person. Sie könnten einen Blick auf den Anhang 2 werfen, in dem ich die *mettā-bhāvanā*-Praxis beschreibe, die Kultivierung liebevoller Güte. Oder Sie könnten einfach den Vorschlägen folgen, die ich weiter unten gebe. Bevor wir uns jedoch den Meditationen selbst zuwenden, lassen Sie uns untersuchen, worum es bei der Kultivierung positiver Emotionen überhaupt geht.

Im weitesten Sinne gibt es vier Typen buddhistischer Meditationspraxis:

Konzentrativ	- einspitzig bei einer Erfahrung verweilen, so wie bei der Achtsamkeit auf den Atem
Rezeptiv	- offen sein für alles, was immer in der Erfahrung auftaucht, ohne es ändern zu wollen
Generativ	- noch nicht erwachte positive Geisteszustände kultivieren oder schon erwachte positive erweitern
Reflektiv	- noch nicht erwachte positive Geisteszustände kultivieren oder schon erwachte positive erweitern

Jede Meditationsart wird durch bestimmte Praktiken verdeutlicht: Die Achtsamkeit auf den Atem ist eine konzentrative Praxis, die *mettā-bhāvanā*-Praxis ist eine generative Praxis. Aber die Unterscheidung ist eher eine Sache der Betonung. Jede Meditation – ob Sie nun Ihren Atem beobachten oder liebevolle Güte kultivieren – wird die vier Schwerpunkte in sich einschließen. Um ein einfaches Beispiel zu nennen: Ich habe hin und wieder vorgeschlagen, dass Sie einfach mit klarem Bewusstsein sitzen. Buddhisten nennen diese Praxis „nur sitzen." Offensichtlich ist sie primär rezeptiv, weil die Betonung auf nicht wertender Bewusstheit und Offenheit für das Gegebene liegt. Damit die Praxis aber einen Wert bekommt, ist es notwendig, zu einem bestimmten Grad zu reflektieren und sich zu konzentrieren, ebenso wie der Wunsch, offene und empfängliche Geisteszustände zu kultivieren.

In der „Nur sitzen"-Praxis ist der rezeptive Aspekt vorherrschend, aber die anderen drei sind ebenfalls vorhanden, zumindest potenziell. Sie liegen sozusagen bereit, wenn sie gebraucht werden. In der Tat ist diese Praxis besonders effektiv, wenn Sie bereits gut konzentriert sind.

Meditation lebendig halten

Was zur Vertiefung Ihrer Meditation in der einen Woche hilft, könnte in der nächsten weniger hilfreich sein. Entscheiden Sie sich für einen bestimmten Ansatz für jede Praxis: Zum Beispiel können Sie während der *mettā-bhāvanā*-Meditation Sätze benutzen wie: „Möge es mir gut gehen, möge ich glücklich sein". Geben Sie den Sätzen Zeit, sich zu entfalten – ändern Sie sie nicht immer wieder. Aber achten Sie auf Ihren Meditationsansatz, ob er schal und uneffektiv wird. Denken Sie nicht, dass Sie auf immer dieselbe alte Weise meditieren können, weil die Praxis vielleicht für Sie in der Vergangenheit gepasst hat. Sie müssen die Meditation lebendig halten und neue Zugänge und Metaphern finden. Deswegen achten Sie während der Meditation auf eingeschliffene Denkweisen und Haltungen. Probieren Sie etwas Neues aus und prüfen Sie, ob das funktioniert.

Ich habe viele Leute kennengelernt, die sich unfähig fühlten, liebevolle Güte während der Meditationssitzung entstehen zu lassen. Sie führen dafür psychologische Gründe oder frühere Traumata ins Feld. Meistens jedoch haben sie einfach noch nicht genug Konzentration entwickelt. Gefühle des Wohlwollens, der Empathie und Verbundenheit sind subtil, zumindest am Anfang. Sie werden nicht in der Lage sein, sie ohne Empfänglichkeit, Konzentration und Entspannung zu erspüren. Gehen Sie davon aus, dass positive Emotionen da sind. Vielleicht sind Sie nur zu abgespannt, müde oder abgelenkt, um sich in diesem Moment darauf einzustellen. Vergewissern Sie sich deswegen in den Meditationen dieser Woche, dass alle vier Aspekte der Meditation dabei sind. Ich werde das eine oder andere während des Weges betonen, aber hin und wieder eine Pause machen, damit Sie sich prüfen können. Wenn Sie die Entwicklung liebevoller Güte beginnen, vergewissern Sie sich, dass Sie noch ausreichend aufnahmefähig für Erfahrungen sind, indem Sie sich folgende Fragen stellen:

- Versuche ich, etwas zu erzwingen?
- Versuche ich, positive Emotionen aus mir herauszuquetschen wie Zahnpasta?
- Bin ich noch empfindsam dafür, was in meinem Geist und in meinem Körper passiert?
- Bin ich konzentriert?
- Könnte es gut sein, für einige Minuten eine Pause zu machen und sich auf meinen Atem zu konzentrieren – insbesondere, wenn der Geist überall zu sein scheint?
- Bin ich mir meiner geistigen Gespräche bewusst, prüfe ich, ob sie wahr sind und nützlich?

Und denken Sie daran: Auch wenn Sie keine der oben vorgeschlagenen Übungen gemacht haben (wie zum Beispiel ein kleines Geschenk mitzunehmen, wenn Sie Ihren Freund treffen), haben Sie bereits positive Emotionen entwickelt. Wenn Sie sich

Ihres Freundes im achtsamen Moment bewusst gewesen sind, ist diese Bewusstheit bereits ein Akt liebevoller Güte und Großzügigkeit. Natürlich haben Sie bisher auch mit Körperbewusstsein gearbeitet, mit Achtsamkeit auf die Gefühle, den Geist und die *dhammas*. Sie werden begonnen haben, sich mit der Natur und der Umwelt verbundener zu fühlen. All dies wird einen Effekt auf Ihre Beziehungen mit anderen Menschen haben. Selbst wenn Sie es nicht geschafft haben, die empfohlenen Übungen zu praktizieren, haben Sie doch Gefühle des Wohlwollens und der Sorge für andere. Sie fangen nicht ganz von vorn an. Wir alle tragen die Samen der Liebe und der Bewusstheit in uns. Alles, was wir in der Meditation tun, ist, diese Samen zu kultivieren, ihnen Aufmerksamkeit zu schenken und sie wachsen zu lassen.

Deswegen schlage ich Ihnen für die Praxis in dieser Woche Folgendes vor:

1. Tag: *Empfindsamkeit kultivieren.* Stellen Sie zuerst Körperbewusstsein her. Versuchen Sie, einen neuen Ansatz zu finden. Sie könnten sich zum Beispiel auf Ihre Hände konzentrieren und darauf, ob Sie jeden Finger und Knöchel fühlen, die Handfläche, die Rückseite der Hand, den Daumen. Dies wird auf Ihren ganzen Körper wirken. Dann spüren Sie in Ihren Brustbereich und Bauch hinein. Verweilen Sie mit Ihrer Aufmerksamkeit dort. Warten Sie. Beobachten Sie, ob Sie irgendeine Empfindung fühlen können. Prüfen Sie sanft, ohne sich zu drängen oder zu versuchen, irgendetwas Bestimmtes zu fühlen. Beachten Sie insbesondere die Empfindungen um Ihr Herz herum. Wie fühlt es sich an: eng oder offen, leicht oder schwer? Falls Sie nicht sehr viel fühlen können, seien Sie nicht beunruhigt. Sie wissen, dass eine geringe Fühltiefe neutrales Gefühl ist. Versuchen Sie, dies zu untersuchen. Versuchen Sie, empfindsam für Ihre Gefühle in Ihrem Bauch und um Ihr Herz herum zu werden. Dann ruhen Sie wieder in Ihrem Körpergewahrsein.

2. Tag: *Selbstliebe kultivieren.* Beginnen Sie die Praxis wie oben, untersuchen Sie die Gefühle in Ihrem Brustraum. Lassen Sie Ihre Aufmerksamkeit im Herzbereich ruhen und lassen Sie alle Gefühle, Empfindungen, Bilder oder Worte aufsteigen. Dann verlassen Sie Ihre Aufmerksamkeit im Herzbereich und sagen sich: „Möge es mir gut gehen. Möge ich glücklich sein. Möge ich frei sein von Leiden. Möge ich Fortschritte machen.“ Erzwingen Sie nichts. Sagen Sie nur einen Satz. Machen Sie Pause. Fühlen Sie die Empfindungen um das Herz herum. Dann sagen Sie einen anderen Satz. Prüfen Sie, ob Sie irgendeine Antwort in der Herzgegend fühlen können, was immer das sein mag. Vielleicht erspüren Sie auch keine Antwort oder eine ängstliche. Versuchen Sie, den Sätzen Bedeutung zu verleihen. Halten Sie Ihr Bewusstsein tief im Bauchraum und in der Herzgegend, damit die Praxis nicht zu intellektuell wird. Halten Sie inne und seien Sie empfänglich für jede Antwort.

3. Tag: *Positive Erinnerungen sammeln.* Bauen Sie wieder Ihr Körperbewusstsein auf. Dann untersuchen Sie die Empfindungen zuerst in Ihrem Bauch: Sollten Sie ihn weicher machen oder loslassen? Dann in Ihrer Brust: Gibt es dort irgendein Gefühl von Enge oder Schmerz? Dann in Ihrer Herzgegend: Wie fühlt sie sich an? Lassen Sie dann eine Zeit in Ihrem Geist auftauchen, in der Sie sich in einem positiven Geisteszustand befanden. Sie könnten eine Zeit wählen, in der Sie sich in Kontakt mit ihren Stärken und Tugenden fühlten: Ein schwieriges Gespräch, in dem Sie geduldig und hilfreich geblieben sind, ein Akt von Großzügigkeit, oder das Erlebnis, jemandem gegenüber Wärme zu fühlen. Versuchen Sie, sich die Erinnerung lebendig ins Gedächtnis zu rufen: Was haben Sie in dieser Zeit gesagt, gedacht, gefühlt oder getan? Können Sie sich daran erinnern, wo Sie hingeschaut haben? Wie hat sich der Körper angefühlt? Tun Sie dies einige Minuten, und dann verweilen Sie in Empfindsamkeit. Wechseln Sie ab zwischen dem Erwachen positiver Erinnerungen in Ihrem Geist und den Ruhepausen in nicht wertender Bewusstheit.

4. Tag: *Sich einen Freund ins Gedächtnis rufen.* Beginnen Sie mit einem kurzen Body Scan, und dann ruhen Sie mit Ihrer Aufmerksamkeit im Herzbereich. Entwickeln Sie Empfindsamkeit für Ihre innere Welt der Empfindungen und Gefühle, auch wenn sie sich nicht sehr stark anfühlen. Dann kultivieren Sie Selbstliebe entweder dadurch, dass Sie Sätze benutzen oder durch Ansammlung von Erinnerungen. Sie könnten damit experimentieren, Sätze zu finden, die Ihr eigenes Bedürfnis nach authentischem Glück ausdrücken. Dann rufen Sie sich nach etwa 5 Minuten Ihren Freund ins Gedächtnis (denjenigen, den sie ausgesucht haben, um Bewusstheit zu entwickeln). Sie haben schon eine Menge Erfahrungen mit Ihrem Freund. Sie haben Bewusstheit in Ihrem achtsamen Moment für ihn kultiviert; Sie haben versucht, großzügig zu sein, hinzusehen und zuzuhören. Versuchen Sie deswegen, all dies jetzt in Ihrem Geist erwachen zu lassen. Falls Sie für Ihren Freund im alltäglichen Leben bewusst Achtsamkeit kultiviert haben, werden Sie sich viel eher in der Lage fühlen, ihn sich vorzustellen. Beachten Sie jede Vibration einer Reaktion. Den Freund auf diese Weise ins Gedächtnis zu rufen kann genug sein, um positive Emotionen auszulösen. Oder Sie könnten auch reflektieren: „So wie ich glücklich sein möchte, so wie ich ohne Leid sein möchte, so möchte auch er das.“ Sie könnten Sätze benutzen wie: „Möge er glücklich sein. Möge es ihm wohlergehen“. Oder Sie könnten einfach seinen Namen wiederholen und immer wieder in Ihrem Herzen bewegen. Achten Sie darauf, gelegentlich eine Pause zu machen und zu ruhen, aufnahmefähig zu werden und sich Ihres Körpers und Ihrer Gefühle bewusst zu werden.

5. Tag: *Licht und Schatten*. Beginnen Sie mit Körperbewusstsein und stimmen Sie sich dann in Ihren Atem ein. Wenn Sie sich gehetzt fühlen, achten Sie vor allem auf Ihre Ausatmung tief unten in Ihrem Körper. Wenn Sie müde sind, bringen Sie Ihr Gewahrsein vor allem zu Ihrer Nasenspitze und konzentrieren Sie sich auf das Einatmen. Auf diese Weise kultivieren Sie Konzentration. Tun Sie dies für etwa 5 Minuten und versuchen Sie dann zu reflektieren. Lassen Sie etwas Aufmerksamkeit beim Atmen, damit Sie im gegenwärtigen Bewusstsein verwurzelt bleiben. Rufen Sie sich dann einige schwierige Aspekte Ihres

Lebens in Erinnerung, etwa Probleme bei der Arbeit oder ein ärgerliches Telefongespräch. Stellen Sie sich vor, sie in Ihr Herz einzuatmen. Atmen Sie sie ein mit Güte und Verständnis. Nach einigen Atemzügen bedenken Sie einige Dinge, die Ihrem Leben Bedeutung geben, Sinn und Befriedigung: Alles, was sich erfreulich anfühlt. Und damit atmen Sie wieder. Sie könnten Schwierigkeiten einatmen und Freude und Werte ausatmen, oder Sie könnten hin- und herschwingen zwischen Reflexionen über schwierige Dinge und über gute Dinge. Auf diese Weise werden Ihnen Ihre hellen und Ihre dunklen Seiten bewusster, ohne dass Sie sich mit der einen oder der anderen Seite zu stark identifizieren müssen. Tun Sie das Gleiche für Ihren Freund. Denken Sie an die Schwierigkeiten, denen er gegenübersteht, und nach einigen Atemzügen denken Sie an die positiven Dinge, die ihm geschehen, und an seine guten Qualitäten. Schließlich verweilen Sie zum Ende hin wieder in nicht wertender Achtsamkeit.

6. Tag: *Achtsamkeit auf jemanden, den wir schwierig finden.* Beginnen Sie wie üblich mit Ihrem Körperbewusstsein. Dann werden Sie empfindsam und verbringen Sie einige Zeit mit dem Wunsch, dass es Ihnen gut gehen möge, oder mit der Erinnerung an befriedigende Erlebnisse. Rufen Sie sich Ihren Freund ins Gedächtnis und wünschen Sie ihm Gutes. Sie könnten sich eine Zeit ins Gedächtnis rufen, zu der Sie mit ihm zusammen waren und die Kraft der Freundschaft zwischen sich gefühlt haben (Sie werden während dieser Woche danach Ausschau gehalten haben). Vergewissern Sie sich wieder, dass Konzentration vorhanden ist. Machen Sie von Zeit zu Zeit eine Pause und sitzen Sie in aufnehmendem, offenem Gewahrsein. Rufen Sie sich dann die Person ins Gedächtnis, die Sie schwierig finden. Versuchen Sie, Ihre direkte Antwort auf sie zu erfühlen, ohne Selbstzensur. Falls Sie Hass empfinden, versuchen Sie, ihn im Körper zu spüren. Registrieren Sie, was in Ihrem Bauch passiert, in Ihrer Herzgegend und in Ihrem Gesicht. Versuchen Sie, jedes unangenehme Gefühl zu mildern. Sehen Sie die schwierige Person bewusst aus einer anderen Perspektive – nicht nur unter dem Aspekt des Verhaltens, an dem Sie sich festgebissen haben und das Sie nicht mögen. Versuchen Sie, sich die ganze Person ins Gedächtnis zu rufen, mit ihren Stärken und Unzulänglichkeiten, Freuden und Sorgen, Licht und Schatten. Sie können darüber nachdenken, ob es Ähnlichkeiten zwischen Ihnen gibt: „Zeige ich manchmal das gleiche Verhalten, das ich an ihm kritisiere?" Versuchen Sie tiefer zu verstehen und vergeben Sie der kritischen Person. Wünschen Sie ihr bewusst Gutes.

7. Tag. *Über unsere Freundlichkeit für zehn Personen hinausgehen.* Beginnen Sie wieder mit Ihrem Körperbewusstsein, dann der Bewusstheit für Ihre Gefühle (oder das Fehlen von Gefühlen) und um ihr Herz herum. Erweitern Sie dann den Bereich Ihrer Bezogenheit. Sie könnten versuchen, ein Bild dafür zu benutzen. Stellen Sie sich tief in Ihrem Herzen eine rote Blume vor, die sich mit Ihrem erweiterten Bewusstsein langsam öffnet. Stellen Sie sich vor, wie sich die Blütenblätter entfalten, und verweilen Sie bei der Wärme der Farbe. Machen Sie Ihre Augen weich, so wie wir das tun, wenn wir versuchen, in der Meditation Dinge zu „sehen" und die Augen zusammenkneifen. Stellen Sie sich die Blume vor, wie sie sich öffnet und wie sich Strahlen roten Lichts in alle Richtungen verbreiten. Sie könnten sich vorstellen, dass die Blume bei jedem anderen Menschen, dessen Herz von einem Lichtstrahl getroffen wird, eine weitere Blume entstehen lässt. Diese Blume öffnet sich und sendet ihrerseits Lichtstrahlen aus.

Rufen Sie sich alle Menschen in Ihrer Umgebung ins Gedächtnis: Ihre Tochter im Haus; die Menschen, die auf der anderen Straßenseite leben oder die, die im Bus vorbeifahren, Menschen, die sich über Ihnen in Flugzeugen befinden oder die unter Ihrem Fenster vorbeigehen. Stellen Sie sich rote Lichtstrahlen vor, die auf alle diese Menschen strahlen und eine rote Blume in ihren Herzen erzeugen, die wiederum Lichtstrahlen aussenden. Dann bleiben Sie noch einige Minuten sitzen, ohne irgendetwas zu tun.

Siebte Woche
Praktische Rückschau

1. Der achtsame Spaziergang

Haben Sie daran gedacht, den achtsamen Spaziergang zu machen?

	1. Tag	2. Tag	3. Tag	4. Tag	5. Tag	6. Tag	7. Tag
☑ = Ja / ☒ = Nein							

2. Der achtsame Moment

Haben Sie daran gedacht, während des achtsamen Moments Ihren Freund in sich wachzurufen?

	1. Tag	2. Tag	3. Tag	4. Tag	5. Tag	6. Tag	7. Tag
☑ = Ja / ☒ = Nein							

3. Achtsamkeit auf den Freund und auf eine schwierige Person entwickeln

Haben Sie es geschafft, in dieser Woche achtsamer auf den Freund und auf eine schwierige Person zu werden? Haben Sie daran gedacht, etwas von der schwierigen Person zu lernen? Haben Sie sie angeschaut und ihr zugehört? Haben Sie einen Weg gefunden, ihr etwas zu geben? Was, falls überhaupt, haben Sie durch die größere Achtsamkeit auf Ihren Freund und die schwierige Person gelernt?

Schreiben Sie hier Ihre Reflexionen auf:

Haben Sie irgendeine der Stärken und Tugenden in Ihrer Beziehung zu ihnen entdeckt sowie eine Bereitschaft zuzuhören, den Wunsch zu verstehen und empathisch und großzügig zu sein?

Schreiben Sie hier Ihre Reflexionen auf:

4. Meditation

Wie ist es vorangegangen mit der Kultivierung positiver Emotionen? Haben Sie es geschafft, auch die Präsenz Ihrer Aufnahmefähigkeit und Konzentrationen zu prüfen? Haben Sie es geschafft, zu reflektieren? Und was hat für Sie am besten funktioniert: die Sätze, Erinnerungen, Reflexionen oder die Imagination?

Schreiben Sie hier Ihre Reflexionen auf:

Ihre Beziehung zu anderen Menschen ist der Schlüssel zum Glück. Wenn Sie Menschen zuhören können, Ihnen etwas geben können, freundlich zu ihnen sein können, werden Sie selbst glücklicher. Sie werden befreit von zermürbender Selbstbeschäftigung. Sie werden die Gefahr spiritueller Selbstsucht vermeiden. Jede aufrichtige spirituelle Praxis beschäftigt sich mit der Hilfe für andere. Wenn wir Menschen vergeben, wenn wir ihnen die Hand ausstrecken, wenn wir unseren Ärger über sie überwinden, gehen wir über uns selbst hinaus. Selbsttranszendenz ist das Ziel des Buddhismus.

Eingangs in diesem Kapitel habe ich vorgeschlagen zu erwägen, ob Sie sich stärker in eine transzendentale Haltung des Lebens in voller Achtsamkeit hineinentwickeln möchten oder ob Sie in einem eher psychologischeren Ansatz bleiben möchten. Jetzt ist es Zeit, zu entscheiden. Wenn Sie sich zu mehr Selbsttranszendenz entwickeln möchten, wenden Sie sich dem nächsten Kapitel zu, in dem wir Einsichten in die Natur der Realität untersuchen. Wenn Sie sich lieber mit dem psychologischen Wohlbefinden beschäftigen möchten, könnten Sie das nächste Kapitel überschlagen und die Rückschau über den gesamten Kurs ausfüllen. Es muss keine endgültige Entscheidung sein. Vielleicht haben Sie das Gefühl, jetzt genauso weit gegangen zu sein, wie Sie wollten, oder dass dies noch nicht die Zeit ist, um sich um einen transzendentalen Zugang zu bemühen. Das ist in Ordnung. Sie können später darauf zurückkommen. Falls Sie nicht sicher sind, ob Sie einen metaphysischeren Zugang zur Achtsamkeit entwickeln möchten, könnten Sie das nächste Kapitel auch nur lesen, ohne es jedoch in die Praxis umzusetzen. Achtsamkeit aus einer transzendentalen Perspektive ist eine buddhistische Orientierung, die über Psychologie hinausweist. Deswegen schlage ich vor, dass Sie das Buch beiseitelegen und jetzt nach einer Entscheidung suchen.

Achte Woche: Einsicht

Die Natur der Realität

Hat es in Ihrem Leben Momente gegeben, in denen neue Bewusstseinsformen in Ihnen zu erwachen schienen? Sie könnten durch das Erleben von Schönheit ausgelöst worden sein: von einem spektakulären Gebirgszug hinab geschaut zu haben, oder durch Ihren ersten Anblick des Taj Mahal. Es könnte mitten in Ihrem Alltagsleben geschehen sein; das Gewöhnliche wurde außergewöhnlich. Vielleicht war es nach dem Tod eines geliebten Menschen, der allem eine neue Bedeutung verleiht. Das kann mitten in Ihrem Schmerz gewesen sein, wie bei Dennis Potter, der noch während seiner Krebserkrankung die „weißesten, schaumigsten, blühendsten Blumen geschaut hat, die es je gegeben hat". Dieses neue Bewusstsein, diese andere Dimension, kann als tief greifende Ruhe gefühlt werden, als vollständiges Verstehen, als Gnade oder wortlose Schönheit.

Ich kann mich an einen Mann erinnern, der mir über seine transzendentalen Erlebnisse während eines Spaziergangs im Peak District in England erzählt hat. Es hatte den ganzen Tag geregnet, am Abend war er kalt und durchnässt. Seine Schultern schmerzten vom Tragen seines schweren Rucksacks. Er hatte an einer Hügelkuppe gestanden, fühlte sich deprimiert und erschöpft, als er beim Herumdrehen das Gleichgewicht verlor und rückwärts in den Schlamm fiel. Unfähig, sich selbst von seinem Rucksack zu befreien, rutschte er durch den Schlamm in einen Graben mit eiskaltem Wasser. Er sagte mir, dass er in dem Moment erkannte, dass nichts seine Zwangslage verändern konnte. Widerstand war zwecklos. Er gab einfach nach und ließ es geschehen. Und plötzlich fühlte er sich unglaublich glücklich. Die Welt um ihn herum, der Regen und der Sturm: Alles schien unbeschreiblich schön. Alles war perfekt und würde es immer bleiben. Dieses Erlebnis war es, das ihn ins Londoner Buddhistische Zentrum brachte.

Momente von Transzendenz können von jedem zu jedem Zeitpunkt erlebt werden. Sie sind charakterisiert durch eine intensivere Sicht, Zuschreibung eines größeren Stellenwertes des Moments und ein wortloses Gefühl für seinen Sinn. Für einige Menschen werden solche Erlebnisse zum Anstoß für die spirituelle Suche. Andere vergessen diese Erlebnisse langsam oder erklären sie weg. Wie wir solche Erlebnisse interpretieren, hängt von unserem Hintergrund und unseren Sichtweisen ab. Christen haben vielleicht das Gefühl, von Gottes Hand berührt worden zu sein; wenn wir eher wissenschaftlich rational denken, könnten wir solche Erlebnisse Einzelmomenten des Wohlbefindens zuschreiben. Als Buddhist stelle ich sie mir als flüchtige Blicke auf die Realität vor – ein sich öffnendes Fenster, obgleich nur kurz –, auf die wahre Natur der Dinge.

Der Buddhismus eröffnet völlig neue Wege der Wahrnehmung, weit entfernt von unserem Alltagsgeist. Diese „neue Dimension“ bin nicht ich. Sie ist nicht einmal „Ich“ in einem sehr guten Geisteszustand – sie geht ganz und gar über mich hinaus. Aber es ist auch nicht Gott, die Vereinigung mit dem Absoluten oder die Einheit mit der Natur. Es ist etwas gänzlich anderes, jenseits der Dualität von Wissenschaft und Religion.

Diese neue Dimension wird allgemein so erlebt, als ob etwas von außerhalb in das Bewusstsein eindringt. Im Grunde genommen ist das, was wir unser „Selbst“ nennen, eher eine Art Gewohnheit: die „Gewohnheit, ich zu sein.“ Dieses konventionelle Selbst reicht in der Tat sehr tief. Es ist die tiefe Strukturierung unserer Psyche. Wer wir jetzt sind, ist das Resultat von allem, was wir in der Vergangenheit getan, gesagt, gefühlt oder gedacht haben. Aber was passiert, wenn wir etwas erleben, ein transzendentales Erlebnis, das dort nicht hineinpasst, nicht Teil des Netzwerkes von Assoziationen und Erfahrungen ist, mit denen wir uns identifiziert haben oder die wir gewohnt sind? Wir erleben es als von außerhalb unseres Selbst kommend.

Transzendentale Erlebnisse lösen Widersprüche auf und vereinen Gegensätze. Sie fühlen sich sowohl persönlich an als auch überpersönlich (das hat aber überhaupt nichts mit einem wahren Selbst zu tun). Sie sind dadurch charakterisiert, dass Sprache sie nicht beschreiben kann. Worte können nur dies oder das sagen, äußerlich und innerlich, selbst oder andere. Was transzendentale Erlebnisse ausmacht, ist, dass sie nicht durch Worte definiert werden können.

Buddhismus unterscheidet zwischen zwei Ebenen transzendentalen Bewusstseins: flüchtige Blicke auf die Realität und Einsichten in die Realität. Wir könnten unsere kurzen Einblicke „visionäre Erlebnisse" nennen. Sie sind spirituell authentisch und nicht das Resultat von Wunschdenken, Einbildung oder Hysterie. Sie können natürlich auch vorgetäuscht werden, aber das ist eine andere Sache. Visionäre Erlebnisse verändern die Person: Sie können eine Quelle der Inspiration und ein Katalysator für Veränderung sein, oder sie können Antrieb sein für das Vertrauen, dass es etwas gibt, wonach zu streben es sich lohnt. Aber sie können auch vergessen, unterschätzt oder übersehen werden. Manche Menschen kehren zu ihren gewohnten Lebensvorstellungen zurück, ohne sich weiter Gedanken um die visionären Erfahrungen zu machen. Einige Menschen finden niemanden, der ihre Erlebnisse anerkennen und bestätigen kann. Manche weisen die Erlebnisse als psychologisch zurück. Unglücklicherweise können visionäre Erlebnisse auch schädlich sein: Sie können persönlichen Zwecken dienen. Jeder gute Meditationslehrer weiß das. Manche Menschen können solche Erlebnisse als Aufwertung ihrer Person empfinden, was spirituell natürlich katastrophal ist. Wenn so etwas passiert, können diese Erlebnisse das spirituelle Wachstum soweit behindern, dass es fast besser wäre, diese Person hätte sie gar nicht gehabt. Ich betone „fast". Visionäre Erlebnisse sind immer wertvoll. Wenn wir das Glück haben, sie zu erleben, müssen wir sie wertschätzen und über ihre Bedeutung nachdenken. Sie werden allzu leicht als irrationale Fantasien zurückgewiesen. Wir sollten uns immer daran erinnern, dass unsere entsprechende Verhaltensänderung das Entscheidende ist.

Was wir wirklich brauchen, ist Einsicht. Einsicht in die Realität ist mehr als nur ein kurzer Blick; es ist eine überwältigende Konfrontation. Was überwältigt wird, ist unser festes Selbstgefühl. Visionäre Erlebnisse variieren das Selbst, Einsicht verwandelt es: Wir werden nie mehr derselbe sein. Der Unterschied zwischen visionären Erlebnissen und Einsicht ist eine Sache des Ausmaßes – eine Frage, wie weit wir der Vision erlauben, uns zu verwandeln. Mit Einsicht erblüht ein ganz neues Bewusstsein in uns. Es ist das Bewusstsein darüber, wie Dinge wirklich sind, eine Schau über die Begrenzungen des Selbst hinweg in eine neue Dimension des Bewusstseins: Wir durchbrechen die Gewohnheit des Ich-Gefühls. Die emotionale Komponente bei der Einsicht ist Freude und ein Gefühl vollständiger Freiheit. Man sagt, es fühle sich so an, als würde man plötzlich einen Weg aus einem Gefängnis finden oder eine schwere Last ablegen. Es ist ein Gefühl der Erleichterung, der Leichtigkeit und der Befreiung. Vor allem aber ist es eine ganz neue Orientierung im Leben, eine entscheidende Bewegung weg von der Orientierung am Selbst zur Orientierung an der Realität.

Der Weg und das Ziel

Über Einsicht wird in verschiedenen buddhistischen Traditionen sehr unterschiedlich gesprochen, aber alle Traditionen stimmen darin überein, dass es einen Punkt in der spirituellen Praxis gibt, von dem aus Sie nicht mehr zurückfallen können, sondern der Fortschritt gesichert ist. Das ist beruhigend. Es bedeutet, dass unser Fortschritt vor der Einsicht immer zwei Schritte vorwärts geht und einen zurück. Das ist kein persönliches Versagen; so sind die Dinge eben für jene von uns, die noch keine Einsicht gewonnen haben. Wir müssen dieses Verständnis in unsere Erwartungen vom Leben mit voller Achtsamkeit einbauen. Jedes Mal, wenn wir eine Meditation versäumen, wir unsere Geduld verlieren oder unsere Autoschlüssel, und jedes Mal, wenn wir unsere Achtsamkeit verlieren, müssen wir uns daran erinnern, dass dies alles Teil der Kultivierung eines achtsamen Lebens ist.

Die Tatsache, dass weiterer Fortschritt nach dem Erreichen von Einsicht garantiert ist, bedeutet jedoch nicht, dass wir uns nicht mehr anstrengen müssten. Es bedeutet, dass wir uns nicht mehr mühen müssen, uns zu bemühen. Wenn wir erst einmal Einsicht gewonnen haben, entsteht auf ganz natürliche Weise bei uns das Bedürfnis nach Veränderung und Wachstum, das Bedürfnis, weise, freundlich, mutig, achtsam und kreativ zu sein. Diese Qualitäten sind es, die wir innerlich wollen. Nachdem wir Einsicht gewonnen haben, müssen wir nicht mehr gegen aufbegehrende Seiten in uns selbst arbeiten, wir müssen uns nicht immer wieder erzählen, dass es besser wäre, aufzustehen und zu meditieren, statt im Bett zu liegen oder ein Nickerchen zu machen. Die Natur der Bemühung verändert sich: Sie wird spielerisch, spontan und expansiv. Der Weg der Achtsamkeit kann uns auf dem Weg zur Einsicht begleiten. Wenn wir Einsicht erlangt haben, ist der Weg nicht länger notwendig. Wir werden der Weg.

Buddhistische Praxis zielt auf Einsicht und visionäre Erlebnisse sind eine Art Vorgeschmack darauf. Sie öffnen eine ganz neue Dimension des Seins. Sie haben aber auch die Tendenz, sich wieder zu verschließen; wir fallen zurück in unsere alltägliche Realität. Damit meine ich, wie wir die Realität in unserem Geist interpretieren – unsere Alltagsreaktionen auf Angst, Gier, mangelnde Perspektive, Gereiztheit und Hoffnungslosigkeit. Deswegen ist es nicht wirklich wichtig, ob Sie visionäre Erlebnisse haben – wie wunderbar und erhebend sie auch sein mögen –, sondern ob Sie den Pfad der Achtsamkeit betreten und als Person wachsen. Visionäre Erlebnisse geben uns einen Geschmack des Ziels, aber unsere reale Arbeit, spirituell gesprochen, ist es, den Pfad zu betreten. Einige Menschen haben visionäre Erlebnisse, andere nicht. Das ist aber nicht wichtig. Die wirkliche Frage ist: Wie gewinnen wir Einsicht?

Der Buddha lehrt, dass die Betrachtung der Vergänglichkeit der beste Weg ist, um Einsicht zu gewinnen. Er sah, dass es dieses Merkmal der Realität ist, das wir dem Geist nahebringen und in unserem Herzen bewegen müssen. In der Betrachtung der Vergänglichkeit können wir nur verweilen, wenn wir emotional positiv, ruhig und konzentriert sind. Wenn wir über Unbeständigkeit in einem negativen Geisteszustand nachdenken, wird unsere Stimmung voreingenommen und unsere Reflexionen werden verzerrt. Das Erleben von Einsicht ist tiefgründig, positiv und lebensverändernd. Es ist nicht die stoische Akzeptanz, dass wir eines Tages sterben müssen. Es ist kein lebensverneinendes Gejammer, dass wir alle verdammt sind! Es ist eine neue Art von Bewusstsein.

Buddhismus lehrt Unbeständigkeit pragmatisch und metaphysisch. Pragmatisch heißt, dass Dinge „zu Ende gehen“: Jugend, Schönheit, Gesundheit, das Leben selbst kommt zum Ende. Dies ist der Ruf zum Aufwachen. Die Zeit ist kurz, wache auf aus der Beengtheit deiner Situation; nichts ist sicherer als der Tod, nichts unsicherer als sein Zeitpunkt. Nur unsere Liebe, unsere Stärken und Tugenden, unsere Augenblicke des Bewusstseins haben Wert im Angesicht des Todes.

Metaphysisch gesprochen lehrt der Buddhismus etwas unvergleichbar Subtileres und Tiefgründigeres. Es bedarf der Einsicht, um das zu verstehen. Es rüttelt uns auf, wenn wir sehen, dass Dinge sich verändern, dass es ein Entstehen und ein Vergehen gibt. Wir mögen oft Neues und Neuigkeiten, so wie Kleidung kaufen, ein unerwartetes Geschenk bekommen oder die ersten Osterglocken im Frühling. Und wir mögen es, wenn schmerzhafte Dinge aufhören, ob es das Ende eines Zahnschmerzes ist oder der Bohrer, der draußen vor dem Fenster endlich ausgeschaltet wird. Dann wiederum entstehen Dinge, die wir nicht mögen – Kreditkartenrechnungen, Kopfschmerzen –, und einige Dinge enden schmerzhaft: eine Liebesbeziehung oder ein Sommerurlaub. Bei all diesen Dingen – gute Dinge entstehen, schlechte Dinge enden, gute Dinge enden und schlechte Dinge entstehen – ist Unbeständigkeit am Werk. Das Problem ist, dass wir uns zu sehr mit einem Aspekt der wechselnden Natur vom Entstehen und Vergehen identifizieren.

Was wir nicht einfach begreifen, sondern nur durch tiefe Einsicht verstehen können, ist, dass Entstehen und Vergehen zur selben Zeit geschehen. In den Osterglocken können wir ihr frisches Erblühen betrachten, gleichzeitig aber auch schon wieder ihr Vergehen. Das gilt für alles. Alle Dinge sind vergänglich; alle Dinge entstehen und vergehen. Auch dieses Buch: Von dem Moment an, an dem Sie es aufgeschlagen haben, beginnt das Erlebnis des Lesens und ist schon wieder am Vergehen. Wir können es nicht ändern, aber wir heften uns an einen Aspekt der Realität. Und das bedeutet, dass wir die Dinge nicht so sehen, wie sie wirklich sind. In dieser Hinsicht sind unsere guten und schlechten Stimmungen metaphysisch. Wir schwingen von einer Seite der Realität zur anderen – wir sind glücklich, wenn eine schöne Sache auftaucht, und wir sind traurig, wenn sie zu Ende geht. Einsicht bedeutet, einen Schritt zurückzutreten und beides zu sehen. Einsicht ist die umfassendste Perspektive auf das Leben.

Wenn wir sagen, dass wir Veränderung mögen, meinen wir damit meistens, dass neue Ereignisse auftauchen mögen, wie eine Liebesbeziehung oder ein Urlaub. Wenn wir sagen, dass wir Veränderungen nicht mögen, beziehen wir uns auf den Stress eines Umzugs oder eine Kündigung. Tatsächlich können wir nicht sagen, ob wir Unbeständigkeit mögen oder nicht mögen, weil Unbeständigkeit das ganze Spektrum vom Entstehen und Vergehen umfasst. Es ist so, als hätten wir noch nie Eiscreme gekostet. Wenn uns jemand fragen würde, ob wir welche möchten, könnten wir uns nicht so richtig entscheiden. Wir müssten sie probieren, um es zu wissen. Unbeständigkeit ist ähnlich. Wir müssen sie schmecken, um sie zu kennen. Und wir schmecken sie durch Einsicht und nur durch Einsicht. Ich betone dies, weil viele Menschen glauben, Buddhismus lehre nur, dass alle Dinge unbeständig sind, was aber in die Irre führen kann. Wenn wir glauben, dass das Gesetz der Unbeständigkeit sagt, „alle Dinge sind vergänglich“, könnten wir den Buddhismus als pessimistisch interpretieren, sogar als nihilistisch – was aber keineswegs das ist, worauf der Buddha hinaus wollte. Wenn ich versuche, über Einsicht zu lehren, weise ich immer wieder darauf hin, dass Menschen sich auf das konzentrieren, was sie verlieren könnten: das, was sie lieben, oder ihre Gesundheit. Sie sehen nur das Ende, aber das ist nur die halbe Geschichte.

Ein buddhistischer Text beschreibt Einsichtserleben sehr einfach: „Nach sorgfältiger Prüfung verstehe, nicht zu unterscheiden, weder zu akzeptieren noch zurückzuweisen. Weil alles passieren kann, wird Frieden von innen heraus entstehen.“ Wenn wir erkennen, dass alle Dinge unbeständig sind; wenn wir erkennen können, dass die ganze Zeit über Entstehen und Vergehen das Leben bestimmt, beginnen wir Erfahrungen „frei schwebend“ gegenüberzustehen. Wir beobachten ohne Anhaftung, wie Dinge kommen und gehen. Wenn unser Leben mit Einsicht erfüllt ist, hören wir auf, schmerzhaftes Erleben loswerden zu wollen und an positivem zu hängen. Wir sehen beides entstehen und vergehen, Licht und Schatten. Wir versuchen nicht, nach einem schönen Erlebnis zu greifen, und versuchen nicht, ein unangenehmes zu beenden. Wir kämpfen nicht länger gegen das Leben. Wir lassen los und erlauben, dass alles geschehen kann. Als Resultat wird der transzendentale Frieden der Einsicht „auf natürliche Weise in uns entstehen“.

Pessimismus vermeiden

Genau genommen ist die buddhistische Haltung weder optimistisch noch pessimistisch. Im Optimismus haften wir am Entstehen guter Dinge oder am Beenden schlimmer Dinge; im Pessimismus identifizieren wir uns zu stark mit dem Vergehen guter Dinge und dem Entstehen schlimmer Dinge. In der Praxis jedoch bewirkt das Betreten des buddhistischen Pfades die Kultivierung optimistischerer Lebenshaltungen. Pragmatisch gesprochen müssen wir Pessimismus vermeiden und Optimismus kultivieren. Dies ist wichtig, wenn wir glücklich sein möchten, und noch wichtiger, wenn wir Einsicht kultivieren möchten: Pessimismus ist kontraproduktiv. Im pessimistischen Denken halten wir die Gründe für schlimme Erlebnisse für dauerhaft: Ich werde nie eine Freundin bekommen, der Chef hasst mich, ich tauge nicht zum Studieren. Wir denken bei negativen Dingen in Begriffen von „immer" und „niemals". Pessimistische Menschen tendieren dazu, allgemeine Erklärungen für schmerzhafte Erlebnisse zu finden – ein Versagen auf einem Gebiet des Lebens wird als Versagen des ganzen Lebens genommen. Pessimismus ist das Gefühl, das Versagen selbst zu sein. Es ist die Tendenz, schmerzhafte Erlebnisse als Katastrophen zu sehen. Im Gegensatz dazu finden pessimistische Menschen vorübergehende Erklärungen für gute Ereignisse – „das war mein glücklicher Tag" – und unspezifische Erklärungen für gute Erlebnisse: „Er war eben einmal freundlich." Für Optimisten liegt der Fall umgekehrt: Sie finden beständige Erklärungen für gute Ereignisse – „Ich werde geliebt, Menschen mögen mich" – und vorübergehende spezifische Erklärungen für unangenehme Erlebnisse: „Mein Chef leidet zurzeit unter ziemlich viel Stress."

Falls Sie dazu neigen, pessimistische Erklärungen für Ereignisse in Ihrem Leben zu finden, sollten Sie sich um die Kultivierung einer optimistischen Haltung bemühen, andernfalls werden Sie Ihre Bemühungen, zu wachsen und sich zu entwickeln, untergraben. Der Schlüssel dazu ist die Anerkennung dieser Haltung und dann das Infragestellen der pessimistischen Gedanken. Sie sollten Ihre pessimistischen Gedanken behandeln, so als ob sie von jemand anders gesprochen würden – ein Jemand, dessen Mission es ist, Sie zu untergraben und ihnen schlechte Gefühle zu machen. Wie der Psychologe Martin Seligmann unterstreicht: „Der überzeugendste Weg, negative Glaubenssätze infrage zu stellen, ist, sich selbst zu zeigen, dass sie sachlich falsch sind."[50] Prüfen Sie deswegen, ob

[50] Seligman, M.E.P., *Authentic Happiness*, Nicholas Brealey Publishing, UK, 2003, S. 95.

Ihre Annahmen wahr sind. Halten Sie Ausschau nach Verzerrungen und Übertreibungen. Finden Sie bewusst kurzfristige, unspezifische Erklärungen für negative Ereignisse und beständige allgemeine Erklärungen für gute. Falls Pessimismus für Sie ein Thema ist, sollten Sie sich auf die Arbeit mit inneren Gesprächen konzentrieren, wie ich sie in der 4. Woche vorgeschlagen habe. Achten Sie insbesondere darauf, dass Sie nicht zu sehr *den* Aspekt der Unbeständigkeit betonen, dass „die guten Dinge aufhören" und „die schlechten Dinge entstehen".

Einsicht kultivieren

Für das Auftauchen von Einsicht müssen spezielle Faktoren vorhanden sein. Diese Faktoren sind Klarheit, Integration, ununterbrochene Konzentration, positive Emotion, Vertrauen, Selbstvertrauen und aufrichtige Hingabe. Aber denken Sie daran, dass dies kein Rezept ist: Diese Faktoren garantieren noch keine Einsicht. Der Pfad der Achtsamkeit führt nicht auf dem gleichen Weg zur Einsicht wie eine Straße zum Supermarkt. Einsicht ist nicht einfach nur ein weiterer Schritt auf dem Weg, nicht einmal der letzte. Einsicht ist auch nicht einfach ein sehr achtsamer Geisteszustand, so wünschenswert dies auch sein mag. Es gibt eine Diskontinuität. Wenn der Weg der Achtsamkeit die Landkarte ist, der wir die letzten Wochen gefolgt sind, dann liegt Einsicht außerhalb dieser Landkarte. Die letzte Phase unserer Reise gehen wir allein. Alles, was wir tun können, ist es, der Karte zu folgen, den Pfad der Achtsamkeit zu gehen. Wir tun dies durch Kultivierung der folgenden Qualitäten:

Klarheit

Zuerst brauchen wir Klarheit darüber, was spirituelles Leben eigentlich ist. Auch wenn man sagt, das Ziel liege jenseits von Worten, müssen wir Worte und Konzepte benutzen, um uns anzunähern. Wir können nicht auf Einsicht hoffen, wenn uns nicht klar ist, was Einsicht bedeutet und wie sie kultiviert werden kann. Dies erfordert also ein Studium der buddhistischen

Lehren, auch und besonders mithilfe anderer, die erfahrener sind als wir selbst. Unser Denken zu läutern ist integraler Teil des spirituellen Lebens. Die Fähigkeit, fruchtbar, ehrlich und suchend zu reflektieren, ist unerlässlich. Ebenso, wie unsere Sichtweisen zu untersuchen, unsere Annahmen und unsere Glaubenssätze zu prüfen. Intellektuelle Klarheit ist ein wesentlicher Teil des Lebens in voller Achtsamkeit.

Integration

Gedankenklarheit ist nicht möglich ohne psychologische Integration. Gedanken müssen vollständig sein: Sie müssen physisches, emotionales und intuitives Erleben ebenso einschließen wie kognitives. Ohne diese Integration werden Sie wahrscheinlich in einem entfremdeten Intellekt enden, abgespalten von Ihren Emotionen, von Mitgefühl, Empfindsamkeit und Feinheiten. Ohne umfassendes Selbstgewahrsein wird das Denken zur Rationalisierung oder unklaren Autobiografie neigen. Psychologische Integration bedeutet, mehr und mehr eine „runde, vollständige“ Person zu werden. Dazu muss man mit sich selbst einig werden: Stärken ebenso kennen wie Schwächen, Licht ebenso wie Schatten. Allzu oft sind wir nicht wirklich ein ganzes Selbst – wir sind vielmehr ein Bündel unterschiedlicher Selbste, die um die Vormacht kämpfen. Wir möchten opponieren; wir ändern oft unsere Meinung oder wissen nicht, was wir wollen. Wir müssen eine ganze Person werden, um unser Leben ganzheitlich sehen zu können. Das ist psychologische Integration.

Ununterbrochene Konzentration/Versenkung

Wir können uns nur tief konzentrieren, wenn wir psychologisch integriert sind. Wir müssen psychologisch integriert sein, eine ganze Person, ganzheitlich präsent. Ununterbrochene Bewusstheit – die Fähigkeit, glücklich in Ruhe und einspitziger Konzentration zu verweilen – ist eine notwendige Voraussetzung für Einsicht. Wir können uns nicht um unser Erleben kümmern, wenn wir mit unserer Zukunft beschäftigt sind, beunruhigt durch unsere Vergangenheit oder „abgelenkt von der Ablenkung durch Ablenkung“[51], wie T.S. Eliot es so einprägsam formulierte. Ich habe schon darauf hingewiesen, dass wir in einer Gesellschaft mit einem Aufmerksamkeitsdefizit leben. Die moderne städtische Umgebung kämpft permanent um unsere Aufmerksamkeit und versucht sie zu manipulieren. Dadurch werden wir gezwungen, an der Oberfläche zu bleiben. Wir müssen fähig sein, für unser Erleben ohne Ablenkung bewusst zu bleiben, wenn wir Einsicht gewinnen wollen. Tiefe Erfahrungen sind primär konzentrierte Erfahrungen. Der Königsweg zur Konzentration ist Meditation. Entscheidend, um unsere meditative Haltung zu bewahren, ist es, von Zeit zu Zeit auf ein Retreat zu gehen, uns zurückzuziehen von den widerstreitenden Forderungen der aufmerksamkeitsdefizitären Gesellschaft. Selbst ein Wochenend-Retreat kann einen wohltuenden Effekt haben. Es kann uns neue Ansätze für die Meditation vermitteln und unsere Praxis inspirieren.

Positive Emotionen

Meditative Vertiefung ist nicht möglich ohne positive Emotionen, psychologische Integration ist nicht möglich ohne positive Emotionen und Klarheit der Gedanken ist nicht möglich ohne positive Emotionen. Unser Bestreben ist es, immer voller und lebendiger zu leben, mit beständigem Wachsen von Positivität und Bewusstheit. Wenn wir über Unbeständigkeit in einem negativen Geisteszustand nachdenken, werden unsere Reflexionen durch unsere Negativität voreingenommen. Emotionale Negativität drängt uns aus der Realität, ebenso wie sie uns von anderen Menschen isoliert. Das ist kontraproduktiv, macht unsere Kreativität zunichte, erstickt unsere Vorstellungskraft und vergiftet unsere Wahrnehmungen. Ohne positive Emotionen werden wir nicht stark genug, um der Einsicht zu erlauben, uns zu verändern; wir werden nicht fähig sein, sie zuzulassen.

---

[51] Eliot, T.S., *Four Quartets. Burnt Norton*, Faber, London, 1959, S. 16.

Einsicht ist nicht möglich ohne ein hohes Maß an emotionaler Aufnahmefähigkeit. Negative Emotionen neigen dazu, uns einzuengen, uns zu verängstigen und in die Defensive zu treiben. Positive Emotionen erweitern unsere Perspektive; sie nähren unsere Empfänglichkeit und die Bereitschaft, zu lernen und uns zu verändern. Der Schlüssel, um positive Emotionen zu entwickeln, ist die Kultivierung unserer Tugenden und Stärken, wie wir in der fünften Woche gesehen haben.

Glaube oder Vertrauen

Aber wir brauchen noch etwas mehr: Wir brauchen Glauben. Das Sanskritwort für „Glauben" ist *śraddhā*. Wir haben keine eindeutige Übersetzung für dieses Wort. Es wird üblicherweise mit „Glauben" übersetzt, aber viele Menschen verbinden damit blinden Glauben und Aberglauben (beide Begriffe haben mit dem Buddhismus nichts zu tun). Glaube oder Vertrauen ist die Fähigkeit im Selbst, das intuitiv zu erkennen, was jenseits des Selbst liegt. Er fungiert wie ein Spiegel; er liegt innerhalb der Geistesinhalte, aber denkt über etwas nach, was jenseits dieser Inhalte liegt. *Śraddhā* ist das Vertrauen in diese andere Dimension. Im Buddhismus wird dieser Qualität – diesem intuitiven Gespür, dass es jenseits des Alltagsgeistes im Leben um noch mehr geht – höchste Bedeutung beigemessen. In allen Traditionen buddhistischer Psychologie wird sie an erster Stelle genannt; und es wird gesagt, dass sie in jeder aufrichtigen positiven Emotion gegenwärtig ist.

Wir können uns Glauben so ähnlich vorstellen wie ästhetischen Spürsinn. Wenn wir einen Raum einrichten, arrangieren wir die Dinge automatisch in gefälliger Weise – wir könnten Blumen auf dem Kaminsims aufstellen, dann aber entscheiden, dass sie besser auf dem Kaffeetablett aussehen. Wir sind erfreut und zufrieden, wenn der ästhetische Sinn sich richtig anfühlt. Aber wir könnten schwer erklären, was „richtiges Gefühl" bedeutet. Mit dem Glauben ist es genauso. Wir haben ein Gespür für das, was moralisch gut ist, bedeutungsvoll und wahr und fühlen uns automatisch zu diesen Dingen hingezogen. Glaube oder *śraddhā* ist die Fähigkeit, Wertvolles wahrzunehmen und dem entgegenwachsen zu wollen. Wie der ästhetische Sinn kann er entwickelt, verfeinert und geläutert werden.

Śraddhā ist auch verknüpft mit Achtung und Respekt für diejenigen, die Stärken und Tugenden vorleben. Es ist die Fähigkeit, zu Menschen aufblicken zu können. Es ist die Bereitschaft, empfänglich zu sein und Menschen nachzueifern, die fortgeschrittener sind als wir. Traditionell hat *śraddhā* drei Aspekte:

Eine tiefe Überzeugung von der Realität. Es ist die Überzeugung, dass Wahrheit existiert und dass Existenz Bedeutung hat. Es ist ein Gefühl von Vertrauen. Verglichen mit dieser Einsicht ist unser Alltag, unsere konventionelle Art, die Dinge zu sehen, weniger real. Er ist wie eine Fata Morgana, substanzlos und schmerzhaft. Deswegen handelt dieser Aspekt des Glaubens von der intellektuellen und emotionalen Überzeugung, dass „diese andere Dimension" existiert und dass Einsicht möglich ist.

Deutlich sehen, was Wert hat. Dies ist ein Zustand von Zufriedenheit, Klarheit und Gelassenheit. Wenn wir davon überzeugt sind, was im Leben wirklich wichtig ist und wenn wir wissen, was real ist, erleben wir eine besondere Ruhe. Es ist eine Ruhe, die aus dem Wissen um unsere Prioritäten erwächst. In Momenten des Glaubens fallen Konflikt und Unentschlossenheit von uns ab. Wir sehen uns zurückgelassen mit einem wundervollen Gefühl von Sicherheit. Das Leben wird einfacher.

Sehnsucht nach dem Möglichen. Weil wir überzeugt sind von der Wahrheit der Lehren und wegen unseres neuen Gefühls von Vertrauen und der Gelassenheit, die damit einhergeht, sehnen wir uns danach, mit dem vereint zu sein, was wir schätzen. Diese Sehnsucht ist ein Ausdruck unseres Gefühls, dass spirituelle Erfahrung möglich ist, dass der Pfad der vollen Achtsamkeit wirklich zu Bedeutung und Transzendenz führt, dass diese Dinge zutiefst begehrenswert sind. Wir können fühlen, dass wir selbst voranschreiten.

Wenn ich am Londoner Buddhistischen Zentrum Menschen unterrichte, finde ich, dass den meisten der Glaube fehlt. Es ist so, als ob wir zu intellektuell geworden sind, skeptisch und rational. Unglücklicherweise kann ich *śraddhā* nicht lehren. Es ist nicht etwas, das man lernen könnte, zumindest nicht in dem Sinne, wie wir Geschichte oder Geometrie lernen können. Sie müssen *śraddhā* in den Tiefen Ihres eigenen Herzens entdecken oder es bei jemandem erfahren, der es verkörpert. Die buddhistische Tradition zeigt zwei große Wege auf, wie man *śraddhā* erfassen kann. Einer ist das Studium der Lehre und der andere ist die Teilnahme an buddhistischen Ritualen, wodurch wir ein Gespür für Hingabe entwickeln. Ich möchte noch jedes Erlebnis hinzufügen, das Sie für das Gefühl öffnet, dass es im Leben noch mehr gibt, z. B. durch die Beschäftigung mit Kunst oder die Wertschätzung der Natur.

Aufrichtige Hingabe

Dies ist eine Intensivierung von *śraddhā*, die als Vertrauensfestigkeit erlebt wird. Es ist die Summe aus Klarheit, Integration, Konzentration, emotionaler Positivität und Glauben. Es ist ein klares Gefühl für existenzielle Prioritäten, eine emotionale Verpflichtung zum Leben in voller Achtsamkeit. Der wichtigste Aspekt ist der Wunsch, die spirituelle Praxis zum Mittelpunkt Ihres Lebens zu machen.

Das Gesetz der Unbeständigkeit gilt für alle Erscheinungen: von den Universen und Planeten bis hin zu den Insekten und Atomen. Aber es trifft vor allem auch auf uns selbst zu. Bei der Einsicht in die Unbeständigkeit geht es grundsätzlich darum, den Glauben loszulassen, dass wir ein festes und abgetrenntes Selbst sind. Das bedeutet, unsere Etiketten und Rollen, unsere Vorhersagen, Behauptungen und Erwartungen loszulassen. Es bedeutet, zu sehen und zu erkennen, dass es an uns nichts Festes oder Dauerhaftes gibt. Um fähig zu sein, in dieser Art loszulassen, brauchen wir einen Glauben, dass es etwas gibt, in das hinein wir loslassen können. Wir brauchen die Zuversicht, dass wir nicht ins Nichts oder in die Vernichtung hinein loslassen. Erkenntnis ist spiritueller Tod. Wir lösen uns von unseren Selbst-Konzepten und der Sicherheit unseres Seins. Es gibt keinen Ort, an dem wir uns festhalten könnten, nichts Stabiles zu ergreifen. Auf der einen Seite der Erkenntnis gibt es unseren permanenten Versuch, ein festes Gefühl für ein Selbst zu erschaffen, Dinge beiseitezuschieben, die es bedrohen könnten, Dinge zu ersehnen, die es steigern könnten, und schließlich die Angst, es zu verlieren. Auf der anderen Seite sind Freiheit von der Welt, Furchtlosigkeit, Offenheit und Mitgefühl. Wir müssen unsere Aufmerksamkeit darauf richten, wie wir uns von der einen Seite zur anderen bewegen.

Der Geist selbst

Haben Sie den Unterschied bemerkt zwischen den Inhalten Ihrer Erfahrungen und sich ihrer bewusst zu sein? Wenn wir wach sind, fühlen wir uns reicher, ruhiger und lebendiger, als wenn wir ständig in die Dinge verwickelt sind, die gerade in uns ablaufen. Sie werden im Verlauf Ihrer Übungen sicher erkannt haben, wie leicht es ist, in Erlebnisse verwickelt zu werden, in „klebrigen Gedanken" stecken zu bleiben, und wie schwer es ist, wach und achtsam zu sein. Einer der Gründe, warum wir im aktuellen inneren Geschehen so verwickelt sind, ist, dass unser Autopilot im Alltagsleben so nützlich ist, aber auch weil wir mit den Geistesinhalten üblicherweise zu stark identifiziert sind.

Gewöhnlich nehmen wir an, dass die Inhalte unserer Erfahrungen – worüber wir nachdenken, uns Vorstellungen machen, woran wir uns erinnern, wovon wir träumen, was wir wünschen und fühlen – das bedeuten, wer wir sind. Die meiste Zeit sind wir in unseren Geistesinhalten eingeschlossen. Wir tendieren dazu, anzunehmen, dass das Leben gut läuft, wenn wir die Inhalte unserer Erfahrung mögen; und wenn wir sie nicht mögen, glauben wir, dass die Dinge schlecht laufen oder unser Leben falsch verläuft. Aber wenn wir jetzt ein wenig mehr auf die Inhalte unserer Erfahrungen schauen, merken wir, dass sie sich andauernd verändern; sie sind niemals fest und sicher. Es gibt nichts, das wir „Ich" nennen könnten. Tatsächlich haben wir die meiste Zeit über wenig oder gar keine Kontrolle über unsere Gedanken, Gefühle, Erinnerungen und Assoziationen, sie kommen einfach von selbst.

Die buddhistische Tradition versucht, uns zu dieser Erkenntnis zu verhelfen: Weil die Inhalte unserer Erfahrungen sich andauernd ändern, kann es kein festes oder permanentes Selbst geben. Die meiste Zeit über halten wir an Rollen und Etiketten fest: Wir sind Arzt oder Mutter, ein redseliger Extravertierter oder ein verständnisvoller Zuhörer. Wir können uns auch als Buddhisten bezeichnen. All dies ist natürlich von praktischer Nützlichkeit und mag sogar auf dem Pfad der Achtsamkeit wertvoll sein, aber es ist provisorisch. Wir sollten uns nicht zu stark damit identifizieren oder Äußerlichkeiten zu ernst nehmen. Sie sind nicht das, was wir in Wahrheit sind. Wenn wir zu viel Energie für unsere Rollen und Förmlichkeiten aufwenden, werden wir uns selbst Leiden schaffen. Die moderne Psychologie nennt unsere Selbstetikettierung das „konzeptualisierte Selbst". Wir haben uns an ein Konzept geheftet: eine Mutter, ein Arzt, eine redselige Person zu sein und so weiter. Wenn wir uns aber nicht von unseren Geistesinhalten gefangen nehmen lassen, gibt es noch dieses Gespür für Wachheit und Bewusstheit. Bewusstheit ist nicht Teil der Geistesinhalte. Es ist kein Gedanke, weder Wunsch noch Haltung, sondern einfach nur Bewusstheit. Trotz der Tatsache, dass sie kein Teil eines Erlebensinhalts ist, können wir darin verweilen. Wir können einfach die Geistesinhalte beobachten, wie sie sich verändern, verschieben und verwandeln. Wir können versuchen, uns mit dieser Fähigkeit zur Beobachtung zu identifizieren, statt uns in die Objekte der Beobachtung verwickeln zu lassen. Wir können beginnen, uns mit dem Geist selbst zu identifizieren.

Achte Praxiswoche

Diese Woche werde ich Sie bitten, in Ihrem Alltagsleben über Unbeständigkeit nachzudenken und während der Meditation Einsicht zu kultivieren. Sie sollten allerdings nicht an die Kultivierung von Einsicht denken, wenn Sie nicht gefestigt sind in einer positiven Gemütslage und in Ihrer Konzentration. Falls Sie beginnen, sich während der Reflexionen in dieser Woche ängstlich oder deprimiert zu fühlen, müssen Sie eine Stufe zurückgehen und wieder mit Körpergewahrsein beginnen. Einsichtspraxis setzt voraus, dass Sie ein einigermaßen glücklicher, gesunder Mensch sind und dass Sie emotional gefestigt, positiv und wach sind. Es gibt zur Einsicht keinen Abkürzungsweg. Ohne die vorhergehenden Faktoren von Konzentration und Liebe werden Sie nicht in der Lage sein, sich effektiv auf die Realität zuzubewegen. Wenn Menschen Einsicht zu kultivieren versuchen, bemerken sie oft, dass sie noch nicht genug Wachheit, Vertrauen und Empfänglichkeit entwickelt haben. Dies ist der Betrachtung wert. Wir brauchen eine realistischere Sichtweise von uns selbst und sollten uns weniger selbst täuschen und ernsthafter werden. Wir müssen wieder zurückgehen und unsere Stärken und Tugenden entwickeln, denn darum geht es letzten Endes. Der Test unserer „spirituellen Reife" ist der Umgang mit anderen Menschen und wie wir unser Leben leben. Wenn sich unser Alltagsleben noch nicht verwandelt hat, haben wir noch Arbeit vor uns – welche Erfahrungen, transzendentale oder andere, wir auch zu haben glauben. Wir brauchen ein klares Verständnis davon, dass es ein erreichbares, transzendentales Ziel gibt, um einen Zugang zum Üben von Inspiration und Motivation zu bekommen.

Mit all diesem im Hinterkopf wollen wir uns der Frage zuwenden, wie wir in unserer abschließenden Woche fruchtbar über Unbeständigkeit nachdenken könnten.

Wie man reflektiert

„Sie sollten sich unbedingt die Unbeständigkeit gegenwärtig halten",[52] sagt ein buddhistischer Text. Aber wie kultivieren wir lebensverändernde Gefühle und Haltungen, die ein wirkliches Verständnis der Unbeständigkeit bewirken? Unglücklicherweise kann die Vorstellung von der Veränderung und sogar die Redewendung „Alle Dinge sind vergänglich" leicht eine Banalität werden, eine Binsenweisheit. Sie verändert unser Verhalten in keiner Weise. Die Frage ist also: Wie geben wir unseren Reflexionen erfahrungsgemäße und emotionale Schärfe?

Unglücklicherweise kann unsere Fähigkeit, Ideen zu manipulieren, ein Hindernis sein. Wir können sehr gut mit Worten und Konzepten umgehen. Aber das ist nicht das Gleiche wie Reflexion. Wenn wir über die Natur der Realität nachdenken, versuchen wir, Weisheit zu kultivieren, keine intellektuelle Einsicht. Deswegen müssen wir uns zuerst in einem Geisteszustand verankern, auf den ich oben hingewiesen habe: Klarheit, psychologische Integration, Konzentration, positive Emotion, Glauben und Hingabe. Nur dann können unsere Reflexionen zu Einsicht führen. Bis dahin müssen wir sehr vorsichtig sein mit unserer Überzeugung, wir würden das Gesetz der Unbeständigkeit verstehen. Wir müssen es zur absoluten Maxime machen und Banalitäten und spirituelle Plattheiten vermeiden. Dazu brauchen wir einen Geisteszustand, der zutiefst neugierig auf die wahre Natur der Erfahrungen ist.

Üblicherweise müssen wir sowohl den Weg als auch das Ziel kultivieren: die vier Grundlagen der Achtsamkeit und Einsicht. Wir brauchen einen stetigen Fokus, wir brauchen Ruhe und emotionale Positivität, aber wir müssen auch über unsere menschliche Situation nachdenken. Die Zeit ist schließlich kurz, der Moment des Todes nähert sich. Lassen Sie uns deswegen auf Möglichkeiten sehen, wie wir die Reflexionen in unser

[52] Sangharakshita, *Know Your Mind*, Windhorse Publications, Birmingham, 1993, S. 119.

alltägliches Leben integrieren können. Von den folgenden Vorschlägen nehmen Sie sich zwei oder drei, die Sie am meisten ansprechen. Sie können am Ende auf die anderen zurückkommen:

1. *Finden Sie eine Redewendung, die für Sie funktioniert.* Wenn Sie zum Beispiel auf Ihre kleine Tochter aufpassen, wenn Sie einen hässlichen Kratzer an Ihrem Auto bemerken oder wenn Sie Ihre alte Tante besuchen, sagen Sie sich selbst: „Alle Dinge vergehen", oder „Auch dieses wird sich ändern." Es geht nicht darum, über diese Phrase nachzudenken, sondern Sie in Ihrem Geist zu bewegen. Abraham Lincoln liebte den Satz: „Und auch dieses wird vergehen." Er sagte darüber: „Wie ernüchternd in der Stunde des Stolzes! Wie tröstend in der Tiefe der Not." Deswegen denken Sie in den Momenten des Erfolges oder der Niedergeschlagenheit, der Hochstimmung oder des Schmerzes daran: „Auch dies wird vergehen." Behalten Sie den Satz wie einen musikalischen Refrain, kommen Sie immer wieder auf ihn zurück, um sich an die wahre Natur der Dinge zu erinnern.

2. *Stellen Sie sich vor, dass es schon vorbei wäre.* Ich übe so etwas zum Beispiel, wenn ich mich auf etwas freue, sei es nun ein Urlaub oder wenn ich mich in den Zug setze und ein gutes Buch lese. Ich sage mir selbst, dass es bereits vorbei ist. Ich stelle mir vor, schon wieder bei der Arbeit oder an meinem Ziel angekommen zu sein. Wenn wir etwas wollen, neigen wir dazu, daran festzuhalten und zu versuchen, Freude daraus zu ziehen. Wenn wir daran denken, dass es sich verändert, dass es vergeht, können wir gelassener dabei bleiben und die Sache im jeweiligen Moment besser schätzen.

3. *Oder wir könnten versuchen zu erkennen, dass alles, was uns geschieht, die Wahrheit der Unbeständigkeit lehrt.* Dies erfordert verstärkte Achtsamkeit. Wir versuchen, die Wahrheit der Unbeständigkeit innerhalb der konkreten Einzelheiten des

Moments zu erfassen. Dies bedeutet die Verknüpfung von Wahrnehmung und Reflexion, das Erlebnis der Veränderung einzufangen, während es geschieht, und dessen Bedeutung unser Bewusstsein durchdringen zu lassen. Das könnten die ersten Blätter im Frühling sein, oder wenn Ihre Tochter auszieht, um erstmals in ihrer eigenen Wohnung zu leben, oder wenn Sie einen alten Schulfreund wieder treffen. Achtsamkeit bedeutet zu bemerken, was gerade wirklich geschieht, weil das, was gerade geschieht, Veränderung ist.

Natürlich sind Sie selbst der wichtigste Lehrer der Unbeständigkeit: Ihr Gesicht, Ihre Haut, Ihr Haar. Nichts lehrt die emotionale Realität der Veränderung so gut wie Ihr eigener Körper. Betrachten Sie, wie Ihr Körper altert: Ihr nackter Körper im Spiegel, die Tatsache, dass Sie nicht mehr vier Stufen einer Treppe auf einmal nehmen oder über einen Zaun springen können. Und betrachten Sie die Körper anderer Menschen: Wenn Sie zum ersten Mal entdecken, dass Ihre Mutter zu alt geworden ist, um lange Spaziergänge zu machen, Ihr Vater außer Atem kommt, wenn Sie eine Wanderung machen. Alles, was Sie wirklich tun müssen, um Einsicht zu gewinnen, ist, die Veränderung so tief zu empfinden, dass Sie wirklich sehen. Eine zerbrochene Tasse, das alte Schulheft Ihres Kindes oder eine Fotografie aus Ihren jungen Jahren haben die Kraft, Ihr Leben zu verändern, wenn Sie ihnen Ihre volle Aufmerksamkeit entgegenbringen.

4. Bemerken Sie Ihre Tendenz, zu erwarten, dass Dinge sich nicht verändern. Ich habe diesen Aspekt in einem Kurs behandelt, den ich an einem herrlichen Augustnachmittag geleitet habe. Als wir danach aus dem Haus gingen, hat es in Strömen geregnet. Jemand sagte: „Na, so was! Ich hätte niemals erwartet, dass es regnen wird." Wir haben die Neigung, anzunehmen, dass Dinge so weitergehen wie bisher.

Natürlich erwarten wir vor allem, dass wir uns nicht verändern. Neulich traf ich eine junge Frau, die seit ihrer Jugend

Depressionen hatte. Sie erzählte mir, wie sie, als sie sich besonders schlecht gefühlt habe, eine Gruppe Mädchen im Restaurant beobachtet habe, die herumhingen und eine gute Zeit hatten. Und sie habe gedacht: „Ich werde niemals wieder so werden.“ Für sie war der Gedanke der Nichtveränderung ein Albtraum. Wir glauben leicht, dass unsere dunklen Stimmungen für immer fortbestehen, unsere schweren Zeiten immer so weiter gehen und sich nicht verändern werden. Umgekehrt ist es genauso. Wir glauben, dass unsere Glückssträhne anhalten wird, dass unser Gefühl, auf dem Gipfel zu stehen, von Dauer ist. Und wir fühlen uns vernichtet, wenn wir stolpern und fallen. Wir erwarten, dass unsere Stimmungen und unsere Geisteszustände sich nicht verändern.

5. Machen Sie in Ihrem Tagebuch Notizen über Zeiten, in denen Sie Veränderung als angenehm erlebt haben, und Zeiten, in denen Sie Veränderungen als schlimm erlebt haben. Die Enttäuschung, die Sie fühlen, wenn Ihr Freund oder Ihre Freundin Sie sitzen lässt, wenn Ihr Auto kaputt geht oder wenn der Bäcker keine frischen Croissants mehr hat, kommt daher, dass alle Dinge sich ändern. Die Aufregung, die Sie fühlen, wenn Sie zum Skiurlaub aufbrechen, die Freude, die Sie erleben, wenn Sie sich einen ganz neuen Pullover anziehen oder wenn Sie eine Probefahrt mit dem neuen Auto machen, entsteht durch Veränderung.

Wenn Sie sich also glücklich fühlen, begeistert oder aufgeregt sind, denken Sie darüber nach, ob Veränderung darin eine Rolle spielt. Üblicherweise ist das der Fall. Vielleicht ist etwas „Gutes“ entstanden oder etwas “Schlimmes“ hat aufgehört. Wenn Sie sich schlapp fühlen, enttäuscht oder unglücklich, fragen Sie sich wieder, ob es mit Unbeständigkeit zu tun hat. Schauen Sie, ob Sie auf die Tatsache der Veränderung reagieren. Wenn wir unglücklich sein wollen, müssen wir uns einfach nur etwas wünschen, das der Natur der Realität widerspricht, zum Beispiel, dass die Vergangenheit anders gewesen sein möge oder wir anders gewesen sein mögen.

6. *Ein anderer Weg, mit Unbeständigkeit umzugehen, führt zurück zur 4. Woche, in der wir uns mit Vorhersagen beschäftigt haben.* Wir erleben oft ein Hintergrundgefühl existenzieller Unsicherheit, weil wir wissen, dass nichts andauert und sicher ist. Deswegen bedrohen uns die Realität und unser Selbstgefühl und wir versuchen, uns zu schützen. Wir versuchen, die Zukunft vorherzusagen: die Freude, die wir haben könnten, die Gereiztheit, die wir vermeiden könnten. Deswegen versuchen Sie zu registrieren, wenn etwas nicht geschieht, wovon Sie glauben, es könnte oder werde geschehen: Sie werden bei einer Werbeveranstaltung übersehen, Sie bekommen keine Geburtstagskarte usw. Beobachten Sie, wie ärgerlich Sie werden, wenn Ihre positiven Vorhersagen nicht eintreffen.

Dann werden Sie gewahr, wenn Ihre negativen Vorhersagen sich als falsch erweisen. Vielleicht wollen Sie einen Freund treffen, der Ihnen eine böse E-Mail geschickt hat. Wie fühlen Sie sich, wenn er Ihnen mit einer Entschuldigung begegnet und einem verlegenen Lächeln? Oder die Gelegenheiten, wenn Sie Angst vor etwas bekommen haben, das sich am Ende als ganz harmlos herausstellte. Bemerken Sie, was in Ihnen passiert, wenn etwas geschieht, von dem Sie dachten, dass es nicht passieren würde: die Freude über ein unerwartetes Geschenk oder die plötzlich strahlende Sonne mitten an einem trüben Februartag. Ist nicht auch das eine weitere Erfahrung der Unbeständigkeit?

7. *Erkennen Sie das Entstehen im Vergehen und das Vergehen im Entstehen.* Das Gedicht von Shelley „Ode to the Westwind" endet mit der berühmten Zeile: „Oh, Wind, wenn der Winter kommt, kann der Frühling dann noch weit sein?" [53] Das ist das Entstehen im Vergehen sehen. Shelleys Gedicht beginnt im Herbst. Der Herbst kann gesehen werden als das Ende des Sommers oder als Vorläufer des Frühlings. Der Herbst ist der

---

[53] Shelley, P. B., *Selected Poetry*, Penguin Poetry Library, Penguin, London, 156, S. 160.

endende Sommer und der beginnende Frühling. Es ist beides zur selben Zeit. Versuchen Sie deswegen, das Entstehen im Vergehen zu sehen und das Vergehen im Entstehen. Der Einbruch der Dunkelheit ist sowohl das Ende des Tages als auch der beginnende Morgen.

Ich habe dies bei meiner kleinen Nichte beobachtet. Jedes neue Auftauchen einer Fertigkeit – laufen lernen, neue Wörter lernen – ist auch eine Art Verlust, ein Ende. Als sie zu laufen begann, entstand das Gehen, aber es war auch gleichzeitig das Ende ihres Herumkrabbelns auf allen vieren (was sie mit großer Geschwindigkeit tun konnte!). Das Erlernen der Sprache bedeutete das Ende ihres unverständlichen Geplappers.

Das Leben von Geburt bis zum Tod erscheint deswegen wie ein Bogen, an dessen jeweiligen Enden – sehr jung oder sehr alt – wir die Tatsache der Veränderung besonders stark bemerken.

Tod und Wiedergeburt

Aber was ist mit dem Tod? Ist der Tod nicht das Ende ohne Wiedererscheinen? Und ist es nicht die Tatsache des Todes, dass wir uns so ausschließlich auf die endende Dimension der Unbeständigkeit konzentrieren?

Ich weiß nicht, was passiert, wenn ich sterbe. Ich weiß, was die buddhistische Tradition mir erzählt, und ich habe Vertrauen, aber eigentlich weiß ich es nicht. Und was noch wichtiger ist: Sie wissen es auch nicht. Niemand weiß das. Was wir haben, sind Überzeugungen. Unsere geläufige Überzeugung ist, dass der Tod vollständige Vernichtung und Auslöschung markiert. Der Buddha bestreitet das. Er glaubte, diese Vorstellung sei engstirnig, falsch und hässlich. Aus buddhistischer Sicht ist die Annahme, dass das Leben eine überstürzte Hast zum Tode sei – unser kruder Materialismus –, besonders selbstgefällig und selbstzufrieden: ein Glaube, der als Tatsache maskiert wird. Aber der Buddha wies auch jede Art ewigen Lebens zurück. Nihilismus (Tod als vollständige Auslöschung) und Eternalismus (Glaube an ein Leben nach dem Tode, Himmel oder Hölle) werden uns üblicherweise als einzige Optionen präsentiert. Der Buddha zeigt eine dritte Option: ein mittlerer Weg oberhalb und zwischen den Extremen von Nihilismus und Eternalismus. Er lehrte die Wiedergeburt, was aber nicht das Gleiche ist wie Reinkarnation. Re-Inkarnation impliziert ein Selbst, das re-inkarniert wird, während der Buddhismus die Idee zurückweist, dass es so etwas wie ein real existierendes, unveränderliches Selbst gibt. Aus buddhistischer Perspektive ist ein Selbst ein „epistemologischer Irrtum", ein Missverstehen von Erfahrungen. Alles, was wir haben, ist andauernde Veränderung, nichts, dem wir das Etikett „Ich" oder „mein" anheften könnten. Reinkarnation ist eine subtile Form des Eternalismus: der Glaube, dass es ewig mit uns so weitergeht, ein Hineingleiten unserer selbst in neue Körper, wie das Wechseln von Kleidern, mit jeder neuen Geburt.

Wir können uns die Wiedergeburt wie Wellen vorstellen, die auf den Strand rollen. Jede Welle scheint über die See zu reisen und dann auf den Strand zu schlagen. Aber so ist es nicht. Was wir sehen, sind auf- und abschwingende Moleküle, die den Anschein erwecken, sich auf den Strand zuzubewegen. Es gibt eine kausale Verknüpfung zwischen der Welle im Meer und einer Welle, die um unsere Knöchel herum spielt. Aber es ist nicht dasselbe Wasser. Das bedeutet Wiedergeburt: Es gibt Kontinuität, aber kein Ding überdauert. Ein traditioneller Vergleich ist der des Feuers, das ein neues entzündet. Gerade, wenn ein Feuer auszugehen droht, fliegt ein Funken weg und entzündet ein neues Feuer. Es ist ein anderes Feuer, ein anderes Stück Holz, und trotzdem gibt es eine lebendige Verbindung.

Bis wir Einsicht in die Unbeständigkeit gewonnen haben, werden wir dazu tendieren, an subtile Formen von Nihilismus oder Eternalismus zu glauben. Der mittlere Weg ist nur in tiefgründiger Meditation zugänglich. In der Zwischenzeit können wir nur unseren Mangel an Wissen anerkennen und uns vor den unausweichlichen Mysterien des Todes verbeugen.

Die Bedeutung der pragmatischen Annäherung an Unbeständigkeit hat schon durch ihren Schock Bedeutung. Die Tatsache des Todes erinnert uns daran, dass wir jetzt am Leben sind. Bestenfalls gibt das Gewahrsein des Todes dem Leben eine neue Perspektive. Er lässt uns aufhorchen, Notiz nehmen. Er bewirkt, dass wir tiefgründiger leben möchten. Das Gewahrsein des Todes entwöhnt uns von der trivialen Geschwätzigkeit, dem schlechten Fernsehen und zwecklosen Streitereien. Wir erkennen, dass die Zeit knapp ist und es nicht lohnt, sie zu verschwenden. Bringen Sie deswegen den Tod in Ihr Bewusstsein. Denken Sie aber daran, Ihren Geisteszustand zu beobachten. Wenn Sie beginnen, furchtsam und ängstlich zu werden, verwenden Sie diese Reflexion nicht.

Ich finde diese Reflexion nützlich, wenn Dinge falsch laufen oder wenn Dinge um mich herum trübselig oder grausig sind. Sie können sich diese Reflexion gut ins Gedächtnis rufen, wenn Sie möchten, dass etwas zu Ende geht oder wenn Sie gelangweilt sind. Wenn Ihr Zug Verspätung hat, haben Sie eine ungewollte Unterbrechung auf Ihrem Weg zurück von der Arbeit; oder wenn Sie darauf warten, dass Ihr Gepäck im Flughafenterminal vom Gepäckband kommt, sind dies gute Gelegenheiten, sich daran zu erinnern, dass dieser Moment alles ist, was Sie haben und dass Sie jetzt am Leben sind. Finden Sie deswegen etwas, das die wertschätzen können: Wenden Sie Ihre Aufmerksamkeit Ihrem Körper zu, entscheiden Sie sich für das Leben in voller Aufmerksamkeit *jetzt*, indem Sie sich daran erinnern, dass es nicht andauern wird.

Der achtsame Spaziergang

Sie haben in den letzten sieben Wochen versucht, Achtsamkeit auf Ihrem täglichen Spaziergang zu kultivieren. Ich stelle mir vor, dass Sie dabei eine Reihe unterschiedlicher Phasen durchgemacht haben. Vielleicht waren Sie anfangs ganz scharf darauf und sind jeden Tag gegangen, aber dann nahm Ihre Inspiration ab. Vielleicht haben Sie eine Weile aufgehört, wurden gelangweilt oder gereizt oder haben Teile dieses Buches übersprungen, wo ich neue Zugangswege empfohlen habe. Vielleicht haben Sie gelegentlich wirklich den Unterschied bemerkt, den Achtsamkeitspraxis ausmachen kann, und wurden inspiriert. In dieser abschließenden Woche könnten Sie versuchen, den achtsamen Spaziergang wieder aufleben zu lassen, falls Sie ihn vernachlässigt haben. Wenn Sie es geschafft haben, ihn ein- oder zweimal pro Woche zu machen, versuchen Sie, ob Sie ihn nun drei- oder viermal machen können. Wenn Sie es geschafft haben, die meisten Tage zu gehen, dann umso besser. Bleiben Sie dabei!

Vergewissern Sie sich, dass die Elemente, die Sie zum Entstehen von Einsicht brauchen, gegenwärtig sind oder zumindest in nicht entscheidender Weise abwesend. Prüfen Sie, ob Sie Klarheit über das haben, was Sie zu tun versuchen und warum. Suchen Sie nach einem integrierten Ansatz, nicht nur eine „große Idee“ über Achtsamkeit, die gut für Sie ist. Prüfen Sie, ob Konzentration, positive Emotionen und Vertrauen da sind. Versuchen Sie, achtsam auf das zu sein, was Sie in jeder speziellen Praxis kultivieren müssen. Falls Sie zum Beispiel hauptsächlich zerstreut sind, kultivieren Sie Konzentration (Sie könnten zur Zähltechnik zurückgehen). Vielleicht sind Sie im Zweifel über den Wert des achtsamen Spaziergangs. Vielleicht sind Sie in schlechter Stimmung. Noch einmal: Fühlen und erkennen Sie Ihren Geisteszustand, in dem Sie sich befinden.

Beginnen Sie Ihren Spaziergang, indem Sie Achtsamkeit kultivieren. Dann versuchen Sie, eine Reflexion über Unbeständigkeit hineinzubringen. Sie könnten eine der obigen Reflexionen versuchen oder auch Folgendes:

Entstehen und Vergehen sind gleichermaßen Wege, um über Erleben nachzudenken. Das Erleben können sie niemals adäquat beschreiben, sie beschreiben beide nur Teile. Die Natur der Realität liegt jenseits von Konzeptualisierungen und Kategorisierungen. Alles Erleben, wenn es mit Achtsamkeit gelebt wird, liegt jenseits der Beschreibung.

Beachten Sie, was außerhalb entsteht: der Anblick von jemandem, der an einem offenen Fenster steht, das Geräusch eines Vogels, der im Unterholz raschelt oder der Anblick eines Kindes, das eine gestreifte Strickjacke trägt. Sie könnten sich selbst das Wort „Entstehen“ sagen. Beachten Sie, was innerlich entsteht: die Erinnerung an ein erfreuliches Gespräch mit einem Freund, das panische Gefühl, einen Bus verpasst zu haben. Registrieren Sie, was außerhalb vergeht: eine Wolke, die die Sonne bedeckt und die Straße verdunkelt, das Kind, das mit seiner Mutter in der U-Bahn verschwindet. Und innerlich: die ärgerlichen Gedanken, die Sie hatten und die jetzt zur Ruhe gekommen sind. Wieder könnten Sie sich sagen „Vergehen.“ Versuchen Sie, offen zu sein für das Entstehen und Vergehen, ohne sich an eines von beiden zu heften. „Weil alles passieren kann, wird Frieden von innen heraus entstehen.“

Der achtsame Moment

Alle Phasen des Interesses oder des fehlenden Interesses werden wahrscheinlich ebenso auf den achtsamen Moment zutreffen wie auf den achtsamen Spaziergang. Vielleicht haben Sie sich entschieden, den achtsamen Moment nicht zu praktizieren, oder vielleicht haben Sie sich stattdessen entschieden, die Atemraum-Technik zu praktizieren. Wie ich bereits sagte, ist es leicht, achtsam zu sein, aber schwierig, achtsam zu bleiben. Versuchen Sie in dieser abschließenden Kurswoche, ob Sie Ihre Praxis intensivieren können. Versuchen Sie es ein letztes Mal.

Aber denken Sie daran, dass Sie immer zum achtsamen Moment zurückkehren können, nachdem Sie den Kurs beendet haben, ebenso wie zum achtsamen Spaziergang oder der täglichen Meditation. Sie brauchen nicht zu denken, dass Sie etwas versäumt haben. Sie können Ihre wöchentlichen Rückschauen prüfen und sehen, was Sie nicht geschafft haben, und darauf zurückkommen, oder Sie können die Meditation markieren, die Sie versäumt haben und können Sie nach dem Ende des Kurses ausprobieren. Achtsamkeit ist Praxis für das ganze Leben; es gibt eine Menge Vorschläge in diesem Buch, auf die zurückzukommen es sich lohnt.

Benutzen Sie den achtsamen Moment, um die vier Grundlagen der Achtsamkeit zu verankern, dann bringen Sie eine der Reflexionen über Unbeständigkeit ins Bewusstsein. Für diese letzte Woche möchte ich empfehlen, dass Sie wieder intensiv Ihre Gefühle betrachten und sich an Ihre Reflexionen in diesem Kontext erinnern. Wir haben die Neigung, auf Gedanken so zu reagieren, als würde das, was wir denken, tatsächlich passieren: Ein (subjektives) Erlebnis wird als Tatsache statt als (innere) Vorstellung aufgefasst. Wenn wir uns also während des Duschens am Morgen ärgern, werden unser Geist und unser Körper in den gleichen Zustand kommen – physische Anspannung, emotionale Abweisung, gedankliche Gereiztheit –, als ob die Auseinandersetzung im Hier und Jetzt passieren würde. Eines der großen Verdienste der Achtsamkeit ist, dies zu bemerken und sich einzustellen auf das, was gerade tatsächlich passiert, statt sich in eine virtuelle Welt von Gedanken und Fantasien zu verlieren. Schauen Sie, ob Sie das merken und zum aktuellen Erleben zurückkommen können: Das warme Wasser der Dusche läuft jetzt gerade über Ihre Schultern ... Bringen Sie Ihre Reflexionen zur Unbeständigkeit in den Zusammenhang des Hier und Jetzt. Und bedenken Sie: In jedem Moment Ihres Erlebens findet tatsächlich Veränderung statt.

Die Meditationen dieser Woche

Sie haben während dieses Kurses Achtsamkeit entwickelt, sodass Sie mit ganzem Herzen bei der direkten Erfahrung verweilen können. Wenn Sie diese Wachheit tief genug aufrechterhalten können, erhöht sich die Wahrscheinlichkeit, dass Einsicht entsteht. Ich betone „erhöht sich die Wahrscheinlichkeit“, weil es immer einen mysteriösen X-Faktor gibt. Einsicht ist ein mystisches Erleben. Sie kann nicht durch philosophische Spekulation oder Willenskraft erreicht werden. Wir können nur die äußeren und inneren Bedingungen dafür schaffen, damit Einsicht erscheint. „Der Rest ist nicht unsere Angelegenheit“, wie es T.S. Eliot sagt.[54]

Grundlegend für den Buddhismus und ein Leben in Achtsamkeit ist die Tatsache, dass der Geist Tiefe hat. Wir vergessen das oft. Wir vergessen, dass Worte und Konzepte in Abhängigkeit von unserer Ernsthaftigkeit und Empfänglichkeit eine unterschiedliche Bedeutung haben. Wir können das erleben, wenn wir Gedichte lesen. Bei den besten Gedichten werden die Worte emotional berühren und verwandeln. Das Gleiche gilt für die Meditation. Wenn wir unser ständiges inneres Geschwätz, unser Planen und Grübeln beiseiteschieben können, verändert sich die Bedeutung unserer Reflexionen. Meditation ist der Weg, um unseren Geist zu vertiefen, ihn zu verbreitern und unsere Energien zu integrieren. In konzentrierter Meditation wird unser Geist reicher und gesammelter. Gedanken und Emotionen, die uns oft in verschiedene Richtungen ziehen, verschmelzen und belehren einander. Energie, die üblicherweise in inneren Konflikten gebunden ist, wird frei. Wir fühlen uns wach und friedlich. In diesem Geisteszustand kann sich uns eine neue Welt der Realität offenbaren.

Wie wir gesehen haben, erreichen wir Einsicht durch Reflexion über die Realität in unserem Alltagsleben. Wir versuchen zu entdecken, dass das, was wir erleben, unbeständig ist. Wir verknüpfen die Ereignisse, die uns zustoßen, bewusst mit dem Blick auf die universale Weisheit. Nachdem wir über äußere Dinge nachgedacht haben, versuchen wir, innerhalb der Meditation zu Einsicht zu gelangen. Um das zu tun, müssen wir den Geist vertiefen. Wir brauchen ein subtiles und kräftiges „Werkzeug“, um eine subtile und kraftvolle Realität zu erleben. Der Geist muss konzentriert sein, aufgeladen, entspannt und emotional positiv.

Sind wir erst einmal in dieser Art positivem und konzentriertem Zustand verankert, versuchen wir das zu kultivieren, was

[54] Eliot, T. S, *Four Quartets: East Coker*, Faber, London, 1959, S. 27.

im Sanskrit *animitta samādhi* genannt wird. Das Wort *samādhi* wird manchmal mit „Meditation" übersetzt, aber es wäre besser, sich das Wort als „rechte Meditation" vorzustellen. *Samādhi* ist der Zustand der vollen Versenkung. Es ist ein überbewusster Geisteszustand insofern, als er weit jenseits unseres üblichen Bereichs positiver Erlebnisse liegt. Es ist ein vollständig befriedigender und erfüllter Geisteszustand, den wir nie für möglich gehalten haben. Im Vergleich zu *samādhi* ist unser normaler Alltagsgeist unflexibel, abgelenkt und durchzogen von Leid. *Samādhi* ist „das Ziel" der Meditation. *Samādhi* ist charakterisiert durch Ruhe, ein-spitzige Konzentration, Freude und vollständige psychophysische Integration; es ist die ganze Person, vollständig anwesend.

Das Wort *„animitta"* bedeutet „jenseits von Eigenschaften, bildlos, konzeptfrei, direkt." Es bedeutet, direkt zu sehen, unvermittelt durch Worte und Konzepte. Es drückt die Natur der Realität aus, die in uns aufblitzt. *Animitta* ist die wahre Natur der Dinge, ohne unsere instinktive Tendenz, von der Erfahrung zurückzutreten, sie uns zu erklären und sie dadurch zu fixieren und zu kontrollieren. *Animitta samādhi* liegt jenseits von Rationalität. Es bedeutet nicht, den Verstand über Bord zu werfen – was immer regressiv ist –, aber ein Hinauswachsen über die Vernunft. Wörter und Gedanken können immer nur über Dinge sprechen oder Erlebnisse fixieren. Es gibt aber keine „Dinge" in der Erfahrung. Es gibt nur Veränderung. Es gibt nicht einmal etwas, was man Veränderung nennen könnte. Wo ist „Veränderung" in unserem Erleben? Veränderung ist nur ein weiteres abstraktes, universelles Konzept.

Sie können sich *animitta samādhi* wie das Beobachten von Wolken vorstellen: Sie liegen an einem warmen Nachmittag auf Ihrem Rücken, ganz glücklich und entspannt und betrachten die Wolken. Sie geben den Wolkenformen Namen: eine Katze, eine Eidechse, ein Schiff, ein Gesicht. Aber plötzlich bemerken Sie, dass Sie in dem Moment, da Sie einer Wolke einen Namen geben, diese sich in eine andere Form verwandelt. Allmählich hören Sie auf, überhaupt unterschiedliche Formen zu sehen; Sie sehen nur noch die Veränderung, die Verschiebung, die Neugestaltung. Sie hören auf zu versuchen, den Dingen Namen zu geben und sie zu fixieren. Nichts ist dauerhaft, sodass Sie auch nichts benennen können. In *animitta samādhi* fallen alle Konzepte weg. Es gibt nur wortlose Freude und unbeschreibliche Freiheit.

In unserer letzten Meditationswoche (zumindest solange unser Kurs läuft) möchte ich Sie in Richtung Einsicht in die Natur der Realität führen. Ich schlage vor, falls Sie es ermöglichen können, dass Sie ein wenig mehr Zeit zum Meditieren freihalten. Wenn Sie bisher 15 Minuten meditiert haben, meditieren Sie jetzt 20 Minuten. Wenn Sie 20 Minuten meditiert haben, versuchen Sie jetzt 30 Minuten usw. Nach meiner Erfahrung, zumindest mitten in meinem geschäftigen Leben in London, dauert es eine Weile, um mich wieder zu beruhigen und den Gang vom Aktivitäts-Modus zum Modus der Behaglichkeit herunterzuschalten. Wenn wir uns auf *animitta samādhi* zubewegen, können wir von voller Aufmerksamkeit sprechen. Volle Achtsamkeit ist *animitta samādhi*, weil es dann nur noch Veränderung gibt.

1. Tag: *Sich der wahren Natur von Erfahrungen nähern.* Beginnen Sie wie üblich mit einem Körperscan. Dann nehmen Sie Ihre Gefühle wahr, die allgemeine Gefühlstönung Ihres Erlebens. Gehen Sie weiter zur Achtsamkeit auf den Geist: Sind Sie sich irgendwelcher inneren Geschichten bewusst? Welche Lehre (*dhamma*) sollten Sie sich vergegenwärtigen? Konzentrieren Sie sich dann mithilfe der Zähltechnik auf Ihre Ausatmung. Wenn Sie das Gefühl haben, dass Sie konzentrierter geworden sind, hören Sie mit dem Zählen auf und versuchen Sie, Ihren Atem klarer und direkter zu erleben. Der Atem ist weder Idee oder Bild noch kann man ihm irgendwelche Begriffe wie „Atem“ oder „Atmung“ zuweisen. Achten Sie darauf, wie viel Sie in

Ihrem Kopf über Erlebnisse erzählen, statt sie tatsächlich zu erleben. Wir benutzen den Begriff „Einatmung", statt die einzigartige Empfindung dieses besonderen Einatmens zu fühlen. Versuchen Sie, die Beschreibung des Erlebens in Ihrem Geist loszulassen, und versuchen Sie, die sich ändernden Empfindungen direkt zu erleben. Wenn Sie das Gefühl haben, abgelenkt zu sein, oder falls Sie sich nicht ganz glücklich oder ruhig fühlen, gehen Sie zurück und kultivieren Sie den Pfad.

2. Tag: *Durchdringen Sie sich selbst mit liebevoller Güte.* Arbeiten Sie sich wieder durch die Grundlagen der Achtsamkeit: Körper, Gefühle (Gefühlstönung), Geist (innere Gespräche) und dhammas (die passende Lehre in sich wachrufen). Dann richten Sie Ihre Aufmerksamkeit auf die Gefühle um Ihr Herz herum. Lassen Sie Ihre Aufmerksamkeit in diesem Bereich, warten Sie und fühlen Sie. Finden Sie dann einen Weg, liebevolle Güte zu kultivieren. Sie können zu sich selbst sagen: „Möge es mir gut gehen, möge ich glücklich sein." Oder Sie könnten ein Bild benutzen, vielleicht eine Blume, deren Blüte sich Blatt für Blatt in Ihrem Herzen öffnet. Sie können sich auch Menschen ins Gedächtnis rufen, denen Sie dankbar sind, oder fünf kürzlich erlebte Ereignisse, die Sie geschätzt und wertvoll gefunden haben. Sie werden unterschiedliche Vorgehensweisen untersuchen müssen. Schauen Sie, was für Sie in dieser speziellen Meditation funktioniert. Gleichzeitig geben Sie jedem Ansatz, den Sie gewählt haben, die Chance, sich zu entfalten. Wechseln Sie nicht dauernd hin und her. Probieren Sie, ob Sie einen Weg zu liebevoller Güte und Wohlwollen finden. Ohne dies werden Sie nicht in der Lage sein, sich in Richtung Einsicht zu entwickeln.

3. Tag: *Die Natur Ihrer Erfahrungen umfassen.* Verankern Sie sich wieder im Körpergewahrsein. Versuchen Sie dann, ohne sich zu zwingen, Konzentration zu entwickeln. Benutzen Sie die Zähltechnik und kommen Sie immer wieder zu Ihrem Atem in freundlicher, entspannter und nicht wertender Art zurück. Mit konzentriertem Geist versuchen Sie, Klarheit über die reale

Natur des Atmens zu entwickeln. Der Atem verändert sich andauernd, so wie alle Dinge im Universum. Es gibt keinen Atem als abstrakte Kategorie; es gibt nur jeden einzigartigen Atemmoment. Versuchen Sie sich deswegen in dieser Meditation immer stärker an die sich wandelnde Natur des Atems anzunähern. Registrieren Sie, was „aktuelles Erleben“ ist und was „Gedanken über Erleben“ sind, z. B. innere Kommentare und subtiles, unterschwelliges Sprechen. Versuchen Sie, die Vorhersage der nächsten Ein- und Ausatmung zu unterlassen. Bemerken Sie, wie wir auch auf dieser Mikroebene Erleben vorherzusagen versuchen und wie diese Tendenz auf subtile Weise kontrolliert, was mit uns geschieht. Versuchen Sie, das Haften am Atem loszulassen und das reine Erleben dessen zu fühlen, was gerade im gegenwärtigen Moment passiert. Lassen Sie den Atem durch Sie hindurchwehen wie eine Brise durch einen Baum. Und falls Sie bemerken, dass Sie abgelenkt werden, gehen Sie einen Schritt zurück und konzentrieren Sie sich erneut. Wenn Sie beginnen, sich zu stark zu konzentrieren, wenn Sie verspannt und etwas zu sehr wollen, entspannen Sie sich und kultivieren Sie liebevolle Güte. Sie können ihren Weg zur Einsicht nicht forcieren. Am Ende der Praxis sitzen Sie eine oder zwei Minuten ganz ruhig.

4. Tag: *Lieben und loslassen.* Nehmen Sie sich heute etwas Zeit, um Körpergewahrsein zu entwickeln. Beachten Sie jede Spannung im Körper und versuchen Sie, sie mit freundlichem Gewahrsein zu umschließen. Entspannen Sie sich in unangenehme Gefühle hinein. Dann fühlen Sie Ihren Atem in Ihrem Körper und versuchen Sie, ob Sie um Ihren Atem herum mehr und mehr entspannen können. Erlauben Sie Ihrem Körper, ganz still zu werden. Dann wenden Sie Ihre Aufmerksamkeit den Empfindungen um Ihr Herz, in Ihrer Brust und in Ihrem Bauch zu. Während Sie mit Ihrem Gewahrsein auf das subtile Gefühl um diese Bereiche herum konzentriert sind, sagen Sie zu sich: „Möge es mir gut gehen, möge ich glücklich sein.“ Bleiben Sie mit Ihrer Aufmerksamkeit in der Herzgegend und nehmen Sie einen Freund in Ihr Bewusstsein. Sagen Sie: „Möge er glücklich sein." Dann richten Sie Ihre liebevolle Güte auf jemanden, den Sie nicht so gut kennen und dann auf eine Person, mit der Sie Schwierigkeiten haben. Schließen Sie mehr und mehr Menschen in Ihre liebevolle Güte ein. Dann entspannen Sie nochmals. Lassen Sie los. Sitzen Sie fünf oder zehn Minuten, ohne etwas zu tun.

5. Tag: *Der sich wandelnde Geist.* Beginnen Sie wieder mit Körpergewahrsein. Nach einer Weile beobachten Sie, wie Ihr Körper sich anfühlt. Achten Sie auf Ihren aktuellen Geisteszustand (citta). Finden Sie einen Weg, kreativ auf alles zu antworten, was in Ihrem Geist passiert. Dann wenden Sie sich ganz sanft Ihrem Atem zu. Achten Sie besonders darauf, was passiert, wenn Sie abgelenkt werden: „Erwachen Sie in den Gedanken hinein." In einem Moment achten wir auf unseren Atem, im nächsten Moment wachen wir in irgendeiner unserer Geschichten auf. Beachten Sie, wie diese Geschichten Sie faszinieren und vereinnahmen, wie Sie sie wirklich ernst nehmen, wie Ihr Geist an ihnen hängt und wie Sie die Geschichten für wahr nehmen. Wir tun dies, obwohl wir genau wissen, dass der Geist sehr schnell wieder in irgendeiner anderen Art von Ablenkung stecken bleibt. Beachten Sie, wie Sie Ihre flüchtigen Sorgen, Sehnsüchte, Ihren Groll und Ihre Wünsche wörtlich nehmen, als ob sie Ihre reale Identität begründeten. Und bemerken Sie, dass Sie in einem Moment komplett in inneren Gesprächen absorbiert sind und sie im nächsten Moment schon wieder vergessen haben. Wir haben dann das Gefühl, irgendwo anders gewesen zu sein, aber wir können uns nicht erinnern wo. Versuchen Sie zu entdecken, dass wir an jede „Obsession" glauben trotz der Tatsache, dass sie sich andauernd verändert. Gedanken sind sogar noch veränderlicher als unser Körper oder unser Atem. Am Ende der Meditation sitzen Sie nur in einem Zustand reiner Aufnahmebereitschaft.

6. Tag: *Das Leben schätzen, so wie es geschieht.* Leben heißt Veränderung. Leben zu schätzen bedeutet, Veränderung zu schätzen. Versuchen Sie, in dieser Meditation, ein warmes, schätzendes Bewusstsein zu entwickeln. Schauen Sie, ob Sie sich in die veränderliche Natur Ihres Erlebens einstimmen können, insbesondere in Ihren Atem. Es ist so, als ob Sie den Wolken nachsehen und ihre Veränderung bemerken. Je mehr Sie in das Erleben vertieft sind, umso weniger können Sie darüber sprechen. Wörter fixieren Dinge. Gleichermaßen ist es umso weniger möglich, den Atem zu beschreiben, vorherzusagen oder zu benennen, je lebendiger Sie ihn fühlen. Wenn wir uns sehr konzentrieren, betreten wir tatsächlich einen wortlosen Bereich reinen Fließens, unbeschreiblicher Veränderung, eine Welt reiner Wertschätzung. Wenn wir unser Erleben beschreiben – was sehr oft nützlich ist –, treten wir davon zurück. Wörter und Gedanken sind Abstraktionen, während alles, was wir tatsächlich erleben, einzigartig und besonders ist. Versuchen Sie, in dieser Meditation den aktuellen Geschehnissen selbst näher zu kommen und nicht dem, was Sie denken, was gerade passiert. Dann sitzen Sie wieder ganz still und aufnahmefähig bis zum Ende.

7. Tag: *Veränderung erleben.* Konzentrieren Sie sich in der heutigen Meditation auf einen Bereich des Unbehagens im Körper. Seien Sie vorsichtig dabei. Wenn Sie merken, dass das Gefühl zu unangenehm wird, verschieben Sie Ihre Aufmerksamkeit in einen angenehmeren Bereich. Wenn es Ihnen wieder besser geht, bringen Sie Ihre Aufmerksamkeit sanft zurück zu einer unbehaglichen körperlichen Empfindung. Lenken Sie Ihren Geist in die unangenehme Empfindung hinein und schauen Sie, ob Sie sie fühlen können, ohne sie zu beschreiben oder vor ihr zurückzuweichen. Es ist vielleicht hilfreich, den Atem in diesem Bereich zu fühlen. Beobachten Sie, ob Sie spüren können, wie sich der Geist um die unangenehme Stelle herum zusammenzieht. Bemerken Sie, wie Sie von Geschichten eingenommen werden: „Ich mag das nicht, ich möchte, dass es vorbeigeht." Richten Sie freundliche Aufmerksamkeit auf die Unbehaglichkeit. Versuchen Sie, die Geschichten loszulassen und die reinen Empfindungen zu erleben, ohne überhaupt die Idee von „unangenehm" zu haben. Dann sehen Sie, wie diese reinen Empfindungen sich andauernd verändern. Schauen Sie, ob Sie Veränderung fühlen können, wie sie jetzt gerade passiert, nicht als Idee, sondern als gelebte Erfahrung. Dann ruhen Sie in ausgedehntem Körpergewahrsein, bevor Sie die Meditation beenden.

Die buddhistische Tradition spricht von drei großen Phasen im spirituellen Leben: Ethik, Meditation und Weisheit. Jede Phase muss vollständig verankert sein, bevor die nächste auftauchen kann. Wenn wir den Pfad unter diesem Gesichtspunkt sehen, müssen wir zuerst positive Emotionen und ethisches Verhalten kultivieren. Wir tun dies durch Übung unserer Stärken und Tugenden und durch Praxis der fünf Vorsätze und der vier Anstrengungen. Ohne uns selbst in positiven Emotionen und ethischem Verhalten verankert zu haben, werden wir ein unruhiges Gewissen haben, das unsere Meditation stört. Unsere Tugenden zu kultivieren und unsere Energien in Handlungen zu bündeln, die wachstumsfördernd, verbindend und spirituell fruchtbar sind, ist die Grundlage unserer Meditation. Es bedeutet, dass wir einen energievollen und geläuterten Geist haben, wenn wir sitzen und meditieren. Es gibt nichts, das uns wegzieht. Wir werden nicht ängstlich wegen einer besonderen Situation sein, etwas wollen oder Widerstand gegen etwas leisten. Wenn wir durch ethische Praxis positive Emotionen aufgebaut haben, werden wir fähig sein, uns ganz in die Meditation zu vertiefen. Auf die gleiche Weise kann Weisheit in uns dämmern, wenn Versenkung (*samādhi*) vollständig verankert ist.

Natürlich ist dies ein ideales Bild des spirituellen Pfades. In der Praxis ist es wahrscheinlich nie ganz so. Die meisten von uns werden alle drei Stufen gleichzeitig kultivieren müssen. Sie können nicht einige Jahre Ethik praktizieren und dann das Sitzen in Meditation beginnen. Meditieren, entspannen lernen, liebevolle Güte kultivieren, eine stete Konzentration entwickeln: Das ist in der Tat Arbeit am ethischen Aspekt des Pfades. Und wenn wir Schwierigkeiten z. B. in der Meditation haben, bedeutet dies, dass die vorherige Phase (Ethik) nicht gefestigt genug ist; wir müssen dann dorthin zurückkehren und uns dort verstärkt bemühen. Viele Menschen beginnen mit der Meditation, und müssen dann feststellen, dass sie eine Menge Arbeit vor sich haben und zuerst emotional positiver und robuster werden müssen. Sie müssen also zur Kultivierung von Stärken und Tugenden zurückgehen. Vielleicht erkennen wir auch, dass unser ethisches Leben weit davon entfernt ist, perfekt zu sein, sodass wir zur Großzügigkeit zurückgehen müssen. Wir können immer geben. Der ganze Pfad der Achtsamkeit wird sich von hier aus entfalten.

Achte Woche
Praktische Rückschau

1. Achtsamer Spaziergang

Haben Sie daran gedacht, den achtsamen Spaziergang zu machen?

	1. Tag	2. Tag	3. Tag	4. Tag	5. Tag	6. Tag	7. Tag
☑ = Ja / ☒ = Nein							

2. Achtsamer Moment

Haben Sie daran gedacht, Ihren achtsamen Moment zu praktizieren?

	1. Tag	2. Tag	3. Tag	4. Tag	5. Tag	6. Tag	7. Tag
☑ = Ja / ☒ = Nein							

3. Reflexionen

Haben Sie ein oder zwei der Reflexionen aufgenommen, die ich oben vorgeschlagen habe?

Schreiben Sie hier Ihre Überlegungen auf:

4. Meditation

Haben Sie es geschafft, in Ihren Meditationen Einsicht zu kultivieren? Falls Sie meinten, Sie seien nicht konzentriert genug oder nicht positiv genug gestimmt gewesen, waren Sie bereit, den Pfad der Achtsamkeit zu kultivieren? Falls nicht, warum nicht? Hat die Kultivierung von Einsicht in Ihrer Meditation Ihr Interesse geweckt? Waren Sie motivierter? Oder hat sich alles ziemlich abstrakt und kalt angefühlt?

Schreiben Sie hier etwas über Ihre Meditationserfahrungen auf:

5. Darüber nachdenken, was als Nächstes kommt

Zum Schluss des nächsten, abschließenden Kapitels, werde ich Sie bitten, auf den ganzen Kurs zurückzublicken, wie er für Sie gelaufen ist, und darüber nachzudenken, wohin Sie in Ihrer Praxis der Achtsamkeit von jetzt an gehen möchten. Sie können aber auch jetzt schon darüber nachdenken. Was haben Sie aus diesem Kurs gewonnen (oder lediglich vom Lesen des Buches)? Was könnten Sie als Nächstes tun?

Schreiben Sie hier Ihre Überlegungen auf:

Wenn Sie die Einsichtsreflexion praktizieren, werden Sie bemerkt haben, dass die Stufe der Meditation noch nicht voll etabliert ist. Sie stellen vielleicht fest, dass Sie noch nicht genügend konzentriert und emotional positiv gestimmt sind. Dann müssen Sie zurückgehen. Sie müssen Meditation kultivieren. Das bedeutet den Verzicht auf Stolz. Stolz ist eines der wesentlichen Hindernisse auf dem Weg zu menschlichem Wachstum und Erfüllung. Paradoxerweise werden Sie oft wirklich reifer, wenn Sie sich erlauben, zu einer früheren Stufe zurückzugehen, wenn Sie entdecken, dass Sie noch eine Menge zu lernen haben. Sie könnten entscheiden, noch einmal einen Meditationskurs zu besuchen oder ein längeres Retreat. Sich übermäßig mit der Einsicht als Ziel zu beschäftigen, ist kontraproduktiv. Wenn wir das tun, machen wir Einsicht zu etwas, das wir haben können – oder sogar zu etwas, das uns außergewöhnlich macht. Das aber verfehlt vollständig das Ziel. T.S. Eliot hat es so ausgedrückt: „Die einzige Weisheit, auf die wir hoffen können, ist die Weisheit der Demut: Demut ist endlos."[55]

[55] Eliot, T.S. *Four Quartets, East Coker*, Faber, London, 1959, S. 23.

Schlussfolgerung

Zum Wohle aller Wesen

Wir wollen glücklich sein. Jeder Gedanke, jedes Wort, jede Tat drückt dieses Bedürfnis aus. Selbst unsere destruktiven Muster und sich wiederholenden Gedanken sind verzerrte und kontraproduktive Versuche, glücklich zu sein. Wir müssen uns zur feinen Kunst des Glücks erziehen. Wir müssen zwischen kurzweiligen Vergnügungen – dem Geschmack von Schokolade, dem Gefühl eines heißen Bades oder dem prickelnden Gefühl, ein Motorrad zu fahren – und den tieferen Gründen für Freude unterscheiden. Psychologen unterscheiden zwischen Vergnügen und Befriedigung. Weil wir uns so schnell an sie gewöhnen, sind Vergnügungen üblicherweise kurzlebig. Wir sind gefangen im Gesetz des Werteverlusts. Dagegen bedeutet Befriedigung erfahren das Erleben unserer Stärken und Tugenden. Dies bedeutet oft, eine Fertigkeit zu entwickeln – so wie Meditation oder Klavierspielen – und schließt ein, sich Herausforderungen zu stellen und Schwierigkeiten zu überwinden. Bestenfalls sind wir von etwas, das uns befriedigt, vollständig ergriffen: Die Zeit scheint stillzustehen, und das Gefühl für ein Selbst ist zeitweise ausgeschaltet. Psychologen nennen diesen Zustand „Flow". Wenn wir tief ergriffen sind (sagen wir beim Wandern, Meditieren oder wenn wir einem Freund zuhören), fühlt es sich an, als würden wir zerfließen, uns auflösen. Nichts bleibt zurück. Wir fühlen keine Emotionen, nicht einmal positive. In „Flow-Erlebnissen" haben wir das Selbst und das, was wir über das Selbst fühlen, zurückgelassen.

Beim Versuch, glücklich zu werden, können wir uns jedoch auch Steine in den Weg legen. Er kann auf der einen Seite zur Selbstbeschäftigung führen und auf der anderen Seite zur Instrumentalisierung. Selbstbeschäftigung ist im Wesentlichen ein negativer Geisteszustand, egal, welche Entschuldigungen wir dafür haben – spirituelle oder andere. Authentisches Glück ist genau deswegen authentisch, weil ihm die Selbstbeschäftigung fehlt. Wenn wir von etwas ergriffen sind und darin vertieft sind, treten wir nicht einen Schritt zurück und denken darüber nach, ob es uns glücklich macht oder nicht. Ich sehe das bei meiner zwei Jahre alten Nichte. Wenn ich sie frage, wie sie sich fühlt, wenn sie gerade im Legospiel vertieft ist, könnte sie sagen „gut", um mich loszuwerden – meine Frage ist irrelevant.

Dann gibt es noch das Problem der Instrumentalisierung. Wenn wir uns zu eingeschränkt darauf konzentrieren, glücklich zu sein, ist alles, was wir tun, zum Wohle von irgendetwas und nicht um seiner selbst willen. Und das verändert natürlich den Wert unserer Handlungen. Es ist ein himmelweiter Unterschied zwischen der Meditation, die wir an sich wertvoll finden, und der Meditation, die gut für uns ist. Wenn wir großzügig sind im Glauben, dann einen besseren Geisteszustand zu entwickeln, ist der spirituelle Wert unserer Großzügigkeit – seine Wirkung auf den Geber und Empfänger – gemindert. Aufrichtige positive Emotionen sind Zweck in sich selbst. Sie sind nicht instrumentell. Wenn wir freundlich sind oder jemandem vergeben, um unsere Selbstentwicklung zu unterstützen, sind wir in der Tat weniger freundlich und weniger vergebend. Es ist trotzdem wert, getan zu werden. Es wird einen Effekt haben, aber wir müssen über diese Art von Selbstorientierung hinausgehen, wenn unsere Praxis bleibenden Wert haben soll.

Eine buddhistische Motivation für ein Leben in voller Achtsamkeit kommt in dem wunderbaren Satz: „Zum Wohle aller Lebewesen" zum Ausdruck. Das ist der wahre Geist der Achtsamkeit und der Kern aller aufrichtigen spirituellen Praxis. Persönliches Glück ist eine Nebenwirkung des Altruismus so, wie es eine Nebenwirkung der Ergriffenheit und des Vertieftseins in bedeutungsvollen Aktivitäten ist. Je mehr wir zum Wohle anderer praktizieren, umso mehr werden die Effekte unserer Praxis uns verändern. Es nur für uns selbst zu tun, zumindest in den frühen Stadien des Weges, ist kontraproduktiv. Aus buddhistischer Sicht müssen wir uns dem Wohl aller Wesen widmen. Um dies effektiv tun zu können, müssen wir weise und achtsam sein. Wir können anderen nicht helfen, wenn wir in schlechter Stimmung sind, gestresst, ängstlich oder von uns selbst eingenommen. Wir müssen in Bestform sein: achtsam, glücklich, emotional positiv, kreativ, expansiv und spielerisch. Der Höhepunkt des Weges der Achtsamkeit ist das erleuchtete Mitgefühl mit allen Wesen. Es ist keine wunderbare Erfahrung, die nur für uns allein gedacht ist!

Leben in voller Achtsamkeit – auf einen Blick

Tagtägliche Achtsamkeit. Achtsamkeit auf die „kleinen Dinge" des Alltags, die uns so viel Enttäuschung bereiten, wenn wir uns ihnen nicht zuwenden. Wir müssen effektive Routinen entwickeln und Input reduzieren. Wir müssen Selbstwirksamkeit kultivieren, die Fähigkeit, Dinge zu Ende zu bringen, an Herausforderungen zu wachsen, Hindernisse zu überwinden und Fertigkeiten zu entwickeln – dies ist grundlegend für positive Emotionen.

Achtsamkeit auf den Körper und seine Bewegungen. Die Aufmerksamkeit auf den Körper richten, den Körper als Anker für unsere Wachsamkeit nutzen und versuchen, stärker aus dem Körper heraus zu leben. Körperbewusstsein ist ein Gegenmittel gegen Stress und Geistesgifte.

Gefühle. Wir erleben jeden Anblick, jedes Geräusch, jedes Gefühl, jede physische Empfindung, jeden Gedanken oder jede Erinnerung als angenehm, unangenehm oder als neutral. Wir müssen angenehme Erlebnisse schmecken, während wir uns aber gleichzeitig davor hüten sollten, sie wiederholen zu wollen und sie damit zu verderben. Wir müssen schmerzhafte Erlebnisse umfassen und uns vor der Versuchung hüten, sie wegstoßen zu wollen, wodurch sie nur schlimmer würden. Achtsamkeit auf die Gefühle schafft eine wichtige Lücke zwischen den rohen Empfindungen des Erlebens und unseren Handlungen.

Geist. Wir müssen achtsamer auf unsere inneren Gespräche sein – wir müssen sie infrage stellen, gegen negative Vorhersagen und Behauptungen ankämpfen und bemerken, ob wir einen Gedanken für eine Tatsache halten.

In der Achtsamkeit auf den Geist versuchen wir zu erkennen, wie oft wir unsere Interpretationen des Erlebten als Tatsachen des Erlebten missverstehen.

Dhammas – weise Entscheidungen treffen. Wenn wir glücklich sein möchten, müssen wir positive Emotionen kultivieren. Wir entwickeln positive Emotionen über die Vergangenheit, indem wir gute Erinnerungen als solche anerkennen und die negativen nicht überbetonen sowie durch Kultivieren von Dankbarkeit und Vergebung. Wir kultivieren positive Emotionen über die Zukunft, indem wir pessimistische Annahmen prüfen und uns mit ihnen auseinandersetzen. Und wir erschaffen positive Emotionen in der Gegenwart durch die Praxis der Achtsamkeit und die Kultivierung von Stärken und Tugenden.

Dinge, Kunst und Natur. Wir müssen die Haltung der Würdigung des Daseins kultivieren im Gegensatz zur habgierigen Haltung. Je materialistischer wir sind, umso weniger werden wir glücklich. Wir müssen Liebe zur Natur um ihrer selbst willen kultivieren; die Künste als Praxis weiser Aufmerksamkeit untersuchen und achtsamer auf die Umwelt werden.

Achtsamkeit auf andere. Wir müssen achtsam auf unsere Eltern werden, auf unsere Partner, Familie, Freunde, auf Menschen, die wir nicht mögen, und auf Menschen, die wir als neutral empfinden. Selbstbeschäftigung ist eine der maßgeblichen Symptome der Depression. Das Gegenmittel zur Selbstbesetzung sind andere Menschen. Konzentrieren Sie sich auf Großzügigkeit. Entwickeln Sie tragfähige Freundschaften. Glückliche Menschen haben mehr Freunde als unglückliche Menschen, sie nehmen eher an Gruppenaktivitäten teil und sind altruistischer.

Einsicht. Einsicht ist der Punkt, an dem eine Umkehr auf dem spirituellen Weg nicht mehr möglich ist. Der Weg, um Einsicht zu gewinnen, ist ein zweifacher: Reflektieren über die Unbeständigkeit in Ihrem Alltagsleben und direkte Bewusstwerdung der Realität durch Meditation. Einsicht ist der Höhepunkt des Weges. Sie erfordert intellektuelle Klarheit, Integration, anhaltende Konzentration, positive Emotion, Vertrauen und aufrichtige Hingabe. Mit anderen Worten, um Einsicht zu gewinnen, brauchen wir alle Qualitäten, die wir auf dem Weg entwickelt haben.

Schlussworte

Sie sind zu einer Entdeckungsreise aufgebrochen, aber es gibt noch viel zu lernen. Nehmen Sie sich deswegen ein wenig Zeit, um darüber nachzudenken, was Sie durch den Kurs gewonnen haben. Ich habe einen abschließenden Rückblick entwickelt, um Sie in Ihren Reflexionen zu leiten. Denken Sie darüber nach, wie Sie mit der Kultivierung von Achtsamkeit fortfahren können. Welche Unterstützungen brauchen Sie? Welche Veränderungen im Lebensstil müssen Sie erarbeiten? Und denken Sie daran: Achtsamkeit ist nicht etwas, das Sie lernen und dann gedankenlos tun können. Wie das Fahrradfahren ist es eine lebenslange Erkundung. Das Ende dieses Buches ist nur der Anfang ...

Sobald Sie etwas anstreben, so wie die Praxis der Achtsamkeit, setzen Sie sich selbst der Gefahr einer Niederlage aus. Wenn wir Achtsamkeit praktizieren, kultivieren wir ein Gefühl für Selbstwirksamkeit (eine Fertigkeit entwickeln, an Herausforderungen wachsen und Hindernisse durcharbeiten) und Versagen oder zumindest das Gefühl des Versagens. Das gehört zur Selbstwirksamkeit dazu. Fehler sind ein wichtiger Teil des Lernprozesses. Es gibt kein Lernen ohne Fehler. Deswegen ist es wichtig, ihre Bedeutung zu erkennen und sie nicht zu ernst zu nehmen und deswegen den Mut zu verlieren. Denken Sie daran, dass es leicht ist, Achtsamkeit zu praktizieren, aber dass es schwer ist, sich an das Praktizieren zu erinnern.

Und eine letzte Empfehlung: Tun Sie etwas, das Ihre Bemühungen, Ihr Leben in Achtsamkeit weiter zu kultivieren, stärkt. Sie könnten ein Buch über Buddhismus lesen, an einem Meditationskurs teilnehmen oder ein Retreat besuchen – das wäre das Beste. Ein Retreat ist ein Zeitraum intensivierter Achtsamkeit unter idealen Bedingungen, in ruhiger ländlicher Umgebung, in der Ihre Bemühungen, achtsam zu sein, wahrscheinlich leichter Früchte tragen werden.

Abschließendes Ritual

Soweit das Buch Widerhall in Ihren Werten gefunden hat (in dem Maße, in dem Sie es in die Praxis umgesetzt haben), in dem Maße werden Sie wachsamer werden, emotional positiver und glücklicher. In der buddhistischen Tradition nennen wir das „Verdienst". Das ist eine Art seelisches Bankkonto, das Bewusstheit und Positivität enthält. Wenn Sie diesen Kurs absolviert oder das Buch gelesen haben, haben Sie jetzt ein bisschen mehr auf dem Konto. Sie müssen es weitergeben. Aus buddhistischer Sicht sollten Sie die Verdienste, die Sie erlangt haben, mit allen Wesen teilen.

So können Sie diesen Kurs abschließen, indem Sie ein einfaches Ritual durchführen. Zuerst füllen Sie Ihren letzten Rückblick aus. Dann nehmen Sie sich ein wenig Zeit, um das Buch zu überfliegen. Nachdem Sie sich daran erinnert haben, was Sie während der letzten Wochen gelernt haben, setzen Sie sich vor Ihren Schrein und meditieren Sie. Sie könnten sich bewusst machen, was Sie durch Achtsamkeit dazu gewonnen haben. Dann rezitieren Sie diese zwei einfachen Verse, die aus einem alten buddhistischen Text stammen und den Wunsch ausdrücken, Ihre Verdienste, die Sie erlangt haben, mit allen Lebewesen zu teilen:

Übertragung der Verdienste

Mögen die Verdienste,
Die ich so erworben habe,
Helfen, das Leid aller Wesen zu lindern.
Mein Leben in all meinen Existenzen,
Meine Besitztümer
Und die Früchte meiner guten Taten auf den drei Wegen
Gebe ich bedenkenlos hin,
Um das Heil aller Wesen zu bewirken.

So wie die Erde und alle Elemente
Den zahllosen Wesen im unendlichen Raum
Auf vielfache Weise dienstbar sind,
So möge auch ich das werden,
Was alle Wesen erhält,
Die der ganze Weltraum birgt,
Solange noch nicht alle
In Frieden sind.

Ende der Kurs-Rückschau

Herzlichen Glückwunsch! Sie haben den Intensivkurs in voller Achtsamkeit beendet. Wie viel Sie auch immer getan haben oder nicht getan haben – auch falls Sie es lediglich geschafft haben, das Buch zu lesen, ohne viel davon in die Praxis umzusetzen –, Sie sollten sich gratulieren. Wenn man all die anderen Dinge bedenkt, die Sie während dieser Zeit hätten tun können, ist die Verwendung von Zeit auf Achtsamkeit und authentisches Glück in der Tat sehr positiv. Ich würde mich freuen, davon zu hören, wie Sie mit dem Kurs weitergemacht haben. Wenn Sie Zugang zum Internet haben, können Sie diesen letzten Rückblick online ausfüllen unter:

www.windhorsepublications.com/lwfa.

Eine Kopie wird an mich weitergeleitet.

1. Ihre Ziele in der Rückschau

Sie werden sich daran erinnern, dass ich Sie am Anfang des Buches gebeten hatte, drei Ziele für den Kurs aufzuschreiben. Nun ist es Zeit, auf diese Ziele zurückzublicken und zu bewerten, wie gut Sie es geschafft haben. Bevor Sie das tun, bedenken Sie jedoch, dass die Ziele sich im Laufe des Kurses verändert haben können. Oder Sie könnten das Gefühl haben, dass die selbst gesteckten Ziele zu eingeschränkt waren oder nicht auf der Grundlage genügender Bewusstheit. Waren sie realistisch? Waren es Ihre wirklichen Ziele? Vielleicht haben Sie Dinge im Kurs erreicht, die Sie nicht erwartet hatten? Schreiben Sie jetzt auf, wie Sie dazu fühlen, jetzt, da Sie das Buch beendet haben.

Schreiben Sie hier Ihre Überlegungen auf:

2. Der achtsame Spaziergang in der Rückschau

Wie oft haben Sie es auf einer Skala von 1 bis 10 geschafft, den achtsamen Spaziergang zu machen? 10 bedeutet, dass Sie den achtsamen Spaziergang jeden Tag gemacht haben. Ein Punkt bedeutet, dass Sie ihn gar nicht gemacht haben.

1	2	3	4	5	6	7	8	9	10

3. Der achtsame Moment in der Rückschau

Wie oft haben Sie es auf einer Skala von 1 bis 10 geschafft, den achtsamen Moment zu üben? 10 bedeutet, dass Sie ihn jeden Tag geübt haben. Ein Punkt bedeutet, dass Sie ihn gar nicht geübt haben.

1	2	3	4	5	6	7	8	9	10

4. Die Meditation in der Rückschau

Wie oft haben Sie es auf einer Skala von 1 bis 10 geschafft zu meditieren? 10 bedeutet jeden Tag, ein Punkt bedeutet gar nicht.

1	2	3	4	5	6	7	8	9	10

5. Dinge, die Sie gelernt haben

Ich hoffe, dass Sie das Buch praktisch gefunden haben, gedanklich anregend und inspirierend. Gleichzeitig ist mir klar, dass Sie vieles bestimmt wieder vergessen haben. Daran ist nichts falsch. Schreiben Sie deswegen fünf Dinge auf, die Sie gelernt haben. Es mögen Dinge sein, die neu für Sie waren und die Ihnen eine frische Perspektive eröffnet haben, oder es mögen Dinge sein, die Sie über sich selbst gelernt haben. Alternativ können Sie auch aufschreiben, was Sie während des Kurses als emotional wichtig empfunden haben, was sich Ihnen als besonders wertvoll eingeprägt hat. Schlagen Sie dafür nicht in Ihrem Tagebuch nach oder in den einzelnen Rückblicken, sondern schreiben Sie einfach fünf Dinge auf:

Was ich gelernt habe	Wie ich es gelernt habe oder weitere Kommentare
1	
2	
3	
4	
5	

6. Was kommt als Nächstes?

Nachdem Sie ihre Ziele überprüft, Ihre Praxis rückschauend bewertet und sich fünf Dinge bewusst gemacht haben, die Sie gelernt haben, können Sie darüber nachdenken, wie es jetzt für Sie weitergehen soll. Sie könnten einige Vorsätze fassen – bedenken Sie, dass es tendentiell besser funktioniert, wenn Vorsätze gefasst werden als gar nicht. Sie könnten beschließen, auf ein Retreat zu gehen, zweimal die Woche zum Schwimmen zu gehen oder Vegetarier zu werden.

Eine gute Möglichkeit, einen Vorsatz zu fassen und etwas zu tun, ist, sich selbst eine Postkarte zu schreiben. Finden Sie eine, die Sie ansprechend finden, möglichst mit einem inspirierenden Bild, das sich auf Ihre Ideale bezieht. Schreiben Sie an sich selbst. Erinnern Sie sich, was Sie gelernt haben und dass Sie beabsichtigen, Achtsamkeit weiterhin zu praktizieren. Seien Sie konkret: „Ich werde an einem Online-Meditationskurs teilnehmen" oder „Ich werde meinen achtsamen Freund alle 14 Tage anrufen, um mich zur Meditation anzumelden." Dann geben Sie die Postkarte einem Freund oder einem Familienmitglied. Bitten Sie, eine Notiz im Kalender zu machen und die Postkarte irgendwann in den nächsten zwei Monaten zuzuschicken (ich empfehle, nicht früher als in einem Monat und nicht später als nach zwei Monaten). Bitten Sie ihn, Ihnen nicht zu erzählen, wann er die Postkarte wegschicken will.

Eines Tages werden Sie eine Postkarte von sich selbst empfangen, die Sie daran erinnert, was Sie durch dieses Buch gewonnen haben und wie Sie Ihr Leben in voller Achtsamkeit weiterentwickeln.

Anhang 1

Achtsamkeit auf den Atem

Es folgt eine kurze Einführung zur Atemmeditation. Diese Praxis wird in allen Triratna-Zentren gelehrt. Sie können es auch online unter www.wildmind.org lernen.

Für weitere Hinweise über Triratna-Zentren informieren Sie sich bitte auf www.fwbo.org oder in deutschen Zentren.

Stufe 1: Nach jeder Ausatmung zählen

Atmen Sie ein, atmen Sie aus – sagen Sie „1".
Atmen Sie ein, atmen Sie aus – sagen Sie „2".
Atmen Sie ein, atmen Sie aus – sagen Sie „3" …
und so weiter bis 10, und dann wieder von vorn.

Wenn Sie aus dem Zählen herauskommen oder falls Sie zu weit zählen – machen Sie sich keine Sorgen, das passiert üblicherweise – beginnen Sie einfach wieder bei „1". Auch wenn Sie nur bis „3" zählen, weil Sie abgelenkt werden, beginnen Sie wieder bei „1".

Stufe 2: Zählen vor jeder Einatmung

Sagen Sie „1" – atmen Sie ein, atmen Sie aus.
Sagen Sie „2" – atmen Sie ein, atmen Sie aus.
Sagen Sie „3" – atmen Sie ein, atmen Sie aus …
und so weiter bis 10, und dann wieder von vorn.

Wenn Sie aus dem Zählen herauskommen oder falls Sie zu weit zählen, beginnen Sie einfach wieder bei „1". Sie brauchen nicht daran zu denken, bei welcher Zahl Sie abgelenkt worden sind. Registrieren Sie das einfach und fangen Sie von vorn an. Denken Sie daran, nicht enttäuscht zu sein, wenn Sie aus dem Zählen herauskommen.

Stufe 3: Beenden Sie das Zählen und beobachten Sie den ganzen Atmungsprozess

Fühlen Sie, wie der Atem in den Körper herein- und wieder hinausfließt. Wenn Sie abgelenkt werden, kommen Sie sanft und geduldig zum Erleben des Atems zurück.

Stufe 4: Achten Sie darauf, wo der Atem zuerst eintritt und zum Schluss den Körper wieder verlässt

Üblicherweise geschieht dies in den Nasenöffnungen oder auf der Oberlippe. Folgen Sie nicht mehr dem ganzen Atem; beobachten Sie nur diese besondere, subtile Empfindung innerhalb der Nasenöffnungen. Und wenn Sie abgelenkt werden, kommen Sie wieder zum Atem an dieser Stelle Ihres Körpers zurück.

Versuchen Sie, nicht an Erfolg oder Versagen zu denken. Wenn wir etwas tun – Essen kochen oder ein Bild malen –, können wir leicht eine übertriebene Sorge darüber entwickeln, ob wir erfolgreich sein werden oder nicht. Wir versuchen, zu erforschen und zu lernen. Wenn wir uns zu sehr um unseren Erfolg sorgen, blockieren wir den Fortschritt.

Zwingen Sie den Atem nicht. Sie haben bis jetzt ja auch auf ganz natürliche Weise geatmet. Sie müssen nicht in einer speziellen „spirituellen Weise“ atmen. Bemerken Sie nur den Atem, wie Sie ihn in diesem Moment erleben. Wenn Sie Ihren Atem hören können, kann es gut sein, dass Sie ihn bewusst verstärken.

Versuchen Sie, den Atem zu fühlen. In dieser Praxis geht es nur darum. Das Atmen ist ein sinnliches Erleben; es ist keine Idee oder ein Bild. Versuchen Sie auch, den Atem kurz zu zählen, leicht und frisch. Wir kultivieren Achtsamkeit auf den Atem, nicht auf das Zählen!

Anhang 2

Mettā-bhāvanā

Es folgt eine sehr kurze Einführung in die Meditation der liebevollen Güte. Diese Praxis wird in allen Triratna-Zentren gelehrt. Sie können sie auch online unter www.wildmind.org (englisch) lernen.

Stufe 1: Sie selbst

Beginnen Sie damit, Gefühle liebevoller Güte für sich selbst zu kultivieren. Sie können dies tun, indem Sie ein Bild oder eine Erinnerung benutzen oder Dinge ins Bewusstsein bringen, die Sie schätzen. Oder Sie können auch leise zu sich selbst sagen: „Möge es mir gut gehen, möglich ich glücklich sein. Möge ich frei von Leiden sein, möge ich Fortschritte machen." Dann warten Sie, ob Sie irgendeine Antwort fühlen können, wenn Sie Ihr Gewahrsein auf die Empfindungen in Ihrer Herzgegend richten. Und seien Sie nicht beunruhigt, wenn Sie nichts fühlen.

Stufe 2: Ein Freund

Bringen Sie einen engen Freund in Ihr Bewusstsein. Versuchen Sie, ihn vor Ihrem geistigen Auge zu sehen. Auf die gleiche Weise wie vorher wünschen Sie ihm alles Gute.

Die buddhistische Tradition schlägt für die Wahl Ihres Freundes Folgendes vor:

- etwa im gleichen Alter wie Sie – d. h. nicht sehr viel älter oder jünger als Sie selbst, und nicht jemand, zu dem die Sie sich sexuell hingezogen fühlen
- jemand, der noch am Leben ist
- jemand des gleichen Geschlechts.

Dadurch bleibt die Praxis einfach. Sagen Sie sich wieder selbst: „Möge es ihm gut gehen, möge er glücklich sein" usw.

Stufe drei: Eine neutrale Person

Wählen Sie jemanden, der Ihnen relativ gleichgültig ist, den Sie als neutral empfinden. Die gewählte Person sollte jemand sein, den Sie öfter sehen – vielleicht bei der Arbeit –, aber für den Sie keine besonders starken Gefühle haben. Wünschen Sie ihm ebenso alles Gute.

Stufe vier: Eine schwierige Person

Dies ist jemand, den Sie nicht mögen, entweder gerade jetzt nicht oder generell. Es könnte jemand sein, durch den Sie sich gereizt fühlen oder den Sie störend finden. Die buddhistische Tradition schlägt vor:

- Wählen Sie nicht jemand, den Sie wirklich verabscheuen, weil solche Menschen wahrscheinlich jede positive Emotion unmöglich machen; wählen Sie jemanden, den Sie tatsächlich kennen, und keine öffentliche Figur, die Sie hassen möchten.
- Versuchen Sie, Ihre Antipathie loszulassen und ihm Gutes zu wünschen.

Stufe fünf: Konzentrieren Sie sich auf alle vier Menschen und dann auf alle Wesen

Rufen Sie sich alle vier Menschen ins Bewusstsein: Sie selbst, Ihren Freund, die neutrale Person und die schwierige Person. Entwickeln Sie liebevolle Güte für alle vier gleichermaßen. Dann kultivieren Sie liebevolle Güte für alle Wesen. Sie könnten dies geografisch tun, sich ausbreitend von Ihrem aktuellen Standort oder nach dem Prinzip unterschiedlicher Seinszustände: die Alten und die Jungen; diejenigen, die geboren werden und diejenigen, die sterben werden; Menschen, die glücklich oder unglücklich sind … Dann wünschen Sie Ihnen alles Gute.

Anhang 3

Die Meditationshaltung

Es folgt eine kurze Einführung für das Sitzen während der Meditation. Es ist auf jeden Fall besser, von einem erfahrenen Lehrer etwas über Meditation zu lernen. Sie können das nächste Triratna-Zentrum weiter unten finden. Sie können auch online auf www.wildmind.org lernen (auf Englisch).

Wenn Sie sich zur Meditation hinsetzen, sollten Sie:

- *aufrecht und entspannt sitzen* – nicht so, als hätten Sie einen Stock verschluckt, aber auch nicht krumm sitzen. Der Kopf soll aufrecht und ausbalanciert auf der Spitze ihrer Wirbelsäule sein – weder nach vorne fallen noch nach hinten kippen. Ihre Hände sollten von einem Kissen oder einer Decke unterstützt werden.
- *angenehm und stabil* – es ist viel wichtiger, in der Meditation angenehm zu sitzen als mit gekreuzten Beinen. Ihre Haltung sollte stabil sein. Ihre Knie sollten fest auf dem Boden liegen, wenn Sie auf dem Boden sitzen, oder die Füße flach auf dem Boden stehen, wenn Sie auf einem Stuhl sitzen. Viele Menschen nehmen eine Decke, um sich während der Meditation warmzuhalten und um ihre Hände zu unterstützen.

Unterschiedliche Haltungen, die Sie ausprobieren können

- *Auf dem Stuhl sitzen.* Ich empfehle diese Haltung, wenn Sie Meditationsanfänger sind. Nehmen Sie einen guten Stuhl mit harter Rückenlehne, nicht mit schlaffen Armlehnen. Ihre Füße müssen flach auf dem Boden stehen. Falls Ihre Füße den Boden nicht erreichen, legen Sie etwas unter Ihre Füße, ein Telefonbuch oder ein Kissen. Sie könnten ein dünnes Taschenbuch unter jedes hintere Stuhlbein legen, weil Ihr Gewicht dann ein wenig nach vorn kippt, aber das ist nicht unbedingt notwendig. Ein dünnes Kissen sollte Ihren unteren Rücken unterstützen, und Ihre Hände sollten in Ihrem Schoß auf einem dünnen Kissen oder einer Decke ruhen. Der

Rücken ist gerade und Ihr Kopf gut auf Ihrer Wirbelsäule ausbalanciert. Viele Menschen mögen nicht auf einem Stuhl sitzen, weil sie meinen, es sähe nicht „spirituell“ aus, aber ich kenne viele erfahrene Meditierende, die auf einem Stuhl sitzen.

- *Im Reitsitz auf dem Kissen sitzen.* Um in dieser Haltung zu sitzen, brauchen Sie spezielle Meditationskissen sowie eine Meditationsmatte oder eine Decke, um darauf zu sitzen. Sie benötigen genug Kissen, damit Sie aufrecht sitzen können, ohne Arbeit mit Ihrem Körper zu haben – wenigstens zwei oder drei Kissen in Abhängigkeit von Ihrer Körpergröße und dem Maß der Kissen. Setzen Sie sich auf das Kissen mit Ihren Knien fest auf dem Boden. Falls Sie meinen, dass sich Ihre Füße oder Fußknöchel in dieser Haltung unbequem anfühlen, vergewissern Sie sich, dass Sie gute, dicke Matten oder Decken zum Sitzen haben, und winkeln Sie Ihre Zehen über die hinteren Ränder ab – das entlastet Ihre Knöchel. Ein Kissen oder zwei sollten Ihre Hände unterstützen, sodass Sie Ihre Arme ganz loslassen können. Ihre Hände sollten ineinander ruhen, eine Hand wie eine Schale in der anderen. Verschränken Sie nicht Ihre Finger ineinander. Wieder sollten Ihr Rücken gerade und Ihr Kopf angenehm auf ihrer Wirbelsäule ausbalanciert sein.
- *Mit gekreuzten Beinen sitzen.* Ich rate von dieser Haltung ab, es sei denn, Sie machen Yoga und haben sehr bewegliche Hüften. Die meisten Menschen, die ich unterrichte, können so nicht sitzen. Wenn Sie in dieser Haltung falsch sitzen, werden Sie wahrscheinlich Ihren Rücken und Ihre Knie schädigen. Menschen wollen oft in dieser Haltung sitzen, weil sie damit Meditation assoziieren, aber sie sollten es nur tun, wenn ein erfahrener Lehrer, der bereit ist, Ihre Sitzhaltung zu überprüfen, sie unterrichten kann. Sie sollten mit einem Fuß vor dem anderen sitzen (nicht im Schneidersitz, wie wir im Westen es tun) und beide Knie sollten fest auf dem Boden

ruhen. Wenn ein Knie den Boden nicht berührt, können Sie ein dünnes Kissen darunter legen. Wenn Sie unter beiden Knien Kissen brauchen, sind Sie nicht mehr beweglich genug, um in dieser Haltung zu sitzen. Ein Kissen sollte Ihre Hände unterstützen, sonst können Sie Probleme mit Ihren Schultern bekommen.

Anhang 4

Adressen von Triratna-Zentren oder -Gemeinschaften in Deutschland

Wenn Sie mehr über das Meditieren erfahren möchten, können Sie sich gern an eines der Ihnen am nächsten gelegenen Zentren wenden, wo man Ihnen weiterhelfen wird:

- Berlin
  Buddhistisches Tor Berlin
  Grimmstraße 11 c
  10967 Berlin-Kreuzberg
  Tel.: 030 - 285 98 139
  www.buddhistisches-tor-berlin.de

- Duisburg
  c/o Yogastudio Nataraj
  Ludgeristraße 26
  47057 Duisburg-Neudorf
  Tel.: 0201 – 40 68 32

- Düsseldorf
  Triratna Düsseldorf
  Bruchstraße 15,
  40235 Düsseldorf
  Tel: 0203 / 357634
  Fax: 01212 / 511240427
  www.duesseldorf-buddhismus.de

- Essen
  Buddhistisches Zentrum Essen
  Herkulesstraße 13a,
  45127 Essen
  Tel: 0201 / 23 01 55
  www.buddhistisches-zentrum-essen.de

- Freiburg
  Triratna-Gruppe Freiburg
  Laufener Straße 15,
  79114 Freiburg im Breisgau
  Tel. 0761/488 04 12
  www.freiburg-buddhismus.de

- Hamburg
  Buddhistischer Treffpunkt Bergedorf
  Weidenbaumsweg 7,
  21029 Hamburg-Bergedorf
  Tel: 04158 - 8906777
  www.triratna-hamburg.de

- Minden
  Buddhistisches Zentrum Minden
  Obermarktstr. 23,
  32423 Minden
  Tel: 0571 - 87476
  www.buddhismus-minden.de

- Vimaladhatu Retreatzentrum im Sauerland
  Altenhellefeld (bei Sundern)
  Kontakt: Buddhistisches Zentrum Essen
  Herkulesstraße 13a,
  45127 Essen
  Tel: 0201 / 23 01 55
  www.meditationshaus-sundern.de

Fast alle buddhistischen Gruppen können bei der Deutschen Buddhistischen Union e.V. (DBU) erfragt werden:

http://www.buddhismus-deutschland.de/

Über den Autor

Maitreyabandhu ist erfahrener Lehrer und Mitglied des FWBO (heute: Triratna). Er wurde 1990 ordiniert und hat zahlreiche Artikel über Buddhismus und Meditation veröffentlicht. Er hat Gedichte herausgegeben und in unterschiedlichen Bereichen wie Kunst, Oper und alternativer Medizin gearbeitet. Maitreyabandhu hat den Buddhismus oft in den Medien vertreten, einschließlich im Fernsehen und Radio. Zurzeit ist er Direktor des *Breathing Space*, des *London Buddhist Centre's and wellbeing programme.* Er lebt und arbeitet am Londoner Buddhistischen Zentrum in East End. Dies ist sein zweites Buch.

Danksagungen

Dieses Buch ist aus einem 8-Wochen-Achtsamkeitskurs entstanden, den ich am Londoner Buddhistischen Zentrum 2004 durchgeführt habe. Der Kurs („Lebendige Praxis“) war dazu gedacht, Menschen auf dem Weg zur Achtsamkeit Hilfestellung anzubieten. Um die private Praxis der Teilnehmer zu unterstützen, habe ich ein Tagebuch für alle Kurstage entwickelt, das u. a. einen speziellen Leitfaden für einen täglichen achtsamen Spaziergang, achtsame Momente und Meditation enthält. Dieses Buch entstand aus diesem Tagebuch.

Dieses Buch wäre ohne meinen Lehrer Urgyen Sangharakshita nicht möglich gewesen. Es sind vor allem seine Inspiration, Klarheit und Sorgfalt, die meine buddhistische Praxis in den letzten 24 Jahren geleitet haben. Mein Verständnis von Achtsamkeit, Meditation und Buddhismus entsteht überwiegend aus seiner Vision und seiner Einsicht. Ebenso meine Lehrer Subhuti und Suvajra: Ich habe erheblich von ihren Erläuterungen und Leitlinien profitiert. Ich hoffe, sie haben dieses Buch auf jeder Seite beeinflusst.

Ich möchte diese Gelegenheit nutzen, um meinen Editoren bei Windhorse Publications zu danken – Jnanasiddhi, der mich ermuntert hat, dieses Buch zu schreiben, und der meine anfänglichen Entwürfe gelesen hat, ebenso wie Caroline Jestaz. Ihr möchte ich insbesondere für ihre Änderungsvorschläge und Kürzungen danken. Dadurch ist dieses Buch viel zentrierter und besser geworden. Ich möchte Geoff Sheridan danken für den wundervollen Umschlagentwurf, genauso wie für seine Großzügigkeit, Wärme und seinen Scharfsinn. Und Peter Wenman danke ich für das klare Seitenlayout. Mein Dank geht auch an Sue Griffith für ihre zähe Recherchearbeit für dieses Buch. Ich möchte auch meinem alten Freund Mahananda für seine Fotografien danken. Unglücklicherweise starb Mahananda kurz vor Veröffentlichung dieses Buches. Fotografie war eine seiner vielen Leidenschaften. Deswegen freue ich mich, eines seiner Fotos auf dem Umschlag benutzen zu dürfen (Anm. d. Übersetzers: In der vorliegenden deutschen Fassung wurde ein anderes Foto benutzt).

Alle meine Freunde haben mich unterstützt, dieses Buch zu schreiben. Ich bin sehr glücklich, solche guten Freunde zu haben. Dieses Buch hat sehr davon profitiert, dass ich am Londoner Buddhistischen Zentrum die Möglichkeit habe, zu lehren. Ich danke allen, die seit dem 30-jährigen Bestehen des buddhistischen Zentrums einen Beitrag zu dieser Arbeit geleistet haben. Ich möchte auch Gary Henson für seine Freundlichkeit und seine Unterstützung danken, ebenso dafür, dass er mir einen Raum zur Verfügung gestellt hat, in dem ich schreiben konnte. Und Jane Henson und Martin Cook Dank dafür, dass sie mir ihr Zuhause in Neuseeland überlassen haben – mit dem schönen Blick auf das Meer: ein idealer Ort zum Schreiben und für wundervolle Kaffeepausen, zu denen sie mich entführt haben, wann immer ich Erholung von meiner Tastatur brauchte.